语文写作教学论

支架式教学模式引导下的语文写作教学研究

YUWEN XIEZUO JIAOXUE LUN

ZHIJIASHI JIAOXUE MOSHI YINDAO XIA DE YUWEN XIEZUO JIAOXUE YANJIU

马林莉 · 著

吉林出版集团股份有限公司

图书在版编目（CIP）数据

语文写作教学论 ：支架式教学模式引导下的语文写作教学研究 / 马林莉著. -- 长春 ：吉林出版集团股份有限公司，2015.12（2024.1重印）

ISBN 978-7-5534-9800-3

Ⅰ. ①语… Ⅱ. ①马… Ⅲ. ①作文课—教学模式—教学研究—中小学 Ⅳ. ①G633.342

中国版本图书馆 CIP 数据核字(2016)第 006866 号

语文写作教学论——支架式教学模式引导下的语文写作教学研究

YUWEN XIEZUO JIAOXUELUN——ZHIJIASHI JIAOXUE MOSHI YINDAOXIA DE YUWEN XIEZUO JIAOXUE YANJIU

著　　者： 马林莉
责任编辑： 矫黎晗
封面设计： 韩枫工作室
出　　版： 吉林出版集团股份有限公司
发　　行： 吉林出版集团社科图书有限公司
电　　话： 0431-86012746
印　　刷： 三河市佳星印装有限公司
开　　本： 710mm×1000mm　1/16
字　　数： 229 千字
印　　张： 13.75
版　　次： 2016 年 4 月第 1 版
印　　次： 2024 年 1 月第 2 次印刷
书　　号： ISBN 978-7-5534-9800-3
定　　价： 63.00 元

写在前面的话

（代 序）

给人家的著作写序，的确还是第一次，总感到有点不能承受之重，因而书稿在案头搁置了一个多月，反复看了好几遍，既不能下笔，更谈不上交卷，心里惶惶不可终日。今天出版社又打来了电话，接电话的瞬间，我就意识到这活是无法推了，好在自己是教书匠出身，也搞过十多年的语文教学研究，只好勉强为之。

一九〇四年，我国的语文开始单独设科，至此，中国也就有了专门化的“语文”教育了；如今，这一专门的语文教育已经走过了一百一十一年的路程。而至新中国成立时“语文”正式定名以来，现当代语文教育也已经积累了半个多世纪的宝贵经验。在这不寻常的一个多世纪中，语文教育几经改革，日趋进步，也逐渐形成了丰富多彩而独具中国特色的语文教育思想。

近三十年，对于我国的语文教育研究来说，可谓大家辈出，有研究语文教育史的，有研究语文教学论的，也有研究语文教育规律的，还有侧重于语文教学案例分析的，这诸多的专家学者，为这个学科的建设和发展做出了巨大的贡献。他们的语文教学实践和在长期的实践中所形成的语文教育理论，成了我国教育界的一笔宝贵财富。

马林莉老师长期奋斗在语文教学第一线，积累了丰富的语文教学经验，在语文教学过程中，勇于探索，潜心研究，集众家之长，吸纳国内外教学新理念、新思维，呕心沥血，成就了这部大作。

我们知道，阅读和写作是语文教育的重要环节，肩负着培养学生语文综合素养的重要任务，历来是语文教学的重点和难点，作者通过对语文教育的各种理论进行系统的比较研究后，选择了支架式教学模式作为语文教学的理论依据。因为支架式教学模式是在建构主义理论指导下相对成熟的学习模式之一，在英语等第二语言的学习中广泛采用，具有一定的适应性。

关于支架式教学模式的定义，比较权威的是欧共体“远距离教育与训练项目”的有关文件中提出的：“支架式教学模式应当为学习者建构对知识的理解提供一种概念框架。这种框架中的概念要根据一定的任务目标加以分解，以便于把学习者的理解逐步引向深入。”这个框架的概念是培养学生对问题的理解能力，在一步步地深化中最终完成对问题的理解。所以，该框架要依据学生的智力“最邻近发展区”来创建，通过支架的作用使学生从一个智力水平到达另一个新的更高水平，真正使教学超前发展。简单来说就是通过为学生提供一定的学习支持（这里把它比作“支架”），使学生的能力从“现有的水平”向“潜在的发展水平”发展（整个过程是循序渐进的），帮助学生建构对知识更近一步的理解。近年来，国内外的很多的专家学者都系统地研究过支架式教学模式，可以说这一模式在学术界有一定的认可度。支架式教学模式的关键在于支架的搭建，可以是教师为学生搭建支架，也可以是现有水平相对较高的同学为现有水平较低的同学搭建，或者是学生通过观察获得提示，完成自身能力的提高与知识的积累。支架式教学模式重视学生现有的知识水平和潜在的获取知识的能力，通过二者的比对来确定学生学习的最近发展区。同时，支架式教学模式重视学生的学习动机，强调自发、自愿地参与到学习活动中去。支架式教学模式强调以学生为中心，提倡自主合作的学习和对知识主动意义的建构，其引领的教学课堂是在一个基于真实事件或问题的宏观情境中进行，学生在生动的学习情境的激发下，进行自主合作的学习，他们自主发现问题，在协同合作中解决问题，在问题得到解决的同时自然生成学科的知识和能力。这样的教学要求教师能深入挖掘教学内容，精心地创设教学情境，课堂上紧紧围绕教学目标，既不随意发挥，又保留充足的空间去引导学生进行发现、建构、创造。支架式的教学课堂就是要激发学生的学习兴趣，让他们在灵活多样的学习方式中找到自己的学习需要，明确学习的价值和意义，形成学科的能力和素养。可见，支架式教学模式正是目前语文教学的发展的一种诉求。

该书在系统研究前人成果的基础上，得出了以下三点结论：一是客观地描述了支架式教学模式的背景及其应用现状；二是在客观描述语文教学中阅读和写作教学现状的基础之上，对其出现的问题和相关原因进行了具体分析；三是通过寻求理论指导实践的契合点，阐述了支架式教学模式是如何在引导学生阅读和写作教学中进行实践的，以期达到理论指导实践、实践丰富理论的目的。该书的中肯和精当，主要体现在全面地论述了支架式教学模式的内容，并且多维度地论述了类型、属性特点等多个方面的内容。它对于当下语文阅读教学和写作教学均具有指导价值；然而，该书的研究还是存在一些问题和不足。作者虽然已在许多方面进行了深入的探讨，但是将支架式教学模式理论和语文教学结合的专门性研究还是略显不足。根据支架式教学模式的特点来看，它还是非常适合运用于语文教学中的，我们可以在前人的基础上进行一些拓展，以提高它的理论价值和实践意义。

在该书的写作过程中，马林莉老师通过收集相关的文献内容，阅读大量的相关著作，找到了写作思路、理论框架，明确论题的重点和难点。并在这一基础上，结合自己的教学实践经验进行分析整理。对前期的文献资料和实践资料进行融合，总结和提炼其中有价值的部分，梳理思路，完成了这部著作的撰写工作。她在这部书上进行了艰辛而细致的工作，其中甘苦只有她自己知道，在该书出版之际，我有幸成为第一个读者，在深感受益匪浅的同时，写出了该书的第一篇读后感，权以为序，并期待作者在语文教育方面做出更加辉煌的成果，为我国的语文教育事业做出贡献。

宁文忠

乙未年春三月于合作

（宁文忠：甘肃民族师范学院汉语言文学专业教授）

目 录

第一章 绪 论

第一节 发展历程

一、中国语言文学课程发展的历史轨迹

中国古代的母语教育没有“语文”的说法，但有“诗教”“文教”之说，其含义与现代语文教育基本相近。我们这里用“诗教”和“文教”分别指称20世纪前中国古代不同阶段的母语教育活动，“诗教”和“文教”突出的特点就是“伦理性教育”。20世纪中国的母语教育学习西方的教育理论，从1904年独立设置课程“中国文学”，以后有了“国语”“国文”课程。从1950年起，改为“语文”课程。“国语”“国文”和“语文”课程的突出特点就是“知识性教育”。21世纪初，随着课程改革的深入发展，语文课程从理论到实践发生了前所未有的变化，形成了“发展性教育”趋势，“对话”成了语文课程的突出特点。

（一）伦理性教育：20世纪前的古代“诗教”与“文教”

“诗教”一词出自《礼记·经解》：“孔子曰：‘入其国，其教可知也。其为人也，温柔敦厚，《诗》教也。’”《诗》即《诗经》，“诗教”即语文教育，意思是说一个地方的民风如果表现出温柔敦厚的现象，是诗教涵养的结果。“文教”一词出自《尚书·禹贡》，“三百里揆文教”。“文教”即文化教育，是说礼乐文化能够移风易俗，如果一个地方实施文教，可以使方圆三百里养成文明的习俗。所以，我们这里用“诗教”和“文教”分别指称古代不同阶段的母语教育活动，“诗教”和“文教”突出的特点就是“伦理性教育”。

（二）“诗教”课程的性质、特征与教育功能

1.“诗教”课程的性质

从先秦百家争鸣到唐宋古文运动前这一阶段的母语教育活动，可以称之为诗教课程。诗教课程是以孔孟儒学的育人标准，以《诗》的审美趣味，净化、美化学习者的品德情操与历练、涵养学习者的言语行为的母语教育实践过程。诗教的终极目标是培养“自强不息”“厚德载物”“文质彬彬”的君子；它的逻辑起点是学习者通过学《诗》以陶冶情操并不断提升言语能力。以和谐为中心，在自求、自省、自克、自成中涵养美丽人生，是诗教课程的核心理念。

孔子是最早确立诗教性质的人，他说：“诗三百，一言以蔽之，曰：思无邪。”（《论语·为政》）“思无邪”，是心灵净化、美化一种至境；前文提及的“温柔敦厚”，则是个体情感行为表现出来的一种倾向水平。《乐记》中说：“故听其《雅》《颂》之声，志意得广焉；执其干戚（盾牌、斧子），习其俯仰屈伸，容貌得庄焉；行其缀兆（舞蹈队列），要其节奏，行列得正焉，进退得齐焉。故乐者，天地之命，中和之纪，人情之所不能免也。”在这段精彩的描写中，诗、舞、乐三者浑然一体，中和有节，这是对诗教标准形象的准确展现。所以说，思无邪就是和谐自然，温柔敦厚就是个体的社会情操、心理情绪与行为方式的“中和之美”。孔子十分推崇学诗，并且认为学诗的最终目的是涵养德行以实施仁政。他说：“诵诗三百，授之以政，不达；使于四方，不能专对。虽多，亦奚以为？”（《论语·子路》）他认为，如果一个人熟读了“诗三百”，交给他政治任务，却办不通；叫他出使别国，却又不能独立地谈判应对。这样，读得多又有什么用处呢？可见，儒家推崇诗教的宗旨是为了净化、美化人的心灵，并使人获得一定的能力，为全面实行仁政做准备。

孟子和荀子等人是诗教的积极实践者。孟子说：“故说诗者，不以文害辞，不以辞害志。以意逆志，是为得之。”（《孟子·万章上》）他认为，讲诗不能拘泥于文字而误解诗句，不能因诗句而妨害对作者本意的理解，应该用自己的体会去推测作者的用意，这才能得到的诗的本旨。荀子说：“圣人也者，道之管也，天下之道管是矣，百王之道一是矣。故《诗》《书》《礼》《乐》之道归是矣。《诗》言是，其志也。《书》言是，其事也。《礼》言是，其行也。《春秋》言是，其微也。”（《荀子·儒效篇》）他认为，圣人就是“道”的总汇，天下“道”的总汇就在这里，历代君王的“道”也都在这里。所以，《诗》《书》《礼》《乐》的“道”都归集在这里。荀子说《诗》只言圣人之志，不但提高了《诗》的地位，

而且突出了诗教的权威意义。荀子在《诗》学方面有很大的影响，是汉人六学的开山祖师，四家《诗》除《齐诗》外都有他的传授。由于孟子、荀子等大家的讲《诗》，也由于当时“或引诗以证事，或引事以明诗”已成为一种儒雅风尚，所以，《诗》因人们的讽诵而流传很广。《汉书·艺文志》云：“凡三百五篇，遭秦而全者，以其讽诵，不独在竹帛故也。”

2. 诗教课程的特征：言志、缘情、美言

言志即表达道德志向，缘情即抒发个人情感，美言即美化语言形式。《尚书·尧典》说：“诗言志，歌永言，声依永，律和声；八音克谐，无相夺伦，神人以和。”郑玄注释说：“诗所以言人之志意也。永，长也，歌又所以长言诗之意。声之曲折，又长言而为之。声中律乃为和。”“诗言志”“中和为美”便成了儒家学派涵养人格的美学标准。《左传》说：“《志》有之：‘言以足志，文以足言。’不言，谁知其志？言之无文，行而不远。”这里强调了志与言之间的关系，已注意到优美的语言对于诗的重要作用。西晋陆机在其《文赋》中提出了“诗缘情而绮靡”的观点，从而在“诗言志”的基础上，从情感与语言两个方面，揭示了诗教的本质特征。《文赋》还说：“伫中区以玄览，颐情志于典坟。”是说学习者在写作前的准备阶段，长久地伫立于天地间深刻观察，在古代典籍中任意志与情感，潜移默化中受到熏陶。这里“情志”并举，把学习者的心灵情感与古代典籍融合为一体，显示出了它的创新意义。诗教由强调道德文章，发展为强调情感文章与语言文章，把人的主体地位突出了，把诗的抒情性、文采性和道德性相提并论。从此，诗教发展成了完美的诗教，片面的伦理说教相对地被淡化，而诗的抒情性及其语言的优美性与“诗言志”一起成为诗教的特征。言志、缘情、美言这些诗教特征的发展与完善，对我国文学的繁荣，对传统母语教育的发展，对民族人格的健全，均产生了深远的影响。

3. 诗教课程的实践过程与教育功能：兴、观、群、怨

孔子说：“诗可以兴，可以观，可以群，可以怨。”（《论语·阳货》）孔子提出的“兴、观、群、怨”说不但指出了学《诗》用《诗》的过程，同时明确了诗教课程的功能。这一学说对后世的母语教育产生了极大的影响。

“兴”即赋、比、兴，指《诗》的表现手法。南宋朱熹说：“赋则直陈其事，比则取物为比，兴者托物兴辞。”（朱熹《楚辞集注·离骚序》）赋、比、兴作为诗的表现手法，或直接叙事、抒发胸臆，或托物言志、比喻象征，或言它引类、启发铺排。作为诗教的功能，目的是通过一种情境培养联想力、提高表现力。

“观”即指通过学《诗》、采《诗》以提高观察力和认识能力。古代从《论语》开始，著述引《诗》是极普遍的现象。引《诗》涉及的范围很广泛，“上推天人性理”，“下究万物情状”，以至“古今得失之林”，几乎包罗万象。古籍中经常引《诗》来讲述历史、明确制度、记录风俗、议论学养、点评政治，可见《诗》的影响之广。所以，学《诗》可以提高认识力，加深对社会方方面面的了解。

“群”即指通过学《诗》、用《诗》以锻炼合群性，涵养与上下左右和睦相处的能力。孟子说：“一乡之善士斯友一乡之善士，一国之善士斯友一国之善士，天下之善士斯友天下之善士。以友天下之善士为未足，又尚（上）论古之人。颂其诗，读其书，不知其人可乎？是以论其世也。是尚友也。”（《孟子·万章下》）这是说一个人不但要和天下的优秀人物交朋友，还要通过诵诗读书和古人交朋友。随着时代的发展，诗教的内容由《诗经》而推广为所有的诗歌，“群”的含义也随之发生变化。

“怨”即指借诗以表达讽刺的方法。诗教所指的“怨”，是为了突出“诗依违讽谏，不指切事情”的作用，意在引导人哀怨要适中。诗可以怨，就是说表达的哀乐之情要适中，表达的方式也要适中，目的是通过学《诗》来涵养与人交际的能力、态度与方法。

从现代教育的角度看，“兴”指的是创设情境，它是双向的，既指学习者通过《诗》的表现手法，创设适合于自己表情达意的情境；又指学习者通过《诗》的表现手法进入文本的情境，寻找与诗情共鸣的途径。“观”指的是观察体认，也是双向的，既要求学习者借《诗》的形式去表现生活，反映社会；也要求学习者通过学《诗》去意会文本的主旨，体认观察事物的方式。“群”指的是群体交流，孔子认为学《诗》的目的是为了“授之以政”“使于四方”，所以必须在各种各样的群体场合借《诗》对话，借《诗》交流，历练涵养学习者为政的能力。“怨”指的是得体表达，即通过学《诗》以获取得体地表情达意的能力与方式。可以看出，“兴、观、群、怨”揭示了诗教的基本过程：创设情境－观察体认－群体交流－得体表达。这一学习过程在今天看来仍然具有十分进步的教育教学价值。因为学习过程是实现教育功能的前提，有了这样的诗教过程，自然就会实现“兴、观、群、怨”的诗教功能。

（三）“文教”课程的性质、特征与教育功能

1．“文教”课程的性质

文教课程主要是指从唐宋“古文运动”到清朝末期一千多年的语文教育活

动。文教课程是以唐宋儒学的育人标准，以唐宋古文的审美趣味，净化、美化品德情操，历练、涵养言语行为的语文教育实践过程。文教的终极目标是培养“进不为喜、退不为惧”（欧阳修《记旧本韩文后》）、“先天下之忧而忧，后天下之乐而乐”（范仲淹《岳阳楼记》）的文化人格；它的逻辑起点是通过学习古文以形成文道统一、文从字顺的文风，涵养具有忧患意识、旷达个性的文化人。以教师为中心，传道、受业、解惑是文教课程的核心理念。

“文教”一词首见于《尚书·禹贡》中的“三百里揆文教”。是说要依照礼乐法度来化民成俗，也就是说通过文化教育来提高社会的文明程度。文教的创造性建树，就是将“文以载道”说发展成了影响我国一千多年的新的文化传统和教育传统。

唐宋时期，中国文坛自先秦两汉后又出现了一批散文大家，“唐宋八大家”便是其中的代表。这些散文大师提倡的“古文运动”及其杰出的散文作品使传统的诗教发生了开放性的变革。“文以载道”不仅发展成了一种社会思潮、文学思潮，而且发展成了一种教育思潮。在“文以载道”理论的影响下，诗教终于发展成了“文教”——朱自清先生评价说：“这时代在散文的长足的发展下，北宋以来的‘文以载道’说渐渐发生了广大的影响，可以说成功了‘文教’，虽然并没有用这个名字。于是乎六经都成了‘载道’之文——这里所谓‘文’包括诗——于是乎‘文以载道’说不但代替了诗教，而且代替了六艺之教。”

2. 文教课程的特征：切世、创意、简言

切世是指学子学文要为现实生活服务，对国家兴亡负责。韩愈在《原道》中说：“夫所谓先王之教者，何也？博爱之谓仁，行而宜之之谓义，由是而之焉之谓道（从这里到达仁义的境界就叫作道），足乎己无待于外之谓德。其文：《诗》《书》《易》《春秋》；其法：礼、乐、刑、政；其民：士、农、工、贾……以之为人，则爱而公；以之为心，则和而平；以之为天下国家，无所处而不当。”韩愈把孟子的“仁义礼智”发展成了“仁义道德”，他认为“先王之教”实际上就是道、文、法、民等构成的社会文化系统所产生的整体教化功能。欧阳修在《答李诩第二书》中说：“六经之所载，皆人事之切于世者。”欧阳修在“古文运动”中高扬为文必须“切世”的主旋律，反对文士“弃百事不关于心”，反对那种“舍近取远，务高言而鲜事实”的文章。

创意是指学子为文立意表达要有所创新，反对模拟和抄袭的不良风气。韩愈在《南阳樊绍述墓志铭》中说：“惟古于词必己出，降而不能乃剽贼。”韩愈提倡学习一定要追求创新，词必己出，反对剽窃。他在《送高闲上人序》中，将张旭和高闲的书法进行比较，“张旭善草书……天地事物之变，可喜可愕，一寓于书。故旭之书，变动如鬼神，不可端倪，以此终其身，而名后世。今闲之于草书，有旭之心哉！不得其心，而逐其迹，未见其能旭也”。他借书法来阐释学习的两种境界：学习的至境在于自己对天地事物、人情世态的创造性理解和表现；一味地模仿因袭别人，既不能理解他人，也不能超越自己。欧阳修在《题青州山斋》中说：“吾常喜诵常建诗云：‘竹径通幽处，禅房花木深。’欲效其语作一联，久不可得，乃知造意者为难工也。”他认为模仿形式容易，要创新是不容易的。

简言是指学子为文，用语要凝练，寓意要深远。唐代韩愈、柳宗元领导的古文运动，旨在反对骈文，提倡古代散文。韩愈主张学古文应“师其意不师其辞”“文从字顺各识职”“唯陈言之务去”。柳宗元认为，“文者以明道，是固不苟为炳炳烺烺，务采色夸声音而以为能也”。欧阳修在《论尹师鲁墓志》中提倡“文简而意深”的文风。苏轼对欧阳修文章的评论是：“其言简而明，信而通，引物连类，折之与至理，以服人心。”（《居士集序》）由于自唐宋以来众多古文大师的理论建树和实践经验，文简意深、文从字顺、务去陈言等观点成了传统语文教育必须遵循的标准。

3. 文教课程的教师角色与教育功能：传道、授业、解惑

韩愈在《师说》中说：“古之学者必有师。师者，所以传道授业解惑也。”其中解惑是前提，授业是手段，传道是目的。韩愈认为，教师的职责就是通过解惑授业而使学生成为具有仁义道德的人。

传道是指文以载道。韩愈在《师说》中说：“生乎吾前，其闻道也固先乎吾，吾从而师之；生乎吾后，其闻道也亦先乎吾，吾从而师之。夫庸知其年之先后生于吾乎？是故无贵无贱，无长无少，道之所存，师之所存也。”他在《原道》中说：“斯吾所谓道也，非向所谓老与佛之道也。尧以是传之舜，舜以是传之禹，禹以是传之汤，汤以是传之文、武、周公，文、武、周公传之孔子，孔子传之孟轲，轲之死，不得其传焉。”欧阳修也说，“我所为文，必以道具”。可见，高扬儒家古道成了古代语文教育的主要功能。

授业是指传授学业。韩愈说：“弟子不必不如师，师不必贤于弟子，闻道有先后，术业有专攻。”他恢复并发展了三代两汉散文的传统，把散文的实用功能扩大了，在日常生活中找到了表现自己的说理、叙事、抒情、写景的广阔

天地。从文教的角度讲，对古代儒家思想的继承、对古文要义的理解、对社会生活的关注、对文章题材的突破、对文体和语言的创新、对文化人格的培养形成了授业的整体系统。

解惑是指解释疑惑。韩愈在《师说》中说："师道之不传也久矣，欲人之无惑也难矣。古之圣人，其出人也远矣，犹且从师而问焉。今之众人，其下圣人也亦远矣，而耻学于师。是故圣益圣，愚益愚，圣人之所以为圣，愚人之所以为愚，其皆出于此乎。"他认为，解惑必须从师学习，解惑的过程就是改变自我、发展自我的过程。他同时指出："彼童子之师，授之书而习其句读者，非吾所谓传其道解其惑者也。句读之不知，惑之不解，或师焉，或不焉，小学而大遗，吾未见其明也。"可见，解惑是有境界的，有解决文字之惑的实用境界与解决做人之惑的理想境界的区别。

二、知识性教育：20 世纪的语文学科教育

（一）新中国成立前的国语、国文课程

1. 国语、国文课程的性质

清朝末年"癸卯学制"规定"中国文学"独立设置课程，我国母语教育从此有了自己的课程名称，标志着母语教育脱胎几千年的伦理教育，开始了知识教育的现代化时期。1904 年国文独立设置课程到 1949 年中华人民共和国成立，这一阶段是国语、国文课程的发展时期。国语、国文课程是以"中学为体、西学为用""学夷制夷"的教育思想为宗旨，借鉴国外的学制、课程设置与教学策略，以语体散文为主要课程资源形式，历练变革学习者的言语行为，培养科学与民主型人才的教育实践活动。以知识为中心，促进由文言文向语体文的言语学习范式转型，养成科学的思维方式，是国语、国文课程的核心理念。

这一时期，战争频繁、时局动荡、内忧外患使人们认识到，传统的伦理道德教育和科举考试是麻醉国人的精神鸦片，要抵抗外族列强的入侵，必须学习先进的文化科学技术。于是，就有了国文课程的独立，就有了国语课程的诞生。

"五四"新文化运动时期，民主科学思想影响到社会的各个领域，促进了这一时期教育的改革与发展。1920 年 1 月，全国小学一、二年级国文改为语体文。《国民学校令施行细则》规定初等小学四年间全用语体文教科书，定课

程名称为“国语”，并规定到1922年止，停止使用一切文言文教科书。新文化运动中出现的优秀白话文作品，为国语课程的实施提供了资源保障。

1923年的《小学国语课程纲要》指出：练习运用通常的语言文字，并涵养感情、德性，启发想象、思想，引起读书趣味，建立进修高深文字的良好基础，养成能达己意的发表能力。《初级中学国语课程纲要》指出：使学生有自由发展思想的能力，使学生能看平易的古书，使学生发生研究中国文学的兴趣。《高级中学公共必修的国语课程纲要》指出：培养欣赏中国文学名著的能力，增加使用古书的能力，继续发展语体文的技术，继续练习用文言写作。《高级中学必修的特设国文课程纲要》包括文字学引论、中国文学史引论两部分。

在这一阶段，我国母语课程已经凸显出自己的本体特性，不但有了自己的“国语”“国文”名称，而且在尽力地从封建伦理教育中脱胎出来，试图以一种全新的面貌自立于课程之林。

2. 国语、国文课程的特征

(1) 大众化。以鲜活的民众的口头语言为母语课程的学习、交流和表达的语言，以优秀的白话文作品为母语课程的主要内容，这就是国语、国文课程的大众化特征。“大众化”是对“贵族化”传统教育的叛逆，是为“半死”的文言注入了生命力；使需要经过“翻译”的课程实践变成了可以直接“对话”的课程实践，使民主自由的思想进入了国民大众的话语系统。有人评价说，这是中国课程史上具有“里程碑意义”的事件，一点都不为过。

(2) 实用化。把阅读、说话、作文、写字列为母语课程的主要目标，把记叙（描写）、抒情、说明、议论、应用等作为学生应当了解的文体和应当掌握的能力，这就是国语、国文课程的实用化特征。“实用化”是对“伦理化”传统教育的超越，是对母语课程逻辑起点的规律性揭示，也为后来语文课程的工具性特征奠定了基础。

(3) 科学化。在母语课程中特设文字学、文学史板块，引进语法学、修辞学、文章学、注音字母和标点符号等新式内容，这就是国语、国文课程的科学化特征。“科学化”是对“感觉化”传统教育的扬弃，是对母语课程走向规范化、标准化、国际化的有益尝试。

(4) 个性化。提倡学生涵养自由发展思想的能力，涵养读书兴趣，通过专题研究以发展文学素养和言语风格，这就是国语、国文课程的个性化特征。

"个性化"是对"八股化"传统教育的革命，是课程改革的生命力所在，也是人类教育发展历程中永恒的理想追求。

3. 国语、国文课程的教育功能

(1) 养成科学头脑。传统教育是一种典型的伦理道德教育，社会在不断地发展，科学技术在日新月异地发展，而"文以载道"千百年来依然故我。"文"还是半死的文言，"道"还是封建道德，教育一直是"两耳不闻窗外事，一心只读圣贤书"。国语、国文课程把国际国内的一些科学研究成果、科学思维方式、科学研究方法引进学生和教师的视野，目的在于引导学生学会思考，懂得科学，走出传统封建"玄学"的怪圈，用科学的头脑去发现知识，创造新的自我和新的社会。

(2) 获得发展能力。传统教育是通过科举考试来选拔人才，一般只关注考试的结果，而不重视学习的过程。这种现象对以后学校教育的影响最严重，就是教师和学生过于看重考试分数，淡化了平时对能力的培养。国语、国文课程把和学生的生存发展紧密相关的大众语言、科学知识、实用能力纳入学习目标、学习过程和学习评价，为学生学会学习，获得生存发展能力，提供了一种条件，一种希望。

(3) 提倡艺术兴趣。传统教育的一个最大的优点，就是注重艺术审美趣味的涵养。这个优点被国语、国文课程继承了下来，无论是课程目标、课程内容，还是教学过程，注重欣赏书法的艺术趣味，注重体验文学的审美意境，注重推敲语言的修辞魅力，注重发现文本的多元意蕴，注重诗化学子的行为情操。继承传统教育的优秀成果，引导学生学会审美，提高欣赏能力和艺术品位，应该是母语课程改革矢志不渝的追求。

(二) 新中国成立后语文学科教育的特点

新中国成立以后，不再使用国语、国文的课程名称，全国统一改称"语文"。语文学科突出了政治思想教育的内容，教学理念与教学内容基本上与国语、国文课程大同小异，体现了语文学科以知识教育为中心的特点。1955 年《小学语文教学大纲草案》规定："小学语文科是以社会主义思想教育儿童的强有力的工具。"粉碎"四人帮"以后，1978 年《小学语文教学大纲试行草案》还规定："语文教学必须高举毛主席的伟大旗帜，完整地准确地贯彻毛主席的思想体系，重视从小培养学生的无产阶级世界观。"同年的《中学语文教学大纲试行草案》规定："语文课的思想性政治性很强，历来都是为一定阶级的政治服务的。”“思想性”就成了语文学科教育的一个突出特点，语文学科教育的另一个特点是“工具性”。

叶圣陶在讨论语文学科性质时，于《大力研究语文教学，尽快改进语文教学》一文中表达了这样的观点：“语文是工具，自然科学方面的天文、地理、生物、数、理、化，社会科学方面的文、史、哲、经，学习、表达和交流都要使用这个工具。”1963 年，张志公在《说工具》一文中说：“语文是个工具，进行思维和交流思想的工具。工具本身没有阶级性，掌握在谁的手里就为谁服务。在这一点上，语文和其他工具是一样的。”从这些论述中，可以清楚地看到，工具指的就是语言，工具性就是语言的交际属性，学语文就是学习语言知识。1963 年的《全日制小学语文教学大纲》指出“语文是学好各门知识和从事各种工作的基本工具”，类似这样的话出现于以后的多部教学大纲之中。1977 年 8 月，中央召开了科学和教育工作座谈会，邓小平提出“要重视中小学教育”，并建议恢复高考制度。1978 年 4 月，中央召开全国教育工作会议，邓小平做了重要讲话，他指出：“我们要在科学技术上赶超世界先进水平，不但要提高高等教育的质量，而且首先要提高中小学教育的质量，按照中小学生所能接受的程度，用先进的科学知识来充实中小学的教育内容。”在改革开放初期，重视知识教育也就成了语文教育的主旋律，工具性就成了语文学科教育的基本特点。

三、发展性教育：21 世纪的语文课程

（一）语文课程的丰富内涵

以往人们总是从一个认识层面去解释语文课程的性质，因为认识的主观性太强，往往出现许多矛盾的观点。20 世纪末，一场围绕语文的特点是工具性还是人文性的大讨论，促使人们直面课程性质问题。21 世纪伊始，我国新一轮基础教育课程改革启动，教育界对以往研究薄弱的课程理论展开了广泛而深入地研讨，为我们从多维视角认识语文课程性质创造了条件。如果我们结合课程存在的社会形态，运用建设性后现代主义的教育理论，从不同的客观层面来认识，就会发现语文课程的含义是丰富的、充满活力的，处在灵动的变化之中。

从国家的角度讲，语文课程是指国家制定并推行语文课程标准，有计划地选择学习内容和学习经验，通过学校的课堂语文教学、课外语文活动和学校文

化建设，促进青少年个性健全发展，在知识与能力、过程与方法、情感态度与价值观诸方面达到语文学习目标的一项系统工程。

从学校的角度讲，语文课程是学校遵照语文课程标准，以语文知识为中介，涵养学生的言语能力、思维能力、审美能力及其情感态度的系统的实践活动；是学生积淀语文素养，发展主体性人格的一种学习过程。

从教师的角度讲，语文课程是教师主体对国家课程进行诠释、改造与重建的能动的实践活动。语文教师的知识结构、工作能力、创新精神、教育眼光的差异，决定了语文课程质量的差异，影响着学生个性的健康发展。

从学生的角度讲，语文课程是学生主体理解和运用母语，积累语言，培养语感，发展思维，养成识字写字能力、阅读能力、写作能力、口语交际能力，提高品德修养和审美情趣，逐步形成独立、自由、自强、自律、合作、宽容的主体性人格的过程。

（二）语文课程的特征

（1）主体性。主体性是语文课程价值追求的终极性特征，既体现为学生主体的全面发展，又体现出教师主体的专业发展。语文课程是学生积淀语文素养，发展主体性素质的一种学习过程。培养具有独立之人格、自由之思想、自强之精神、自律之行为、合作之意识、宽容之胸襟的主体性国家公民，彻底超越伦理性人才、功利性人才培养模式，是语文课程最具有时代性价值的特征。

（2）言语性。言语性是语文课程区别于其他课程的本质属性。古今中外的优秀文化典籍是以言语产品的形式存在的，选进语文教科书的就叫课文，以其他空间方式存在的就叫书籍；语文课程是学生学习运用母语时的聆听、阅读、对话、写作的言语实践活动，是学生习得言语能力的生理与心理的活动过程；语文学习结果是生成言语产品，或者是学生的口头言语产品（对话），或者是学生的书面言语产品（文段）。也就是说，语文课程学的是言语，用的是言语，过程是言语，结果还是言语。言语不只是交际的工具，“言语是存在的家”，言语是内容与形式的统一体。作者、编者、学生和教师的思想、情感、文化素养、生活方式尽在言语之中。言语活动是体现学生学习权的主要途径，决定了学生是学习的主体，因此，“言语性”是语文课程区别于其他课程的本体性特征。

（3）思维性。思维性是语文课程的专业化特征。语文思维是一种特殊的心理现象，像语感的直觉思维、汉字的构造思维、文学作品的审美思维、说理文章的逻辑思维、言语表达过程的创造性思维等，都以其独特的方式区别于其他课程思维。“我在故我思”，思维活动的发展、思维水平的提高，是学生个性成熟与健全的标志，因此，“思维性”是语文课程的专业化特征。

(4) 知识性。知识性是语文课程的基础性特征。没有知识的课程是不存在的。语文课程含有丰富的知识内容，而这些知识是以文本的方式存在的，像古今中外的文学作品与科学文化作品、文字与语言知识、修辞与逻辑知识、文化与文学史知识、听读说写知识、文学鉴赏知识等，都以其鲜明的个性区别于其他课程知识。“文本是存在的家”，是语文学习情境中诸多元素的精神家园，语文学习就是文本、学生、教师之间的对话过程。学生的智慧世界与情感世界的丰富与发展，也必须建构在这些具体的知识基础之上。语文知识在学习过程中起到必不可少的中介作用，决定了“知识性”是语文课程的基础性特征。

（三）语文课程的教育功能

(1) 涵养言语能力。涵养学生的言语能力，涵养学生的识字写字、口语交际、阅读、写作能力，是语文课程的首要功能。聆听、阅读是信息的输入过程，说话、写作是信息的输出过程，这一过程充分体现了言语实践是语文课程特有的教育功能。言语能力不仅是影响学生终身发展的重要能力，而且是语文课程区别于其他课程教育功能的显著标志。涵养学生的言语能力，使学生养成适应学习型社会所必备的基本能力，是语文课程的主要教育目标和神圣使命。

(2) 发展智慧结构。发展思维，形成智慧，是语文课程的重要功能。语文课程区别于其他课程的思维特征十分明显，审美思维、直觉思维、逻辑思维和创造思维等，为学生展示了不同类型的思维发展目标。这些目标在空间上的有序性，显示出学生思维发展的结构特征；这些目标在时间上的有序性，显示出语文课程的功能特征；这些目标在评价过程上的有序性，显示出学生思维活动的效果特征。在学习过程中，历练学生提取、记忆信息的能力，提高学生理解文本材料的能力、推断语言隐含信息的能力、发现作品象征意义的能力，涵养在新的具体情境中应用所学知识和学习方法的能力、与人沟通的能力，发展学生分析语言材料的能力、综合评价问题的能力、批判性思维能力、学术研究能力、引领社会进步思潮的能力，是语文课程的专业化教育功能。思维智慧结构的良性发展，标志着学生个性的成熟与发展，标志着学生的言语能力由本能水平向理性水平的发展。

(3) 建设美丽人生。建设美丽人生，塑造和谐个性，提高学生的情感学习水平，是语文课程的特殊教育功能，也是语文课程的理想价值追求。在学习过程中，促进学生愿意参与学习过程，对语文产生兴趣并有了具体的学习行动，能够鉴赏、批判文学作品和其他学习材料，能够建构自己的知识体系和发展情感体系，具有创造性的语言能力和解决问题的能力，是语文课程的重要功能。尤其是通过文学熏陶和艺术体验，提高学生的鉴赏水平，发展学生的审美能力，涵养学生的文化人格品位，塑造和谐个性，建设美丽人生，是其他课程无法替代的语文课程的特殊的教育功能。

四、我国小学、初中语文课程标准的百年变迁

1904 年，清政府公布《奏定学堂章程》，2001 年教育部颁布《全日制义务教育语文课程标准（实验稿）》，我国小学、初中语文课程标准经历了百年的变迁。1950 年以前的语文课程标准体现出引领国语、国文课程向大众化、实用化、科学化、个性化的发展趋势，由于战乱频繁，民不聊生，使先进的教育理念未能产生效能，成了课程实践史上的一大遗憾。1950 年以后，以粉碎“四人帮”为分界岭，此前因为受到极左思潮的影响，语文课程标准（大纲）主要体现出培养目标政治化、教学过程程式化等特点；此后因为拨乱反正，语文课程理念出现了由知识教育向素质教育的变化，促进学生全面发展的目标逐渐回归语文课程标准，“工具性与人文性的统一”被确定为语文课程的基本特点，语文内容目标第一次退出课程标准。中国香港的语文课程建设还处在一个初始阶段，但它在教育理念方面所体现出来的先进性，在解释理论术语方面所体现出来的清晰性，在教学设计（案例）方面所体现出来的操作性，已经显示出了很高的水平。中国台湾地区语文课程在传承民族文化的一贯性、把握语文教育的规律性等方面颇有建树。

（一）1950 年以前小学、初中语文课程标准（大纲）的变化

1904 年 1 月 13 日，清政府颁布《奏定学堂章程》，在中国教育史上有了我们母语的课程名称“中国文学”，标志着近代教育背景下的中国语文课程真正独立。“五四”新文化运动促进了“国语”课程的诞生，这是中国教育史上具有里程碑意义的重大变革。国语、国文课程是“中学为体、西学为用”教育思想的产物，是借鉴国外的学制、课程设置与教学策略，以语体散文为主要课程资源形式，历练变革学习者的言语行为，培养新型人才的教育实践活动。

《奏定学堂章程》的“教育要义”（相当于课程标准）的结构基本上是按照

课程目标、内容和实施三个部分进行表述的。“中国文字”课程包括识字习字、属对联句、日用书信、诵读古诗等内容；“中国文学”课程包括读古文、作文、习字、习官话、诵读古诗等内容，教学方法提倡善诱法和讲解法。“中国文学”课程的目标是，“随时试课论说文字，及教以浅显书信、记事文法，以资官私实用”，“中小学堂于中国文辞，止贵明通”。[①]《奏定学堂章程》从学制、课程设置、课程标准、课程目标、教学内容、教学方法等方面为近代学校教育创设了一个科学的构架，促进了语文课程标准的近代化进程。

1912 年《小学校教则及课程表》将母语课程正式定名为“国文”，1920 年修正后的《国民学校令施行细则》规定小学课程使用语体文，并将语体文课程定名为“国语”，至此，国语、国文的母语课程名称正式确立。这一名称显示了母语课程的法律地位，它是中华民族的通用语课程，是中国的国语、国际交际语课程。国语、国文课程不仅具有文字、文学、文化等教育功能，具有促进言文一致的教育功能，而且在实施过程中会生成中华民族的凝聚力。

“五四”新文化运动促进了“国语”课程的诞生，1923 年《新学制课程标准纲要小学国语课程纲要》以政府文件形式肯定了 1920 年诞生并进入学校的“国语”课程。“先立课程，后定标准”，这种大踏步推进课程改革的举措只有在“五四”新文化运动时期才会成为可能。《纲要》最突出的特点，是要求学生使用注音字母，读语体的作品，写语体的文章，用国语进行会话、演讲和辩论。这是对文言文主宰我国教育数千年历史传统的重大变革，是我国教育发展史上具有里程碑意义的事件。

1929 年的《初级中学国文暂行课程标准》中出现了“口语练习演说或辩论”的教学要求，同年的《小学课程暂行标准小学国语》把“说话”与读书、作文、写字相并列，并要求进行“日常的耳听口说和耳听兼口说的练习”，并利用特定时间开展“故事会演说竞进会和辩论会”。[②] 至此，母语课程的特殊能力要素都被列入了课程标准，反映了人们对母语教育特点的科学而深入的认识成果。1934 年，中央苏区《小学课程教则大纲》指出国文科的目标“不仅在使儿童认识多少字，而且在于使他们能够逐渐运用自己的言语以至文字来发表自己的思想，表现自己的感情”。1946 年，陕甘宁边区教育厅制定的《初中

---

① 陈学恂．中国近代教育史教学参考资料（上）［M］．北京：人民教育出版社，1993：537.

② 课程教材研究所．20 世纪中国中小学课程标准·教学大纲汇编·语文卷［M］．北京：人民教育出版社，2001：16.

国文课程标准草案》规定国文课程包括精读、略读、写作、说话、书法等五项内容。

这一阶段的母语课程标准体现出这样一种倾向，目的是引领国语、国文课程向大众化、实用化、科学化、个性化的趋势发展。

这一时期母语课程标准的理念是比较进步、比较科学的，遗憾的是，由于战乱频繁，民不聊生，教育荒芜，使如此先进的课程理念成了课程实践史上苍白的符号。

（二）1950 年后，小学、初中阶段语文课程标准的变化

这一阶段，粉碎“四人帮”之前因为受到极左思潮的影响，语文课程标准（大纲）主要体现了政治化、功利化、程式化等特点；“工具性”虽然被写进大纲，但经常受到冲击；“听说能力”在课程目标中经常被忽略，语文课程标准的理念、目标与教学要求的发展处在“山重水复疑无路”的境地。此后因为拨乱反正，改革开放，语文课程标准的发展迎来了“柳暗花明又一村”的局面。促进学生全面发展的目标逐渐回归语文课程标准，工具性与人文性的统一被确定为语文课程的基本特点，综合性学习被写进了语文课程标准，量化目标、过程目标受到应有的重视，语文课程理念突出了促进学生主体性发展的倾向。

1950 年，中央人民政府出版总署编审局在发行使用的语文课本《编辑大意》中指出“说出来的是语言，写出来的是文章，文章依据语言，‘语’和‘文’是分不开的。语文教学应该包括听话、说话、阅读、写作四项。因此，这套课本不用‘国文’或‘国语’的旧名称，改称‘语文课本’。”1950 年《小学语文课程暂行标准》规定：“所谓语文，应是以北京音系为标准的普通话和照普通话写出的语体文。”这些文件已经说明了语文的“工具性”特点，说明了语文教学的基本任务是培养学生的听话、说话、阅读与写作能力。

1955 年《小学语文教学大纲草案》规定：“小学语文科是以社会主义思想教育儿童的强有力的工具。”1978 年《小学语文教学大纲试行草案》还规定：“语文教学必须高举毛主席的伟大旗帜，完整地准确地贯彻毛主席的思想体系，重视从小培养学生的无产阶级世界观。”[①] 同年的《中学语文教学大纲试行草

① 课程教材研究所．20 世纪中国中小学课程标准·教学大纲汇编·语文卷［M］．北京：人民教育出版社，2001：177.

案》规定："语文课的思想性政治性很强，历来都是为一定阶级的政治服务的。"[①] 可以看出，在一个很长的时期里，语文教学大纲特别强调政治化目标。为了弱化这种倾向，许多专家进行了不懈的努力。20世纪60年代有的专家解释说："语文是个工具，进行思维和交流思想的工具……工具本身没有阶级性，掌握在谁的手里就为谁服务。在这一点上，语文和其他工具是一样的。"[②] 在当时的政治形势下，借助列宁的话语，从"语言是交流思想的工具"这一角度确定语文课程的工具性特点，不但具有积极的策略性认识价值，而且在一定程度上保护了语文课程的主要特点，保护了语文教师的专业特色。2001年《语文课程标准》把"情感态度与价值观"列为"三维目标"之一，由于一些管理者的思维惯势和一些教师的理解水平，错误地把"情感态度与价值观"目标等同于政治思想教育，语文课堂教学又出现了贴政治标签的现象，这是一个需要认真研究的问题。

1956年的小学语文大纲已明确提出了"小学语文科的目的在于提高儿童的语言能力，培养儿童正确地听、说、读、写的技巧"。可是在以后很长的一段时间里，"听说能力"在中小学语文教学大纲中消失了，在中小学语文教学过程中，也自然被忽略了。直到1986年，听说能力又作为"教学目的"写进了《全日制中学语文教学大纲》。但是，在中小学语文教学实践中，听说能力目标并没有真正得到落实，因为中考、高考考什么，语文教师就教什么。2001年新颁布的《语文课程标准》把"口语交际能力"写进了课程目标，而且在教学建议中强调突出口语的交际功能，改变了原来把听、说割裂开来进行训练的做法。这一变化具有创新意义，对促进学生的全面发展会产生深远的影响。

1956年《初级中学文学教学大纲》照搬苏联的文学教学方法，把教学过程分为四个阶段：第一，起始，介绍作家、介绍背景、解释词句；第二，阅读和分析，分析故事情节、分析人物形象；第三，结束，总结中心思想、概括艺术特点；第四，复习，巩固所学知识。[③] 这一方法在20世纪50年代起过一些积极的作用，但是，后来的教学参考书和语文课堂教学把这一方法程式化了。不管是什么文章，不管是小学生、中学生，还是大学生，教学过程都是作者简

---

① 课程教材研究所．20世纪中国中小学课程标准·教学大纲汇编．语文卷［M］．北京：人民教育出版社，2001：437.

② 张志公．语文教学论集［M］．广州：广东教育出版社，1991：50.

③ 教育部．全日制义务教育语文课程标准（实验稿）［S］．北京：北京师范大学出版社，2001.2.

介、时代背景、段落大意、中心思想、写作特点。语文教学日复一日地重复着这几个环节，每一篇作品特有的情感意蕴、审美价值、人格追求、语言风格都被切割、填充到呆板的程式之中。语文教师邯郸学步般地照本宣科，久而久之，他们的激情、趣味、个性、创造力全被扼杀了。改变程式化教学，成了语文界共同关注的课题。

1986 年的《中学语文教学大纲》，是一部比较好的大纲。培养“听说能力”，“发展学生的智力”，培养“健康高尚的审美观”，都被写进了大纲；对各年级的教学，分别从阅读能力、写作能力、听说能力、基础知识等四个方面提出了具体要求，而且比 1980 年大纲降低了难度。一些过激的政治用语被删掉了，大纲的各种提法都比较严谨、简明、实用，对语文教学实践具有较强的指导作用。2001 年《语文课程标准》按照“三维目标”知识与能力、过程与方法、情感态度与价值观对学生提出了全面发展的总要求。阶段目标分别从识字写字、阅读、写作、口语交际、综合性学习五个方面提出了具体要求。和以往的教学大纲相比，新课标增加了发展语文素养、培养语感、口语交际能力、综合性学习、过程与方法、形成良好的个性和健全的人格等提法。至此，现代教育视野的学生全面发展目标与语文课程的特殊目标基本上都写进了语文课程标准。

2001 年《语文课程标准》对语文课程的性质作了新的界定：语文是最重要的交际工具，是人类文化的重要组成部分，工具性与人文性的统一，是语文课程的基本特点。工具性一般指语文是人们交流思想、表情达意的工具，学习其他课程的工具，是人们学习运用母语时表现出来的听、读、说、写的生理与心理特征。人文性则指语文课程要充分体现学生的探究知识、表达思想、与人交流、发展个性和创新的权利；同时要充分体现语文教师的学术引领、开发课程、组织参与学生活动、参加继续教育、教学创新和形成自我风格的权利。工具性与人文性的统一，可以理解为：在教师的学术引领和精心组织下，学生自主合作地参与言语实践、思维磨砺、审美体验和技能训练活动，在探究知识、发展智力的过程中涵养精神、陶冶情操、历练气质、诗化品格、飞扬心灵的语文课程特点。

2001 年《语文课程标准》第一次把“综合性学习”写进了阶段目标。综合性学习主要体现为语文知识的综合运用、听读说写能力的整体发展、语文课程与其他课程的沟通、书本知识与实践活动的紧密结合。综合性学习强调合作精神，注意培养学生策划、组织、协调和实施的能力。综合性学习应突出学生的自主性，重视学生主动积极的参与精神，主要由学生自行设计和组织活动，特别注重探索和研究的过程。提倡跨领域学习，与其他课程相结合。

2001年《语文课程标准》规定：义务教育阶段学生累计认识常用汉字3 500个，其中3 000个左右会写；累计背诵优秀诗文240篇（段）；九年课外阅读总量应在400万字以上；第四学段每学年作文不少于14次，其他练笔不少于1万字，45分钟能完成不少于500字的习作。这些量化目标属于刚性目标，是语文教学应该达到的最低标准要求。另外，过程性目标也被第一次列入课程标准，如口语交际学习、体验性学习、综合性学习就强调过程性目标。“口语交际是听与说双方的互动过程，教学活动主要应在具体的交际情景中进行”；“阅读教学是学生、教师、文本之间对话的过程”；“阅读应让学生在主动积极的思维和情感活动中加深理解和体验”；“综合性学习要充分注意学生在解决问题的过程中所采用的思路和方法”，要注重“学习成果的展示与交流”等；都属于过程性课程目标和教学要求。

2001年《语文课程标准》陈述了新课程的基本理念：全面提高学生的语文素养，正确把握语文教育的特点，积极倡导自主、合作、探究的学习方式，努力建设开放而有活力的语文课程。① 把“逐步形成良好的个性和健全的人格，促进德、智、体、美的和谐发展”写进新颁课标，是语文课程理念的一大发展。重视语文课程的人文内涵对学生精神领域的影响，重视语文学习的多元理解，重视培养语文实践能力，重视正确把握语文教育的特点，是2001《课程标准》最突出的特色。积极倡导自主、合作、探究的学习方式，明确提出学生是学习和发展的主体，关注学生的个体差异和不同的学习需求，是2001《课程标准》最有价值的建树。努力建设开放而有活力的语文课程，设置综合性学习，是2001《课程标准》的一大亮点。

但是，2001《课标》也存在一些严重问题：首先是对于语文课程性质的解释，“工具性与人文性的统一是语文课程的基本特点”，未能把语文课程是什么，即语文课程区别于其他课程的本质属性揭示出来，使《课标》在核心问题上不能生成对语文教学的导向作用，因而引发了一系列尖锐的批评；其次是提出了“语文素养”的概念，却又缺乏科学的界定，使本来悬而未决的“语文教

---

① 教育部．全日制义务教育语文课程标准（实验稿）[S]．北京：北京师范大学出版社，2001：2.

什么”的问题更加含混不清，使语文课程的言语实践、技能训练、审美体验等特点被大而无当的时髦术语所湮没；第三是对课程目标与教学目标未能进行区分，导致一线教师用“三维课程目标”取代语文教学目标，出现了先教知识与能力，再教过程与方法，后教情感态度与价值观的新程式化倾向。

另外，内容目标退出语文课程标准产生了一个新问题。以往的语文教学大纲都有内容目标，有的甚至连每一篇课文的题目、内容提要、文体特点、写作方法都一一列举出来。2001《语文课程标准》只有总目标和阶段目标，没有内容目标。内容目标退出语文课程标准，有利也有弊。利处在于给教材编写者和语文教师留下了广阔的创造空间，弊端在于学生生涯发展必须掌握的语文知识和学习方法变成了“能够”“初步”“熟练”等难以琢磨的感觉。尤其是对作品知识、语言知识、文学知识、文化知识的过于简单化处理，势必会造成轻视知识的错误导向。

第二节 问题的提出

一、问题的提出

（一）写作教学肩负着培养学生语文综合素养的重要任务

写作教学历来是语文教学当中的重点和难点，这是由写作本身的特点决定的。这项最能够体现一个人的语言智慧、综合表达能力以及完整的精神活动的创造性实践活动，在语文教学中肩负着重任。在新课改的推动下，综合性学习等新的语文学习内容越来越受到老师和学生的重视，而写作作为语文教育的常规项目似乎总是被口头上重视，行动上忽视，教学现状不容乐观。

纵观我国的语文教育，自产生之初就有写作课程，而在写作传统上还有楚辞、汉赋、唐诗、宋词、元曲等历史文化积淀为我们的语文教师提供传承和发扬的精粹，发展到今天的写作教学应该是焕发光彩的，可是现实的情况却是存在着虚假、套用和僵化等写作内容、题材方面的问题。而社会对语文教学的诟病也大多将矛头指向写作教学。韩寒、郭敬明等新生代的、背向传统教育模式成长起来的作家成为年轻一代的偶像，除去他们写作内容更贴近现实生活以及更贴近大众审美外，他们对教育、对传统写作教学的反叛同样是使他们获得关注的重要原因。他们或许是个例，但是他们在青少年中引起的波动却是巨大的，对写作教学乃至整个教育都产生了影响。这不由得让人想起赞科夫说的："写作教学的一个重要目的在于使学生的个人特点以及完整的个性得以充分发挥。"[①] 我想，这些告别学校教育的新生代作家们的成功，并不完全是传统写作教学失败的反证，而是写作者自身特点以及完整的个性得到了充分发挥，可以说他们是非常具有代表性。同时，类似的例子也在敦促着我们变革、发展，不仅仅是写作教学，整个语文学科都面临着这个问题。改革、发展，这些说烂了的词需要真正践行起来，我们不求让每一个学生都能成为文学大家，但可以让我们的学生不再惧怕作文，不再时刻准备着以逃离、背叛课堂来证明些什么。

写作教学对于整个的语文教学的重要性不言而喻，它承担着"学生独特思维能力的发展和学生全面素质提高的重要任务，它自身的学科特点也为培养学生的创作能力、创新精神提供了非常重要的条件"[②]。新课程标准明确指出："写作是运用语言文字进行表达和交流的重要方式，是学生认识世界、认识自我、进行创造性表述的过程。"从这一标准中我们不难看出，写作教学不仅要培养学生基本的运用语言文字的能力，甚至在学生人生观的形成上都有极其重要的作用，这是对写作教学的重要地位的强调，也是对传统写作教学水平、效果的挑战。那么作为语文教师、语文学科的研究者的我们是不是也该尝试着做一些探索呢？结果不言而喻。

本书主要探讨的是语文写作教学，这主要是因为学生的语文写作能力、写作水平是具有承上启下意义的，是对整个小学时期相对零散的写作知识的整合，也是为高中更高层次写作打下基础，培养兴趣与习惯。写作能力的强弱和写作水平的高低是评价一个人能否较好地运用语言文字的重要标准，是一个人语文素养的综合体现，我们进行语文写作教学的探索也是希望能够在调查中明确学生的语文写作基本情况，提高学生和教师对语文写作重要性的认识，同时将科学的理论知识与实践相结合，在实践中寻找写作教学的突破口，在实践中检验理论，在实践中摸索方法，使学生真正具备适应现实生活需要的写作能力，培养学生观察事物、分析事物的能力，以及思想和情绪的自由表达，为他们未来的继续学习和终身发展打好基础。对学生的写作能力，课程标准提出了

---

① 赞夫科．论教学的教学论原理［M］．太原：山西教育出版社，1994：46.

② 王美兰．初中作文教学整体改革的实验研究［D］．内蒙古师范大学硕士学位论文，2004.

具体要求，这是我们研究写作教学的立足点。

（二）阅读教学是语文教育教学的一个重要组成部分

语文阅读是语文教育教学的一个重要组成部分，然而，现如今我国的语文阅读教学仍存在很多问题，难以摆脱传统模式下语文阅读教学面临的一些尴尬局面，如：教师有心设计，学生却反应冷淡；教师满腹情感，学生却表情黯然等。要改变面貌，提高教学质量，就必须有语文教育教学模式与方法的创新，以使语文阅读教学重新焕发活力。

（三）支架式教学模式在写作教学中的运用对写作教学的发展具有推动作用

我们有责任和义务留给我们子孙一个更丰富的世界，而这个世界需要他们自己用文字去书写与创造。

在新课改的引领下，写作教学不再局限于书写是否正确、格式是否正确、行文是否连贯，而是从写作的实际能力出发：观察是否细致、体验是否真切、立意是否有价值、取材是否新颖、谋篇布局是否合理。这对学生来说是更高的要求，是对学生综合的语言文字运用能力的考验。因此，教师应该充分关注写作教学的重要性，除去素材的积累和写作技巧这些相对刻板的知识的传授，更应该关注学生的兴趣、热情以及写作的自信心。都说兴趣是最好的老师，以往教学中出现的问题很可能就是没有抓住学生的兴趣点，应该让他们感觉不得不记录下来，无论好坏不得不表达出来，只有做到这一点我们才算是达到了新课标对学生写作能力的要求。通过对许多理论浅显地了解之后，笔者选择了支架式教学模式作为语文写作教学的理论依据。支架式教学模式是建构主义理论指导下相对成熟的学习模式之一，在英语等第二语言的学习中广泛采用，具有一定的适应性。

近年来，国内外的很多的专家学者都系统地研究过支架式教学模式，可以说这一模式在学术界的认可度还是比较高的。那到底什么是“支架式教学模式”呢？简单来说就是通过为学生提供一定的学习支持（这里把它比作“支架”），使学生的能力从“现有的水平”向“潜在的发展水平”发展（整个过程是循序渐进的），帮助学生建构对知识更近一步的理解。

支架式教学模式的关键在于支架的搭建，可以是教师为学生搭建支架，也可以是现有水平相对较高的同学为现有水平较低的同学搭建，或者是学生通过观察获得提示，完成自身能力的提高与知识的积累。支架式教学模式重视学生现有的知识水平和潜在的获取知识的能力，通过二者比对确定学生学习的最近发展区。同时，支架式教学模式重视学生的学习动机，强调自发、自愿地参与到学习活动中去。学习过程最好是学生在现有水平的基础上的有限度的提高，这种限度是在学生能力范围内的，所以搭建“支架”非常必要，就像建造楼房，我们不能凭空起高楼，只能依靠脚手架一步一步进行。支架式教学模式强调师生、生生之间的互动，在互动中使学生参与到构思、写作、评阅等各个环节。这样就可以使原本独立的写作行为变成交流、合作的集体写作，将静止的写作过程活化，使其动态化、开放化，让学生在轻松愉快的气氛中完成自己写作能力的提升。因此可以说，支架式教学模式对促进语文写作教学的发展可以起到积极的作用。

（四）支架式教学模式在阅读教学中的运用及推动作用

支架式教学模式强调以学生为中心，提倡自主合作的学习和对知识主动意义的建构，其引领的教学课堂是在一个基于真实事件或问题的宏观情境中进行，学生在生动的学习情境的激发下，进行自主合作的学习，他们自主发现问题，在协同合作中解决问题，在问题得到解决的同时自然生成学科的知识和能力。这样的教学要求教师能深入挖掘教学内容，精心地创设教学情境，课堂上紧紧围绕教学目标，既不随意发挥，又保留充足的空间去引导学生进行发现、建构、创造。支架式的教学课堂就是要激发学生的学习兴趣，让他们在灵活多样的学习方式中找到自己的学习需要，明确学习的价值和意义，形成学科的能力和素养。可见，支架式教学模式正是我国语文阅读教学的发展的一种诉求。

（五）研究支架式教学模式具有广泛的世界意义和深厚的教育意义

20 世纪 80 年代以来，建构主义及其密切相关的情境认知与学习理论、社会文化认知、生态认知、日常认知以及分布式认知等学习理论的迅速发展，标志着一个学习理论新时代的到来。特别在 20 世纪 90 年代，情境认知与学习理论逐步兴起，并成为学习理论领域研究的主流。作为建构主义学习理论教学模式之一的支架式教学模式，更在一定程度上引起了国内外学者的高度关注。支架式教学模式之所以能影响世界，就在于它具有科学性和前沿性。从教育的意义上来说，几乎一切教学都需在特定的情境中进行，而每一个学习者对于自身的知识和能力的获得都得靠自主的、能动的认知去建构，离开特定的学习情境和学习者有意识的认知建构，教学也就难以开展。这些使笔者认识到：对支架式教学模式的研究具有广泛的世界意义和深厚的教育意义。

（六）对支架式教学模式的研究顺应了我国教学改革的需要

当今的中国的教育改革，为中国的教育工作者提供了一个广阔的舞台，学科教学从来没有像今天这样思想活跃、容纳百家、策略多样。近些年来，我国中小学进行了一系列的教改实验，产生过成功教育、愉快教育、创造教育等，也取得了丰硕的成果。一次次的教育实验和创新都让人们越来越清楚地认识到情境创设和学习认知在教学中的重大地位。支架式教学模式关注的正是：如何使学习者在生动的问题情境中发挥自主性和能动性，从而让学生在自主的学习意识中构建知识和能力。对支架式教学模式的研究顺应了我国教学改革的需要。

因此，为了适应时代的发展，满足教育改革的需要，促进当前语文阅读教学的发展，笔者将致力于在语文阅读教学中运用支架式教学模式的实践研究。

二、研究的目的和意义

（一）研究的目的

“20 世纪的 60 年代，许多欧美国家开始了开放式写作教学模式的探索，20 世纪 80 年代的日本也出现了自由对话式的写作教学。虽然各国在母语写作教学上所走的发展道路不同，但大多体现着生活化、实用化、语言与思维应同步发展的改革趋势。具体地讲来，日本有生活作文、美国有灵感作文、苏联有观察作文。”① 这些教学模式大多倡导使学生在平等、尊重、没有压力的课堂氛围中受到启发，让他们成为写作的主人，变“要我写”为“我要写”，体现了“以人为本”的教学理念，这都是值得我们借鉴的。随着人们对语文作文教学的关注度日益提高，我国有关写作教学改革的理论成果也不断涌现。比如笔者就拜读了潘新和的《中国现代写作教育史》、韦志成的《作文教学论》、程红兵的《创新思维与作文》、阳利平的《作文教学新教程》，在这些研究中都对现阶段语文写作教学中出现的问题给予了关注，同时提出了一些有建设性的意见和建议。可是对于具体的教学活动来说，这些研究成果过于宏观，具体指导的内容不够充分，对于一线的教师来说不好操作。所以，本文希望尽可能总结前人的理论，同时取得一手的教学实践经验，寻找困境，也具体地提出了以支架式教学模式引导写作教学的方案，能切实为语文写作教学尽绵薄之力，也为自

① 俞毅．初中作文教学的困境及其出路探究［D］．湖南师范大学硕士学位论文，2012.

己两年的研究生生活画上一个完美的句点。

基于此，本研究的目的有三：第一，客观描述支架式教学模式的背景以及它的应用现状；第二，在客观描述语文写作教学现状的基础之上，对其出现的问题和相关原因进行具体分析；第三，努力寻求理论指导实践的契合点，即支架式教学模式是如何引导语文写作教学进行实践的，以期达到理论指导实践，实践丰富理论的目的。

（二）研究的意义

本研究在以支架式教学模式为对象探讨语文写作教学、阅读教学的现状和存在的问题的基础上，尝试着将基于建构主义理论下的支架式教学模式运用于语文写作教学、阅读教学的课堂中，为语文写作与阅读教学提供更多有效的可操作的模式和策略，也为促进语文阅读教学的发展作一些努力；同时，希望可以通过介绍与分析这一问题对相关研究能有所补充，促使认知主体——学生积极进行写作、阅读学习，帮助学生实现有意义的学习。

1. 理论意义

首先，本论文的研究能为实际的语文写作、阅读教学提供一些方法指导和借鉴，使写作、阅读教学更好地发挥它应有的作用。写作、阅读教学最终的目标是帮助学生积淀知识，发展能力，历练思维，涵养情感，张扬个性，但其能否有效地发挥作用，就取决于教师的教学水平和能力，支架式教学模式恰好能够给语文教师提供一些方法和思路上的借鉴。

其次，研究支架式教学模式引领下的语文写作、阅读教学能促进语文教学的发展。写作、阅读教学是语文教学的重要组成部分，其质量好坏和水平的高低直接关系到语文教学的整体质量和水平。研究支架式教学模式引领下的语文写作、阅读教学，实际上也是为创建高效的语文教学课堂提供一种契机，从而促进语文教学的发展。

第三，本论文的研究还能使支架式教学模式自身得到丰富和发展。自20世纪八九十年代，我国对教学模式的研究大多只是停留在对教学模式本身的研究，如：研究教学模式的概念、结构、特点、功能等。这类的研究与真实的教学实践脱节，不仅没有多少实际意义，更使相关的教学理论得不到实践的检验，理论脱离了实践就没有多少发展的空间可言。而如今，对教学模式的研究又出现了另一种发展趋势，即由以前只是关注形式和概念方面的分析转向对教学模式在学科教育教学中实践的应用研究。这就让以前被“束之高阁”的教学模式走向了广阔的实践领域，从而拓展了其发展的空间。鉴于此，研究者开展在语文写作、阅读教学中运用支架式教学模式的实践研究，以此来丰富支架式教学模式的相关理论和提升支架式教学模式的实际价值。从语文写作、阅读教学研究的现状和出现的问题来看，其系统的、综合的研究深入度还不够，存在的问题还有很多，但主要问题是：传统的写作教学模式仍然占据着课堂，教师对写作教学的重视程度不够，相比语文教学内容中的其他几个方面，写作教学的内容不够具体、详细。本研究正是立足于理论，强化语文写作教学基础研究，本着理论指导实践、实践丰富理论的宗旨而展开的。

2. 实践意义

在搜集文献资料、梳理相关内容时发现，前人已有的研究里还少有支架式教学模式与写作、阅读教学相结合的具体研究。就笔者个人而言，通过研究这一问题，加深了笔者对支架式教学模式的理解，帮助笔者在实践上对其的应用；其次有助于笔者发现当前语文写作、阅读教学学习中出现的问题并提出相关的策略，促进笔者的学习和思考；另外，有助于笔者对理论指导实践的深刻理解，同时促进个人专业化成长。

三、文献综述

（一）支架式教学模式研究

通过对现有文献资料的整理，笔者发现对于支架式教学模式的研究可以分为如下几个方面：

1. 支架的类型

彭尼根据学习情境的不同，将支架分为偶发性支架和策略性支架。国内有研究者将支架的类型分为三个方面：认知、情感、能力。Jennifer Hamniond 在 2001 年提出的支架的类型包括两种：一是“macro-level scaffolding”，是对语言课堂的整体支架建构；二是“micro-level scaffolding”，它发生在大的支架下，主要包括教师与学生的对话，教师的提示、问答、反馈等。

2. 支架式教学模式的本质属性

关于“支架式教学模式”的本质属性问题，不同的专家学者有着不同的认识。一部分学者认为这是一种非常具体的学习策略和学习方式，具有很强的操作性。但这种观点把支架式教学模式看作是一种操作技术，还是有一些局限性的，这在很大程度上降低了其理论意义，使之成为真的脚手架一般的工具，而不是一种从思想上指导教师开展教学活动的认识和观念。

布鲁纳和罗斯对于这一问题的认识是把支架作为一种理论上的概念，一种比喻，是为了形象客观地描述学生在学习过程中受到的支持和干预。这个比喻只是让大家明白这样一种支持性的、动态性的互动关系。①

另外还有爱克威力和甘博两位专家提出的从宏观和微观的角度对“支架式教学模式”的认识。

从宏观的角度来看，支架在学生不断进步的过程中是呈递减趋势的，这一方面是因为学生自身能力在逐渐提高，另一方面也是“断奶”行为，让学生最终实现独立的学习、思考，获得元认知。从微观的角度来看支架式教学模式，这也是更为直接的角度。支架式教学模式是针对某一项具体的学习内容展开的，必须服务于特定的任务或者概念，教师及其他支架提供者提供特定的支持。这里强调的是支架式教学模式的情境性。

3. 支架式教学模式的特点

针对支架式教学模式特点的研究，劳拉·E. 贝柯做了如下总结②：

第一，学生参与的是有趣的、有启发意义的、有问题情境的、协作的活动；

第二，教师要与儿童建立起“主体间性”的关系，即通过与儿童的充分交流与沟通，与儿童逐渐达成共识；

第三，支架是要带有温度的，是给予学生积极回应的，这样的支架才能发挥其效果；

第四，所提供的支架必须在学生的“最近发展区”内，用科学、合理且具有一定挑战性的学习任务促进学生能力的发展；

第五，教师提供支架的最终目的是让学生能够独立地解决问题、承担任务，所以教师必须及时调整支架，以适应学生学习水平的提高程度。

4. 支架的搭建方式

2008 年，张湘丽在英语交际能力的培养中提到支架的搭建可以分为教师

---

① 刘炎．儿童游戏通论［M］．北京：北京师范大学出版社，2004：44.

② 劳拉·E. 贝柯著．谷瑞勉译．鹰架儿童的学习——维果斯基和早期幼儿教育［M］．台湾：台湾心理出版社，1999：48.

提供的话语支架、通过实物材料搭建的支架及小组成员提供的支架。2009 年，张灵贤总结了写作教学中支架的应用策略，主要以提供心理支持、写作的互动支持（头脑风暴，游戏，比赛）、评价和写作技能支持。同年张瑞明、徐延、李健淑在英语教学中搭建了四级支架：激发兴趣、独立探索、协作学习、示范解决。支架的四级设置有机结合，相得益彰，同时体现了支架式教学的层级递进的特点。

5. 支架式教学模式的实践

2001 年，裘春萍把学习中的听说活动分为导入阶段、语言输入、内化阶段、语言输出四个阶段。在具体的教学过程中搭建支架，如提供图片、视频等创设相关语境，利用头脑风暴、小组讨论激活学生的原有经验。2002 年，王璐把复杂的学习任务分解，建立起层层攀升的支架系统，从语言点的学习到话题训练再到模拟情境活化语言。李明兰、元新秀、焦培辉在 2008 年做了对学习任务的分析，提出了最近发展区三层设计，底层为上层打好基础，逐步深化学生对知识的理解程度，同时建立了大的支架结构系统，在具体学习过程中为学生提供信息资源与问题情境的支持。2008 年彭霞在英语口语教学中利用问题激发学生参与表达的兴趣，教师与学生的对话帮助学生将已有经验与具体情境联系起来。李娟在 2008 年提出，教师应为学生搭建概念框架，目标是希望学生熟练地将已掌握的语言结构迁移运用到其他情景中，通过问题情境的设置启发学生注意对写作主题、写作技巧的把握，最后引导学生独立创作。

（二）上述研究的价值与不足之处

以上研究较为全面地论述支架式教学模式的内容，并且多维度地论述了类型、属性特点等多个方面的内容。然而，这些研究还存在一些问题和不足。综观国内外对于支架式教学模式的研究，研究者们已在许多方面进行了深入的探讨，但是将支架式教学模式理论和语文写作教学结合的专门性研究很少。但根据支架式教学模式的特点来看，它还是非常适合运用于写作教学中的，我们可以在前人的基础上进行一些拓展，以提高它的理论价值和实践意义。我国的语文写作教学需要支架式教学模式这类关注学生学习自主性的学习模式的指导，激发语文写作教学的活力，为语文写作教学提供更多可操作的方法和策略，促进语文写作教学的发展。

四、研究思路、方法和过程

（一）研究思路

本研究在笔者查阅并梳理已有的文献的基础上，找出现有研究的一些空白，发现已有研究存在的一些问题，试图在语文写作教学中运用支架式教学模式来指导实践，主要借助人教版语文课本上的写作学习专题来支撑论文，并且进一步映照理论架构，解决“是什么”的问题——讨论“现状”的问题——探析“支架式教学模式在语文写作教学中的运用问题”——提出“支架式教学模式对语文写作教学的意义与改进意见”，围绕这样的思路进行研究，如图 1 所示。

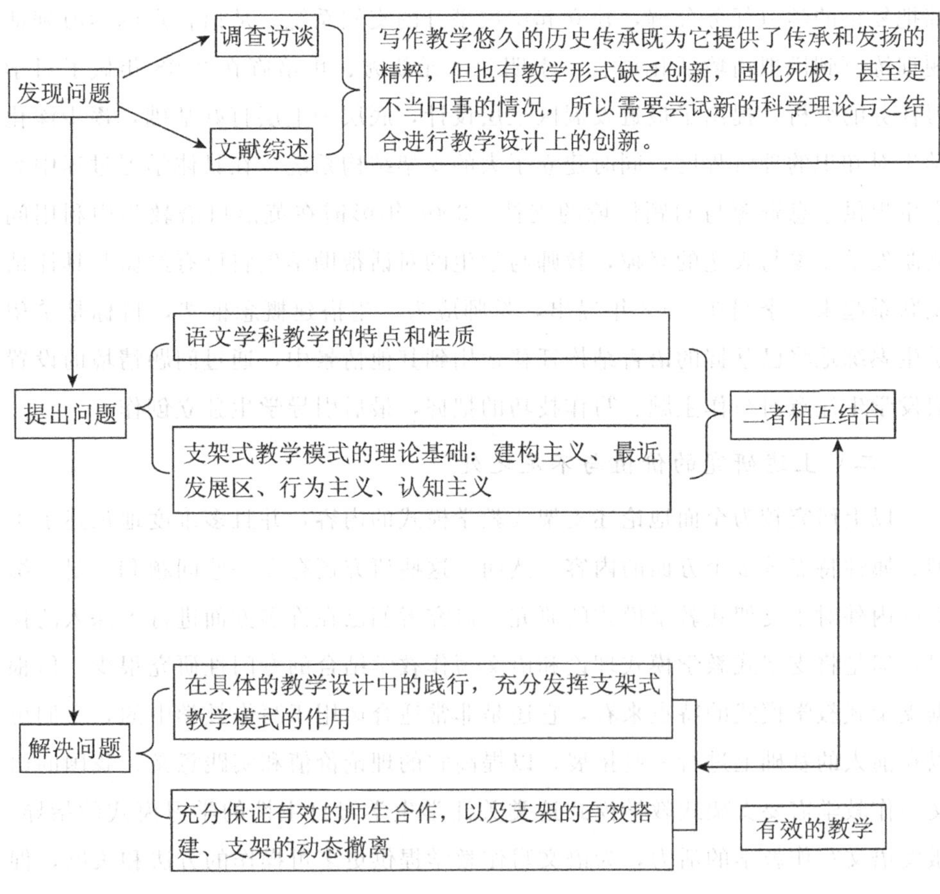

图 1　研究思路

(二) 研究方法

本书采用的研究方法主要有以下三种:

1. 文献研究法

笔者从中国期刊全文数据库、博士硕士学位论文数据库中广泛搜集相关的文献资料,并对这些文献资料进行了整合、分析,掌握了当前人们对支架式教学模式和语文写作教学研究的现状和最新动态,找出了这个领域的空白点,为笔者确立了研究基点,同时也为本论文提供了理论基础。通过对相关语文教育论及教学评价类论著的研读,提取了一些有价值的信息,可以及时地对本课题进行补充和完善。

2. 案例研究法

本书在文献研究法的基础之上,深度分析已有研究存在的问题,从而引入支架式教学模式理论,并把这一理论应用到语文写作教学的案例的设计、实施、反思和评价中去,并以实践案例为素材,具体分析了各个环节和步骤,使读者能直观看到理论在实践中运用情况。

3. 访谈法

通过与被研究对象的交谈得到研究者需要的信息的研究方法就是访谈法。"访谈"在这里是一种研究性的交谈,是"研究者通过口头谈话的方式从被研究者那里收集(或者说建构)第一手资料的一种研究方法"①。根据这一研究方法的要求,笔者选择访谈的时间为周末或者是某一天下午,在教研室或者与被调查者在网上进行访谈。

此外,还有"问卷调查法"。问卷调查法泛指从社会中了解情况、获取信息、收集资料的各种不同形式的活动。具体来说,指的是"一种利用合理的抽样和标准化的问卷直接从社会成员中收集第一手资料,并主要通过定量的统计分析来认识社会现象及其规律的社会研究方法"②。根据这一研究方法的要求,我随机选取了金昌市某学校五个班的300名学进行了问卷调查,针对学生在语文作文教学中应用支架式教学模式的情况进行了调查。

(三) 研究过程

第一阶段,文献收集。笔者通过在各大文献库中检索关键字的方式收集了

① 陈向明.质的研究方法与社会科学研究[M].北京:教育科学出版社,2000:165.

② 风笑天.社会研究方法[M].北京:高等教育出版社,2006:146.

相关的文献内容，同时阅读了导师推荐的书目，从中寻找论文的写作思路、理论框架以及明确论文的重点和难点。

第二阶段，实践资料收集工作。这一阶段主要是以上一个阶段的研究工作和所收集的文献资料为基础，寻找目标学校进行调研，这主要包括与教师沟通研究的思路、想法，向同学们解释研究的目的，发放问卷及对教师、学生进行访谈。通过以上方式收集到的数据信息进行分析整理。

第三阶段，撰写。对前期的文献资料和实践资料进行融合，尝试总结和提炼其中有价值的部分，梳理思路完成论文的撰写工作。

第三节　研究的理论依据

一、概念的界定

（一）语文写作教学

1. 写作

“写作是用书面语言倾诉自己的心声、完成学习任务和工作任务、满足创作欲望的综合性的心智与机能的活动，是运用语言文字进行表达和交流的重要方式。”①

2. 写作教学

“写作教学是语文教师借助教学计划和写作知识，鼓励学生把观察、体验、表达、立意、取材、布局、谋篇的心理活动创造性地转化为言语表达的过程。”②

（二）语文阅读教学

1. 阅读

阅读是读者对书面文字符号进行感知、理解、反应、综合而获得意义的心

① 靳键．后现代文化视界的语文课程与教学论［M］．兰州：甘肃教育出版社，2006：188.

② 同上．

理活动，是读者获取信息、处理信息的过程中，涵养精密性、流畅性、灵活性、独特性等创造性思维能力的过程。

2. 阅读教学

阅读教学是语文教师依据教学计划，借助文学、语言学、文艺学和语文课程与教学论的专业知识和方法，促进学生搜集处理信息、认识世界、发展思维、获得个性化审美体验的过程；是学生、教师、教科书编者、文本之间实施多重对话，进行思想碰撞和心灵交流的学习活动。

（三）支架式教学模式

1. 支架

“支架一词的产生可以追溯到13世纪，其原意是指建筑行业的脚手架，也即工人们在建造或装饰建筑物时所使用的能够为他们和建筑材料提供支持的暂时性的平台、柱子等。”① “维果茨基最早在其心理学理论中将其引用过来，类比在学习过程中辅助学生提高认知水平的支持。”②

在教育中，“支架”一词的理论概念最早由布鲁纳在1978年提出，之后逐渐脱离建筑而变成一个教育心理学中广为认可的概念。佩瑞格依和伯尔这样定义：“在通常意义上，脚手架是一个暂时的被树立起来让工人们站在上面修建房屋用的框架，一旦房屋建好了，脚手架也就被撤走了。在语言习得的过程中，成年人要提供不同的暂时结构和框架，即语言上的脚手架来帮助孩子学习语言，构建有效的交流。”③ 多那得将支架定义为“情境”，也有一些学者将支架定义为学习者与教育者在最近发展区内的合作。

图2是一张关于支架发生作用的效果图，我们可以更直观地理解它的意义。白色的空心框代表提供的支架；黑色的实心框代表学习者的水平；坐标轴的横轴代表时间的发展，纵轴表示知识水平；Desired level代表最终达到的目标，通俗来讲就是可以撤销支架，独立学习。在学习和进步的过程中，支架逐渐减少直至撤销，最后，学习者无需帮助就可以独立完成学习任务。④

从图2中我们可以看出，支架发生的区域永远是在现有水平稍高一点的位

---

① Oxford. English Dictionary [M]. Oxford University Press，1989.

② 许珺．支架式学习及在小学数学教学中的应用[D]．上海师范大学硕士学位论文，2009.

③ Peregoy S. F & Boyle O. R. Reading，Writing & Learning in ESL. A resource book for K-12 Teachers [M]. Longman Publishers，1992.

④ 洪树兰．数学“支架式教学”研究[D]．云南师范大学硕士学位论文，2006.

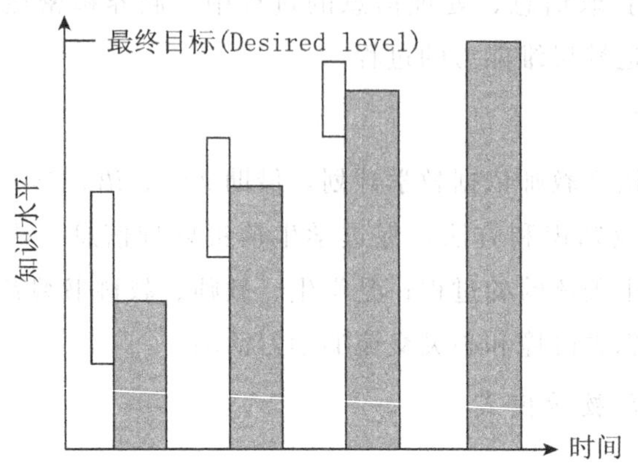

图 2 支架发生时作用时的效果

置，同时在不断减少。我们在建造房子时是在整个房屋完成时一次性地撤销那些脚手架，但在学习活动中，支架的撤销是时刻发生的，这是对学习中的松绑，也是在不断提高难度，为下一个支架做准备，直至完全不需要支架的帮助。

2. 支架式教学

“支架式教学是一种建构主义的学习理论，现在已经发展得较为成熟了”①，但是关于“什么是支架式教学”，学术界还没有达成共识，也没有一个公认的概念界定。这一概念的界定虽然众说纷纭，但其中包含的一些基本内容（建构主义教与学的理念、支持、引导、合作）是相同的。比较权威的集中观点如下：

伍德派认为：“支架式教学是一种幼儿或新手在更有能力的他人帮助下解决问题、完成任务或达到他们在没有支持的情况下不能达到的目标的过程。”②

罗森塞恩等认为：“支架式教学是教师或更有能力的同伴为帮助学习者解决独自不能解决的问题，也即帮助学习者跨越当前水平和目标之间的距离而提供帮助、支持的过程。”③

迪克森提出：“支架式教学是系统有序的，包含了提示性的内容、材料、

① 张建伟，陈琦．从认知主义到建构主义［J］．北京师范大学学报（社会科学版），1996（4）．

② 洪树兰．数学“支架式教学”研究［D］．云南师范大学硕士学位论文，2006.

③ 同上．

任务以及相应的教师为改善教学所提供的支持过程。”[①]

斯南文指出：“支架式教学时教师引导教学的进行，使儿童掌握、建构和内化所学知识技能，从而使他们进行更高水平的认识获得过程。”[②]

对于支架式教学有学生将其定义为一种教学模式，也有人认为这仅仅是一种教学思想，是从理论的高度去指导教师的教学理念，还有学者认为这是一种教学的策略等。笔者更倾向于把它归为教学模式的行列，无论从宏观还是微观的角度，支架式教学都可以起到指导的作用。

3. 教学模式

教学模式是在某种课程理念的引领下，教学活动中影响教学目标达成的诸要素在一定时空范围内的组合方式和随着教学活动的展开而形成的特定的程序、方法及评价体系。教学模式是多种多样的，不同的课程理念就采用不同的教学模式，每一种教学模式都具有自己的优点，每一种教学模式都不是万能的。所以，兼容并包、取长补短、适用有效才是最优化设计。

4. 支架式教学模式

关于支架式教学模式的定义，比较权威的是欧共体“远距离教育与训练项目”的有关文件中提出的：“支架式教学模式应当为学习者建构对知识的理解提供一种概念框架。这种框架中的概念要根据一定的任务目标加以分解，以便于把学习者的理解逐步引向深入。”这个框架的概念是培养学生对问题的理解能力，在一步步地深化中最终完成对问题的理解。所以，该框架要依据学生的智力“最邻近发展区”来创建，通过支架的作用使学生从一个智力水平到达另一个新的更高水平，真正使教学超前发展。

二、研究的理论基础

(一) 理论背景

支架式教学模式的理论背景是建构主义学习理论。

建构主义理论是继行为主义、认知主义之后心理学领域的又一大发展，代表人物有：皮亚杰、科恩伯格、斯滕伯格、卡茨、维果茨基[③]。

---

① 朱琳琳．关于支架式教学基本问题的探讨［J］．教育导刊，2004（4）．

② 范琳．建构主义教学理论与英语教学改革的契合［J］．外语与外语教学，2003（9）．

③ 维果茨基著．余震远译．维果茨基教育论著选［M］．北京：人民教育出版社，2005：95.

皮亚杰是认知发展领域最具代表性的一位，他提出的“认知结构说”在学术界具有广泛的影响力。

在皮亚杰的研究基础上，著名学者科恩伯格开始对认知结构的性质与发展条件等方面的内容展开了研究。

斯滕伯格和卡茨，这一阶段他们开始强调个体的主动性的关键作用，并对认知过程中如何发挥个体的主动性做了认真的探索。

维果茨基提出“文化历史发展理论”，他强调社会文化对学习者的重要作用，同时提出非常著名的“最近发展区”的理论。①

以上就是对建构主义理论发展的一个梳理。建构主义最大的特点在于它非常强调学习的主动性、实践性、创造性和社会性，同时提出了很多针对教与学、教师与学生的有益的见解和思想，除此之外，它对教育的诸多方面也都具有深远的影响和积极的意义。20 世纪 80 年代开始，以认知主义学习理论为基础的建构主义理论在教学领域中逐渐流行起来，成为国际教育改革的主流理论。在建构主义的教学模式下，目前已开发出的、比较成熟的教学方法主要有支架式教学模式、支架式教学、随机进入教学三种。②

（二）理论基础

20 世纪 70 年代，美国的教育专家开始借鉴苏联心理学家维果茨基的理论，他们强调以学习者为中心，同时在维果茨基理论的基础上发展衍生出支架式教学模式的思想。可以说，支架式教学模式的理论基础是来自多个方面的，脑科学基础、负反馈理论、行为主义理论、认知发展理论，尤其建构主义理论中都可以看到它的源头。

1. 脑科学基础

斯佩里（R. W. Sperry）以精确的实验证明，大脑两半球在功能上有明显的分工，左半球同抽象思维、象征性关系和对细节的逻辑分析有关，它具有语言的、理念的、分析的、连续的和计算的能力，它能说、写和进行数字计算，在一般功能方面它偏重于分析的功能。在控制神经系统方面它也比较积极，是执行任务多而且起主导作用的半球。右半球则与模式识别和空间知觉有关，处理单项的事物而不是数理排列，它具有音乐的、绘画的、综合的、整体性的和

---

① 何克抗．建构主义学习理论与建构主义学习环境［J］．教育与传播技术，1996（3）．

② 张奇．学习理论［M］．武汉：湖北教育出版社，1999：94.

几何空间的鉴别能力。1976年，克雷夫特（Kraft）使用EEG（脑电图）观察在进行默读和理解任务时6至8岁儿童的皮层功能，发现阅读本身引起右半球的活动，而反应或理解作业则主要引起左半球的活动。阅读和理解成绩好的儿童，他们的大脑两半球都起作用。

1978年，阿尔伯特（Albet）和奥伯里尔（Obler）根据他们对双语与脑功能之间的联系的研究做出了两个推断：第一，对双语者的研究说明了右半球对语言的贡献，尤其是对学习第二语言的贡献；第二，半球优势受到所学语言的特殊要求的影响，其重要证据为“不同的表音系统可以激活不同的大脑组织”。与主张大脑一侧优势的传统概念相反，他们的证据表明：“脑似乎是一个可塑的、动态地变化着的器官。这个器官可以被学习过程所更改。脑的神经心理学并不是不可改变的，第二语言的学习可以改变脑组织的活动方式。”①

2. 负反馈理论

著名生理学家巴甫洛夫在研究条件反射的过程中，创立了高级神经活动学说，即反射弧理论，为科学地阐明心理现象和研究心理活动的生理机制奠定了基础。有趣的是，当教育心理学家运用巴甫洛夫学说阐释课程理论和教学实践时，却出现了许多不同的派别，其中以行为主义、结构主义与实用主义最具有代表性。行为主义者强调的是学习刺激在效应器和感受器之间引起的行为变化（R—S），认知（结构）主义者强调的是学习刺激由感受器传输给脑神经，形成认知结构的过程（S—O），实用主义者强调的是心理活动对学习刺激的适应过程中所起的机能作用（O—R），如果把它们连接起来，刚好形成一个反馈环路。学习活动反馈环路从生理学的角度，把行为主义、结构主义和机能主义各心理学派联系起来了，这是对反射弧学说的巨大突破，是一个激动人心的发现。《控制论》的作者诺伯特·维纳在研究控制论的最初阶段，试图在理论上找到技术系统与生物系统之间在某些功能上的相似性、统一性，以便在技术上研制出模拟功能的装置。维纳认为，对技术装置的运动过程要进行完全的控制，需要一种反馈作用，那么在生物中，特别是对于人来说，是不是也存在着反馈呢？维纳请教了生理学家罗森勃吕特，其回答是肯定的。如因小脑受伤而患“目的震颤”症的病人，假如让他完成捡铅笔这种随意动作，就会发现他的手围绕铅笔来回摆动，但始终难以捡起铅笔。罗森勃吕特指出，这是由于反馈

① 沈德立．脑功能开发的理论与实践［M］．北京：教育科学出版社，2001：46—47.

作用有缺陷而造成的，巴甫洛夫的反射弧理论不能解释这种病症，因为除了由感受器经过神经系统到效应器官以外，还应该由效应器再回输到神经系统的反馈回路，这是一种环形反馈，也就是说，有机体从接受刺激到发生反应，兴奋在神经系统内循环的整个路径不是弧形，而是环形。由此，维纳等人得出了一个重要结论：人的“随意活动中的一个极端重要的因素，就是控制工程师所谓的反馈作用”①。就是说，从结构上看，技术系统与生物系统都具有反馈回路，表现在功能上，它们都具有自动调节的功能。也就是说，机器与生物一般都是通过负反馈来达到预期的目的，“一切有目的的行为都可以看作需要负反馈的行为”②。在维纳看来，所谓目的，并不神秘，不过是一种负反馈行为，从而说明了目的与反馈、行为的关系。通过行为、机能去研究结构，这是维纳在方法论上的一大贡献。

如果运用上述理论，可以认为学习心理过程由以下三个阶段构成：

第一，知识刺激——内化阶段：在学习新的知识之前，必须首先确定知识刺激点，即确定具体而又清晰的学习目标，然后针对学习目标回忆或补偿有关的知识内容，以形成学习的认知前提，并以此激发学习的动机，引起学习的兴趣，形成学习的情感前提。这种围绕学习目标形成认知前提和情感前提的行为就叫前置性反馈。确定学习目标，进行前置性反馈，走进新的学习情境，初步学习新的知识和方法，这一系列过程就是语文学习心理活动的知识刺激阶段，或者信息输入阶段，也叫内化阶段。

第二，思维操作——外化阶段：当学习的第一个阶段完成后，学习便进入思维操作阶段。学习者根据学习提示，以聆听或阅读的方式学习新的知识、新的方法，展开新的学习过程。这一过程既有对旧知识、旧方法的运用，又有对新知识、新方法的掌握，在这旧新知识和方法的同化顺应之中，学习者的智慧和情感都得了发展，这就是思维操作阶段，或者叫作信息编码阶段。这个阶段的学习心理活动基本上是内隐的，难以观察的，学习者必须依靠自我监控系统使思维活动紧紧围绕学习目标展开。也可以依靠教师或同学提供的帮助随时调节思维活动，使学习心理活动始终指向目标的达成。为了保证学习的有效性，内隐的思维操作必须通过言语反应的形成性反馈调节，即走向外化阶段。

---

① ［美］维纳．控制论［M］．北京：科学出版社，1985：6.

② ［美］罗森勃吕特，［美］维纳等．行为、目的和目的论［A］．《自然辩证法研究通讯》编辑部．控制论哲学问题译文集第一辑［C］．北京：商务印书馆，1965.

第三，言语表达——强化阶段：在完成以上学习过程的基础上，要围绕学习目标进一步做出相应的言语反应，即把内隐的思维活动变换为可观察的言语行为，通过对话和练习的方式，同原定学习目标相对照。如果学习活动偏离或者尚未达到学习目标，便要及时进行纠正或补偿学习，这种及时的纠正补偿学习就是形成性反馈。如果在课文或单元学习即将结束时，再围绕原定目标进行一次较为全面的反馈矫正学习，这就是终结性反馈。把内隐的思维操作变换为可观察的言语学习行为，并利用形成性反馈和终结性反馈来达成学习目标，这个过程就是语文学习心理过程的言语表达阶段，或者信息输出阶段，也叫强化阶段。

3. 建构主义学习理论

建构主义理论产生于20世纪80年代，它的影响之巨大已经辐射到了西方的哲学、社会学、教育等诸多领域。该理论的核心理念是：世界是客观存在的，但个人可以根据自己的经验和认识赋予这个世界意义、建构现实。所以，因为人与人之间存在差异性，大家对这个世界的理解也就不尽相同，对外部世界的理解也就不同。

建构主义理论的创始人皮亚杰关于建构主义的基本观点是，认知是一种连续不断的建构①，儿童是在与周围环境相互作用的过程中，逐步建构起关于外部世界的知识，从而使自身认知结构得到发展的②。

随着行为主义心理学的主导地位被认知心理学替代，“建构主义”学习理论逐渐得到重视，并有了迅速的发展。建构主义认为理想的学习环境应当包括情境、协作、交流和意义建构四个部分。“情境”是指在建构主义教学环境中，教师的教学设计要充分考虑情境创设问题。因为对知识的真正理解，是学生在自己原有的经验基础上建构起来的，是特定情境下的学习过程。因此教学环境中的情境对学生的意义建构起有利的推动作用。“协作”是指在整个学习过程中，学生不是闭目塞听的单个学习者，他们与周围同学之间，与老师之间，随时保持着相互沟通与合作。学生的学习过程包括搜集资料、提出假设、验证假设、评价学习成果、实现意义建构等几个过程，协作在这几个过程中均发生着重要作用。“会话”指的是学生通过会话与周围同学和老师讨论怎样完成任务，

---

① 让·皮亚杰．发生认识论［M］．北京：商务印书馆，1981：19—20.

② 何克抗．建构主义学习理论与建构主义学习环境［J］．教育与传播技术，1996（3）.

学生在会话的过程中，一方面，与其他人分享了自己的智慧；另一方面，也加深了自己对问题的理解。所以说会话也是达到意义建构的有效手段之一。“意义建构”指的是学生对当前学习内容的认识不局限于表面现象，他们能够深刻理解该学习内容所反映的事物的内在规律，以及该事物与周围事物之间的本质的、必然的联系。意义建构是学习过程的终极目的。

可以说，“情境”“协作”“会话”和“意义建构”是连接建构主义学习理论、支架式教学模式、语文写作教学的一根纽带。语文写作教学如果少了“情境”，便显得呆板；少了“协作”，便会成为个人的表演；少了“会话”，就会变得沉闷；少了“意义建构”，则是无效。支架式教学模式是建构主义者提出的一种教学模式，而语文写作教学需要基于建构主义理论下的支架式教学模式来克服传统语文写作教学中的种种弊端。①

建构主义的教学原则为：

第一，让学习服务于现实，学生学到的知识必须是为了能够更好地适应这个世界。

第二，教师对学生提出的学习目标要具有针对性和现实性，要与学生所处的现实环境有所衔接，要使学生感到自己确实需要了解这一问题，解决这一问题。

第三，教学目标要具有真实性，让学生在日常的生活实践中学会学习，掌握技能，并能有效地作用于现实生活，也就是我们通常所说的学以致用。

第四，给学生以自由，让他们充分享受到独立解决某个问题的成就感，教师在这一过程中所扮演的角色是引导者、激发者，给他们以鼓励与帮助，而不是代替他们完成对问题的探索。

第五，设计支持和激发学生思维的学习环境。

第六，鼓励学生在社会背景中检测自己的观点。

第七，教会学生反思与评价，让他们在自我批判中进步。

4. 人本主义学习理论

人本主义学习理论的核心是尊重学习者人格和主体地位，强调把学习者当作具有自我感情的独特的人，学习者应处于教育的中心位置，教育应从思维能

---

① 何克抗．建构主义的教学模式、教学方法与教学设计［J］．北京师范大学学报（社会科学版），1997（5）．

力、心理健康、知识素养、人文道德等多个方面给予学习者以整体的关怀。人本主义教育强调人的“自我实现”和情感体验，认为教育的目的不是传授已有的东西，而是要把人的创造力挖掘出来，唤醒个体对生活和生命的热爱，对美好事物的追求，对普世价值的认同，对成功的渴望与努力，将被扭曲的教育真正回归到本原意义上去。人本主义教育重视学生主体性的构建和主体经验的价值，强调教育过程应调动学生的积极性，发挥学生的主体作用，这与杜威的经验主义课程论观点不谋而合。教育“以人为本”“以学生为本”是人本主义教育思想的发展和提升。课程是学生发展的食粮、成长的载体，课程的职能是为每个学生提供有助于个人发展的经验，课程所关注的核心是学生的情感、认知、行为等全面和谐发展，课程应将学生视为重要的构成者，而人本主义的课程观较为准确地体现了上述课程的职能。

5. 情境认知理论

情境认知（Situated Cognition），最初源于国外教育学界，是 20 世纪 80 年代以来当代西方学习理论领域研究的热点。情境认知理论是紧随西方行为主义“刺激—反应”学习理论与认知心理学的“信息加工”学习理论之后的又一重要研究取向。其早期研究可追溯到维果茨基的文化历史学说、杜威的实用主义、生态心理学、列昂捷夫的活动理论等。情境认知理论是研究人类知识如何在活动过程中发展，学习是怎样产生的一种假设。它主要强调的是物理的、社会的场景和个体之间的交互，认为学习离开实际的情况将无法进行，情境是整个学习过程中关键而有意义的构成要素，当情境发生变化的时候，所形成的学习也就随之而变。该理论的代表人物布朗、科林斯与杜基德（1989），他们认为：知识是具有情境性的，知识是活动、背景和文化产品的一部分，知识正是在活动中，在其丰富的情境中，在文化中不断被运用和发展着的。这一理论对传统学校学习内容及教学过程与实际生活情境脱节做了批判，并对学习理论的发展进行了反思。它已越来越被人们所关注，尤其是在学习环境更加开放，对学习者自主学习更加关注的今天，更为研究并促进学习效果提供了有力的理论依据。

6. 行为主义

行为主义学习理论的建立，美国心理学家桑代克和斯金纳做出了特别重要的贡献。他们二人对教育问题高度关注，他们著名的“刺激—反应”联结理论和“操作性条件”理论为现代学习理论提供了重要的理论基础，同时也为我们解读支架式教学模式理论提供了基础。

桑代克以动物实验为基础，发展起了以“刺激—反应”和“试错”为主要特色的一般性学习理论。这一理论的核心是，学习是“刺激—反应”的形成过程，它主要是通过不断试验、不断出现错误，再不断删除这些错误的反应，并强化正确的反应，最终实现稳固的“刺激—反应”。①

斯金纳认为学习主要所涉及的就是操作性行为，教学研究也就应当集中于操作性行为的条件作用。他还注意分析“刺激物”“反应”与“反应所造成的后果”三者的关系。从而，他提出了一种“刺激—反应—反馈”模式。斯金纳提出，教学的主要任务是使学生形成正确的行为，并通过各种刺激控制这些行为反应。另外，为了实现上述的目标，关键就在于适当的强化。这就如斯金纳所指出的：“把强化的列联按所需行为的方向逐次改变，就可能通过塑造过程的一些连续阶段得到极复杂的行为。”②

基于该理论解读支架式教学模式：

“刺激—反应”是行为主义最基本的理论框架。“刺激”即指外部条件，而“反应”即指个体的行为。套用这一理论框架在支架式教学模式上，那么这里的“刺激”就是教师提供给学生的学习任务，也就是搭建的脚手架，而学生通过支架获得的知识就是这里的“反应”。需要注意的是，“刺激—反应”这一理论框架针对的是较为简单的心理活动的研究，对于复杂的（人类独有的）心理活动是不能揭示其本质的。支架式教学模式涉及由实际经验提炼出概念这样的高级智慧型学习，因此是不能仅依靠“刺激—反应”这一理论框架来揭示其心理活动，它仅仅只能简单地为支架式教学模式提供一些理论依据。

7. 认知发展理论

行为主义强调的是对可以看见的、外在的身体活动的研究，它没有揭示也不涉及人的心理活动，所以具有一定的局限性。但是，大量的研究都证明，学习活动不单纯是一个重复、填鸭的过程，它牵扯到很多复杂的心理活动，要想真正推动教育的发展，深入研究这些内在心理活动是十分必要的。正是有专家学者认识到了这一点，通过对行为主义片面性的批判，对内在心理过程研究的追求，促使了一个新的理论的产生——认知发展理论。③ 毫无疑问，认知发展

① 张丽丽．建构主义与中国数学教学［D］．辽宁师范大学硕士学位论文，2011.
② 吴文侃．当代国外教学论流派［M］．福州：福建教育出版社，1991：161.
③ 陈英和．认知发展心理学［M］．杭州：浙江教育出版社，1996：76.

理论也为我们更深入地认识“支架式教学模式”提供了一个新的视角。

认知发展理论主要包括以下内容：

（1）加涅的“学习条件”理论。加涅认为学习应当被看成内在的认知过程与外部环境相互作用的结果。加涅认为：“学习就是这样的认知过程，它把来自外部环境的刺激转化成了获得某项新技能所必需的内部信息过程。”[①] 特别的是，加涅还提出了学习的“内部条件”和“外部条件”。“内部条件”是指为了获得某项技能，学习者必须先掌握一定的技能和学习步骤，也就是我们原本的知识构成；“外部条件”很好理解，就是促进学习、参与学习活动的外部环境，这可能是有趣的、有引导性的各类环境。[②] 在加涅看来，关于学习者内在的认知过程的分析就应被看成教学工作的最终依据。

加涅认为各类学习活动的过程大体上是一样的，他将它们具体分为了 3 个部分和 8 个阶段。[③] 如图 3 所示。

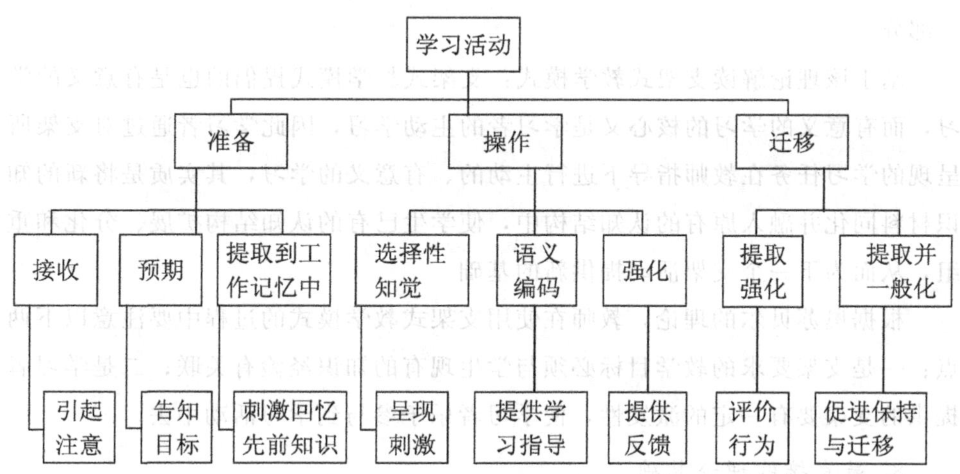

图 3 学习活动的过程

基于该理论解读支架式教学模式：套用加涅的“学习条件”理论，学习的内部条件就是支架式教育模式中搭建支架前的确定“最近发展区阶段”，教师为学生提供的支架帮助就是学习的外部条件。加涅理论中的准备阶段和具体的 3 个步骤就是教学活动中的“学习准备”；操作阶段及其中的 3 步骤则是核心，

---

① R. Gagnc & L. Brigas. Principles of Instruction Design [M] . Holt, Rinehart and Winston, 1979. 43

② 许珺．支架式学习及在小学数学教学中的应用［D］．上海师范大学硕士学位论文，2009.

③ 顾剑锋．高中数学“导研型”课堂教学模式研究［D］．苏州大学硕士学位论文，2010.

对应支架式教学模式就是学生在支架的帮助下，以已有的认知为基础建立新的认知，通俗来说就是学到新的知识。迁移阶段对应起来就是学习的迁移，学会新的技能，用举一反三的智慧解决更多的问题。

（2）奥苏贝尔的"有意义的学习"理论。奥苏贝尔提出的"有意义的学习"理论的核心是：学习者在进行有意义的学习过程时是受到两方面因素影响的，即外因和内因。外因是指学习材料、学习环境等因素，内因是指学习者自身的知识构成、认知结构。在有意义的学习中，对外因与内因都有一些要求。[①]

有意义的学习外部条件（外因）：所学习的新知识应当具有"潜在的意义"，新知识本身与人类学习能力范围内的有关观念可以建立非人为的和实质性的联系。有意义学习的内部条件（内因）：学习者应有积极主动进行意义学习的"心向"。简而言之，"有意义的学习"就是新知识与原有认知结构当中的已有的知识发生关系，相互融合，最终达到稳定，并成为整个知识结构当中的一部分。

基于该理论解读支架式教学模式：支架式教学模式提倡的也是有意义的学习，而有意义的学习的核心又是学习者的主动学习，因此学习者通过对支架所呈现的学习任务在教师指导下进行主动的、有意义的学习，其实质是将新的知识材料同化并融入原有的认知结构中，使学生已有的认知结构扩展、分化和重组，从而为下一个支架活动提供新的基础。

根据奥苏贝尔的理论，教师在使用支架式教学模式的过程中要注意以下两点：一是支架要求的教学目标必须与学生现有的知识经验有关联；二是学习者提供的支架要有一定的激发性，使学习者乐于参与到学习活动中去。

8. 最直接的理论基础

笔者认为支架式教学模式最为直接的理论基础是维果茨基的"社会互动"理论和"最近发展区"理论，它们是建构主义理论的重要组成部分，出于对其重要性的考虑，这里做单独的介绍。

"社会互动"理论的核心是：社会环境因素与学习者自身的因素共同促进了学习者的发展，这里特别强调了社会环境对学习起到的重要作用。从古至今，人类的认知水平在不断地发展，这种较高层次的心理活动是个体与外部环

---

① 施良方，崔允漷．教学原理：课堂教学的原理、策略与研究［M］．上海：华东师范大学出版社，1999：64.

境、外部活动互动后内化的结果。基于这种认知，维果茨基认为有效学习的关键在于儿童和中介外部环境（如老师、父母、同伴）之间交往互动的质量。

维果茨基最早是在《社会中的心智》一书中提出了“最近发展区”这一概念，可以说这是其理论中最重要、最核心的思想。维果茨基认为学生在发展过程中存在这两种水平，一种是学生现有的、已经达到的水平，具体表现为学生独立解决问题的能力；另外一种是通过努力之后学生可能达到的水平，为了达到这一水平学生需要通过学习、模仿、接受帮助等途径。维果茨基特别指出："我们至少应该确定儿童发展的两种水平，如果不了解这两种水平，我们将不可能在每一个具体情况下，在儿童发展进程与他受教学可能性之间找到正确的关系。"① 维果茨基将学生在指导下借助成人的帮助所能达到解决问题的水平与在独立活动中所达到的解决问题的水平之间的差异称之为“最近发展区”②。他认为：儿童在他人的协助下，特别是和能力比他强的人交往，是使儿童进入下一个发展区（指比现有知识高出一个层次）的最好的办法。③ 这过程中重要的不是透过协助而能解决困难的问题本身，而是在人际互动中发展出更高的认知过程。④

基于建构主义理论解读支架式教学模式：在支架式教学模式中，学生通过情境的创设，在相对真实的任务环境中，更好地激发出学生的旧知识和旧经验，调动其学习积极性，将新知识“同化”入自身的旧知识结构中，实现有意义的建构。强调在教师的指导（支架）之下学生获得独立自主的学习能力，完成对知识意义的主动建构，从而使其内部认知结构或思维方式从一个旧平衡达到一个新平衡。

根据社会互动理论，支架式教学模式是一种对话式的教学，不只是学习者个体的学习，教师或者能力比之更高的人为其搭建支架，通过互动对话交流、同伴协作的方式，加以适时的协助辅导，渐渐撤去支架，学习者最终独立完成学习目标。而根据最近发展区理论，我们知道，学习者的已有发展水平与潜在发展水平之间存在着一条空白地带，学习者想要穿越这个空白地带就需要靠“支架”来获取必要的帮助。

---

① 汤远俊．最近发展区与语文教学［J］．教育实践与研究，2005（8）．

② Martha Larkin. Using Scaffolded Instruction to Optimize Learning［M］. ERIC EC Diges，2002.

③ 王文静．维果斯基“最近发展区”理论对我国教育改革的启示［J］．心理学探新，2000(2)．

④ 曾智，丁家永．维果茨基教学与发展思想述评［J］．外国教育研究，2002（11）．

三、支架式教学模式在语文写作教学中运用的可行性分析

支架式教学模式以脑科学基础、负反馈理论、建构主义、认知主义、行为主义和最近发展区为理论依据，强调将学生作为教学的主体，在教学活动中充分利用情境、讨论、会话等外部环境因素为学生搭建合理的、能不断向上攀登的“支架”，使学生自主建构新知识体系。所以说，运用“支架式教学模式”指导写作、阅读教学，可以促进学生在写作、阅读学习中充分发挥自主性，打开视野、提升兴趣，帮助学生实现有意义的学习。

第一，支架式教学模式符合课程改革的要求。

2001 年我国出台了《基础教育课程改革纲要（试行）》，自此教育界开始提出大力推进基础教育新课程改革，其核心理念是：“一切为了每一位学生的发展。”所以，教育工作者必须要关注每一位学生，关注每一位学生的情绪生活、情感体验以及道德品质和人格的形成，关注每一位学生的终身发展。支架式教学模式来源于建构主义学习理论的一种教学模式，它强调的是基于学生现有知识水平下的发展，是强调有意义的发展，是强调与现实接轨的发展。因此将其应用于语文写作教学实践符合新课改的基本要求。

第二，支架式教学模式与学生的学习心理相契合。

每个人一生最充满活力和创造力的时段就是青少年时期，而正值青春期的学生身上更是有无法抑制的生命的张力，单调、枯燥的学习方式是对他们生命活力的摧残，也不能达到很好的学习效果。但是支架式教学模式倡导的正是以学生为主体，以自由地表达与探索为核心，以教师或者有能力的同伴的帮助为辅助的一种学习模式，它适应这一年龄段学生的学习心理。

初二、初三的学生（笔者的调查对象以初二、初三学生为主）已经具备了一定的写作能力和较强的阅读能力，支架式教学在了解学生能力的基础上，尊重他们发展的需要，让他们通过互动交流、主动学习进行有效的探索，切实提高课堂效率。

第三，支架式教学与语文学科具有的紧密联系。

语文学科自身的特点决定了学习过程中创设问题情境的重要性，脱离生活实际则无法真正掌握语文知识。通过运用支架式教学模式，学生可以利用自己已有的知识储备，在教师提供的支架的引导下去探究、发现并解决。而且支架式教学模式强调独立探索和协作学习，所以在问题解决的过程中学生还能充分

发挥自己自主学习的潜能，同时利用好小组成员间合作探究时显示的集体智慧，通过多条途径实现发展。

第四，支架式教学模式有助于把学习的主动权还给学生。

在支架式教学模式中，最近发展区是一个非常重要的支架搭建的基准，在这一基准之下的学生原有的知识水平与这一基准之上可发展的知识水平相互连通，才能使教学发挥其最大的作用。因此在使用支架式教学模式指导写作教学时，教师要注重调动学生原有的知识水平，激发学生自主地运用原有知识去攀登“支架”、解决问题，成功摘到“支架”另一头的“苹果”。这样的模式可以还学习主动权给学生，让学生时刻具有挑战意识，这对于原本在学生眼中单调、乏味的写作教学来说是非常重要的。

专栏一　新课改视野下的支架式教学：师生角色调适问题探讨

杭州师范大学教育科学学院　盛　艳　张伟平

以建构主义为核心的支架式教学（Scaffolding Instruction）秉承“以学习者为中心，注重培养学生自主学习能力”的理念导向，与新课改的人才培养目标相契合，正推动着学与教的新实践模式的形成。该教学范式强调参与、合作、交流、自主建构的教学与学习方式，目前正成为课堂教学改革关注的焦点。明晰该教学范式下的师生角色要求，有助于教师准确把握该教学范式的实质，从而促进学生学习方式的变革。此外，新旧师生角色的转变过程并不能一蹴而就，它必然面临一些调适障碍，探讨阻碍师生角色顺利转变的原因，有助于教师澄清自我观念、突破角色自我限定。最后，针对这些调适障碍，本文提出了相应的应对策略，为实现支架式教学下的师生角色顺利转型提供一些参考。

一、变革师生角色：支架式教学的挑战

支架式教学强调学习者对知识的自我建构。这种侧重于培养学生自主学习能力的教学取向并不否定教师的作用，反而突出了教师角色的重要性。“教师角色与成功支架之间的关系可以归纳为：在建构学习活动的过程中，为了使学生成为积极的参与者，教师需要与学生共同合作。成功的合作需要教师进行组织和准备”。Tolmie及其同事们通过研究得出，当支架作为成人的指导与合作同伴两者相结合时，学生的学习能取得最好的效果。因此，师生角色

定位对教学成效产生直接影响。

1. 对教师角色的要求

教师是教学的设计者和实施者，教师的课堂角色定位直接影响其开展教学的方式，从而间接限定了学生的课堂角色。对支架式教学范式下的教师角色主要从以下四个视角进行界定。

第一，教师由知识的传递者转变为学生自主学习的引导者。在知识传授方式上，支架式教学要求教师尽可能少地直接向学生传递知识，而是通过为学生的思维搭建脚手架，即隐形的阶梯，使学生思维沿着这个阶梯不断向上攀登，通过思维的不断深入，学生不断获取新的知识以至最后完全掌握并理解所有知识。

第二，教师由课堂的主宰者转变为学习活动的参与者。教师对课堂的主宰使学生处于被动地位，指令与服从成为传统课堂的标志。师生之间缺乏平等的心智与情感交流成为学生缺乏学习积极性、缺少学习主动性的重要原因。支架式教学要求教师作为一名平等的参与者与学生一起共同面对学习任务。“在教学互动的过程中，学习任务由教师与学生共同解决，因此，教师更是一位合作者，而非评估者”。

第三，教师由现成答案的讲解者转变为学习资源的提供者。传统的教学互动过程中，当学生不能理解或错误理解所学知识时，教师往往先直接告诉学生正确答案，然后再进行解释甚至不做解释。这种灌注式的方式不利于学生深入理解所学知识，容易使学生产生挫败感。在支架式教学中，教师为学生提供必要的学习资源，协助学生利用这些资源解决疑问、克服困难。

第四，教师在教学中逐渐减少对学生的协助。支架式教学最显著的特点是教师为促进学生进一步理解所搭建的脚手架是随着学生理解能力的逐步提高而渐消的。也就是说，教师提供的支架不仅是必要的，而且是暂时的。随着教学的渐次推进，教师慢慢减少对学生的帮助，逐步将学习的管理权转移给学生，最终引导学生完全掌握学习的自主权。“支架意味着在教师的帮助下，你能完成独自一人所不能完成的事情。这样的帮助能促进你的理解，从而使你最后不再需要帮助”。

2. 对学生角色的要求

教师在课堂上的角色发生转变时，学生的角色也随之发生变化。准确理解学生的角色要求可帮助教师采取适当的教学行为，促进学与教的有效互动。

对支架式教学下的学生角色主要有以下四项要求。

第一，学生是学习的主体。学生是学习的主体在不同的教学范式下被赋予不同的内涵，在传统教学中，学生是学习的主体仅仅代表学生是学习者，承担着学习的义务，至于学生是主动学习还是消极被动地接受学习则不予考虑。在支架式教学中，学生主体性的内涵得以进一步拓展和深化，学生不仅是学习者，而且是自主的学习者。

他们在教学支架的帮助下，自主分析并逐步内化新知识，最终能独立完成学习任务。

第二，学生是教学活动的积极参与者。学生是否积极参与课堂教学决定了学生思维的活跃程度。因此，教师的任务是促进学生主动参与到学习活动中来。支架式教学要求教师根据教学目标创设一定的教学情境以激发学生的好奇心与求知欲，从而引导学生趣味盎然地踏上对未知世界的探索旅程。这种学习方式决定了学生是教学活动的积极参与者，在与教师、同学的共同交流和讨论中完成对知识的意义建构。

第三，学生是知识的主动建构者。支架式教学包含教师为学生搭建可供攀沿的脚手架这一过程。然而，这并不意味着缩减了学生思考的空间。教师仅为学习者提供可供支撑的概念框架，还需要学生靠自身的积极思考才能沿着脚手架向上攀登。这对学生思维的要求并未降低，反而有所提高。学生只有主动建构对知识的理解，才能使自己的认知从一个水平提升到更高的水平。

第四，学生逐步掌握学习的主控权。在教学初始，教师是学习活动的管理者和控制者，随着学生能力的不断增强，教师逐步减少支架，学生的思维活动也愈加独立。这时如果教师仍然控制学习活动的节奏，学生的自主学习能力将难以发挥。教师需要适时放手，将学习的主动权主动地、逐步地交还给学生。同时，学生通过承担学习责任，元认知水平得到提高，到最后学生能独立管理、监控和评价学习任务。

二、冲破调适障碍：支架式教学的基点

正确调整和适应新的师生角色观是教师面临的一项挑战。新旧角色的调适过程必然面临一些障碍，找出障碍的症结，是确保支架式教学有效实践的基本途径。

1. 陈腐角色观作祟

从我国的现实情况看，20 世纪 90 年代以前的教学结构基本上都是以教师为中心，教师在教学过程中占绝对主控权，学生只是知识的被动接受者。随着 21 世纪的全球化与信息化趋势，这种传统的师生角色已不适应现代社会对新型人才培养的要求。然而，要转变观念谈何容易！这种教师主讲、学生主听型的师生角色观已在教师脑海根深蒂固。在此角色观下教师业已形成自身的教学风格和自认为行之有效的教学策略，且传统角色观的弊端在当前的教学评价体制下并未凸显。

因此，尽管新课改一直在倡导“教师主导，学生主体”的现代角色观，但教师仍然倾向于固守业已形成的角色观。

2. 教育理论知识欠缺

迄今为止，大部分教师对支架式教学的内涵、目的及实践缺乏认识，如什么是支架式教学、支架式教学有什么益处及如何实施支架式教学诸如此类的问题知之甚少乃至一无所知。部分原因是由于对支架式教学理论的宣传与推广不够，更主要的原因在于教师教育理论知识的缺乏。他们大多凭以往的教学经验来指导教学，对教学的认识尚停留在经验层面，还未上升到理论层面。此外，在教师培训上，仍然存在教育理论与教学实践脱节的弊端，“专家讲授型”的培训模式无法深入教师的心灵。因而大多数教师对教育理论指导实践持怀疑态度甚至抗拒态度。以上种种原因导致教师教育理论知识的欠缺和教师理论意识的淡薄，在这种情况下，教师对新的教学策略如何有效实施缺乏积极探索的热情，对师生角色的重要性也缺乏应有的认识。

3. “非理性”教学惯习的制约

教师在长期的教学生涯中形成的教学惯习成为阻扰师生角色转变的一个重要因素。“教学惯习不能仅仅看作是一种教学习惯（习惯通常指由于重复或多次练习巩固下来的变成需要的行为方式），而是内在地蕴含‘个人教学信念’”。教学惯习往往在教师发展的初始阶段形成，随着教学经验的日益积累，教学惯习不仅成为教师的习惯，也成为教师教学信念的一部分。它使教师安于目前教学状态，懒于改变，具有相对的封闭性和惰性。尽管教师也意识到新的师生角色观所带来的益处，但出于教学惰性使然，不想也不愿做出改变。这种“非理性”的教学惯习拒绝新型师生角色观的切入，成为师生角色转变的绊脚石。

4.“缺陷性”教学评价的阻滞

随着人才培养标准的改变，人才评价体系理应也随之变化。新课改下提倡的人才标准是知识与能力并重，具备终身学习能力。然而，由于学习能力具有内隐性及难以量化的特征，导致评价起来相对困难。因此，目前对学生学业成绩的考查依然是评价教师教学能力的主要指标。

在这种情况下，侧重于学生学习能力提高的师生角色对教师评价并不产生直接影响。在传统师生角色的劣势并不明显，现代师生角色的优势尚未凸显之时，新旧师生角色难以转变也就不难理解。因此，当前教学评价存在的缺陷同样是阻碍师生角色转变的重要原因之一。

三、有效应对策略：支架式教学实施的关键

帮助教师突破原有角色的局限性以适应支架式教学提倡的现代师生角色，从而使该教学范式的优势得到最大限度的发挥，这是当前教学改革亟须深入探讨的主题。

1. 厉行“头脑风暴”，秉持现代师生角色理念

“头脑风暴法”是美国创造工程学家 A. F. Osborn 提出的，它指将一些具有一定科研能力和知识修养的专门人才组成一个小组，通过集体讨论、相互启发的模式，使小组成员对某一问题的答案产生尽可能多的设想，然后对这些设想逐一进行分析，最后找到一个最佳设想的方法。

头脑风暴是促使师生角色转变的有效途径之一。由于长期的教学实践使教师对师生角色形成了固定的认识，并借以指导自身教学行为。因此，角色转变迫使教师面临极大的挑战。这不仅意味着教师要摒弃多年来信奉的角色理念，还需承担教学效果不确定的风险。这就决定了大多数教师在面临新改变时，往往更倾向于采取保守态度，而不是积极应对。运用“头脑风暴”，可将教师们召集在一起，共同发表对现代师生角色的看法，在多种不同现代师生角色观的冲击下，教师们最后对现代师生角色形成统一认识，从而促使教师改变固有角色观念，构建现代师生角色理念。

2. 提升理论素养，明确师生角色定位

教师对角色认识不足或错误理解不仅使其在实践中不能充分发挥该教学范式的优势，甚至有可能由于误用而产生与预期相反的结果。因此，通过提高理

论素养，教师对师生角色的理解不再停留于经验层面，而是提升到理论认识的高度。这有助于教师准确定位师生角色，深入理解角色行为。提升理论素养可通过教师自我培训和外部培训两条途径进行。一方面，教师自身要不断进取，积极学习教育理论知识，培养“理论+实践”型思维模式；另一方面，教师在接受外部培训时，需要结合自身实际情况，将学到的知识真正内化为自身的理念，这样才能在实践的检验中不停改进自身的教学观念和教学行为，促进学生的发展。

3. 倡导教学反思，走出“惯习”的角色泥沼

反思（reflection）是教师以自己的教学活动过程为思考对象，来对自己的行为、决策以及由此所产生的结果进行审视和分析的过程，是一种通过提高参与者的自我觉察水平来促进观念转变和行为改进的途径。反思不能简单地被认为是教学实践的总结，它包括对整个教学过程的分析、评价和改进。在教学惯习的影响下，教师习惯性地按照自身业已形成的教学模式进行教学，很少甚至无法意识到自身教学行为与教学理论之间的偏差。通过反思，教师对自身的教学活动和学生的表现进行认真的观察和分析，通过比较理论倡导下的角色与实际教学中的角色之间的差异，不断突破习惯性的角色限定，改善自身教学行为。

4. 完善评价机制，强化合理的角色行为

目前我国的教学评价主要采取量化的评判标准，将知识点考查作为评价的主要方式。这种评价机制促使教师成为课堂上的权威，学生成为被动的接受者。对可量化指标的过分强调导致评价标准的局限性，教师失去反省自身教学行为适当与否的空间，学生的自主学习积极性受到压抑。这些均不符合整体性发展的要求。为此，教学评价机制需要得到进一步的完善，不仅要重视知识点掌握与否，也要重视学生内在学习能力的提高。“我们需要超越因素分解的教学评价，努力寻求教学生态中各种存在者之间的生态关系，回复教学评价的整体性，进而回复教育和人的整体性存在”。提高学生的学习能力是素质教育的重要使命，在此基础上建立科学、全面的评价机制，为教师提供了理性思考自身课堂角色的空间。在合理的评价标准的驱动下，教师会尽量缩小评价标准与角色行为之间的差距，从而进一步促进教师角色行为合理化。

——摘自《教学与管理》（中学版），2012 年第 8 期

第二章　语文写作教学的现状调查与分析

第一节　现状调查（问卷调查）

一、调查目的

通过问卷调查了解语文写作、阅读教学的现实状况，明确语文写作、阅读教学中存在的问题，为接下来的教学实践研究做准备。在已经掌握的支架式教学模式相关理论的基础上，分析了支架式教学模式运用于语文写作、阅读教学研究的可行性，接下要进入具体的实践阶段，“用事实说话”，思考如何在语文写作、阅读教学课堂中运用好支架式教学模式，要解决这个问题，光靠理论知识还不行，更要考虑语文写作、阅读教学的实际状况，明确语文写作、阅读教学中普遍存在的问题，并通过理论联系实际，运用支架式教学模式的优势来更好地服务于实际的教学行为，从而提高语文写作、阅读教学的质量。

二、调查范围

为了较完整地了解语文写作、阅读教学现状和存在的问题，笔者选取了甘肃省金昌市某学校作为调查的对象。本人对该校 5 名语文老师进行了访谈，由于资源问题，也是怕干扰正常的教学活动，本人选取了该校二年级的 5 个班，共计 297 名学生作为样本进行了问卷调查。最后，收回 287 份问卷，将其中个别的无效问卷剔除后，有效问卷一共有 280 份。

三、调查内容和数据分析

（一）学生对写作课的喜欢程度

从表 1 的统计结果可以看出：学生对写作课有较强的排斥和忽视，有将近

70%的同学不感兴趣，而非常喜欢的同学只占到总人数的5.7%，平均一个班不到4个人（且大部分为女生）。写作相较于其他语文教学内容是比较自由和灵活的，为什么学生对写作教学持这样的态度？

表1　学生对写作课的喜欢程度

结果	总计	非常喜欢	比较喜欢	一般	不太喜欢	非常不喜欢
人数（人）	280	16	37	56	104	67
百分比	5.7%	15.0%	13.2%	20%	37.1%	23.0%

（二）“写作的目的”调查

笔者：你觉得写作文的目的是什么呢？

学生：老师要求的，为了完成每学期8篇的A本（原创）作文和十多篇B本（文摘），还有就是考试。我平时不爱写作文，但是每学期要写好多篇呀，有些就是快交的时候随便写两下，感觉自己作文水平也就这样了。

教师：说实话还是服务于中考和高考。

（三）“课堂内容”的调查

笔者：你们的写作课一般教些什么内容？

学生：老师不怎么上写作课，一般是布置一个题目让我们自己回家写，上课的时间还要学别的内容，比如古诗词这些。

教师：虽然现在强调的是以学生发展为本，进行的是素质教育，但“一考定乾坤”的制度使得分数成了唯一标准，分数成了各方关注的焦点，既关系到孩子的前途、学校的升学率和荣誉，又与我们的奖励挂钩。语文教师在担任学科教育工作的同时大部分还是班主任，承担着很大的工作压力，所以写作教学这块只能是总结历年的考试经验，把最实用的写作技巧放在首位。

写作技巧确实能使学生在考试中受益，但长此以往学生写出来的文章会缺少真情实感、缺少内容，而更多是花哨且华而不实的美词佳句的堆砌，鲁迅曾说：“如果内容的充实，不与技巧并进，是很容易陷入徒然玩弄技巧的深坑里去的。”①

（四）写作课的有效性调查

1. 情境的创设

根据语文课程标准，教师应该为学生创设良好的学习情境，在生动灵活的

① 鲁迅．鲁迅全集［M］．北京：人民文学出版社，1980：45.

问题情境中明确学习目标，有目标、有方法地展开教学。语文学科的教学应该要有语文学科应有的特色，重视对学生语文素养的培养，语文教师应该紧紧围绕语文学科的教学目标来精心地创设恰当的语文教学情境，让语文课堂贯穿着“语文”二字。

这个问题笔者做了学生问卷和教师问卷两份调查，希望能多角度地了解真实的写作课堂。详见表 2 和表 3。

表 2　教学情境创设的调查统计（学生）

问　　题	选　项	有效百分比（%）
在写作教学开始时，老师是否会有一个生动有趣的引入部分？	A. 经常	23.0
	B. 有时会	27.2
	C. 几乎不会	49.8
在写作教学的课堂上，老师会明确提出学习目标吗？	A. 一般能	80.1
	B. 有时能	14.7
	C. 几乎不能	3.2

表 3　教学情境创设的调查统计（教师）

问　　题	选　项	有效百分比（%）
在写作教学开始或为解决某个问题，您是否会精心地为学生创设生动有趣的教学情境？	A. 经常	34.7
	B. 有时会	52.3
	C. 极少，因为实际效果不大	13.0
在写作课堂的教学情境中，您会帮助学生明确学习目标吗？	A. 一般会	84.1
	B. 有时会	10.5
	C. 很少	5.4

表 2 的调查数据显示：半数的学生认为他们的语文老师一般不会为他们精心地创设写作教学的情境，同样也有半数的学生认为老师会精心创设情境。关于这一问题，笔者又做了一些访谈，新的人教版写作训练单门设章与口语交际、综合学习一起构成一个完整的学习内容，但是老师更侧重其他两个方面的情景创设，而相对忽略了作文这一部分。表 3 的调查数据也显示：大部分语文教师在写作课堂中，不太注重写作教学情境的创设，基本是以直接提出课本中

的要求，或者朗读范文的方式展开写作教学。

表 2 和表 3 的调查结果说明：在语文写作教学中，大部分老师会注重为学生创设学习情境，但是学生所接收到的信息似乎和老师提供的不太相同，他们对老师提供的教学情境不是很感兴趣。详见表 4 和表 5。

表 4　你感觉语文写作课给你带来的最大收获是？（学生）

问　　题	选　项	有效百分比（%）
在语文写作课上，你经常能得到下列哪些收获？多选	A. 写作了一篇文章	97.3
	B. 写作知识的学习	45.0
	C. 文笔的锻炼	54.2
	D. 观察、思考、表现、评价能力的提升	32.1
	F. 写作思路的拓展	46.5
	E. 提高了自身的语文素养	32.0

表 5　您希望您的学生从写作课中得到的最大的收获是？（教师）

问　　题	选　项	有效百分比（%）
您希望您的学生从写作课中得到的最大的收获是下列哪一项？多选	A. 写作了一篇文章	21.0
	B. 写作知识的学习	67.1
	C. 文笔的锻炼	54.3
	D. 观察、思考、表现、评价能力的提升	44.2
	F. 写作思路的拓展	76.5
	E. 提高了学生的语文素养	37.1

从表 4 中我们可以看出，写作课堂对于学生来说，最大的收获是一篇文章的完成，几乎所有的同学都选择这个答案，即使是在笔者强调了“最大”这一约束条件的情况下。其次是“文笔的锻炼”，占到了 54.2%，接下来是“写作知识的学习”，比重未能超过 50%，最差一项是“提高了自身的语文素养”，仅仅占到 32%。而根据表 5 的调查数据，我们发现占到最大比重的依次是“写作思路的拓展”“写作知识的学习”“文笔的锻炼”“观察、思考、表现、评价能力的提升”，末位是“提高学生的语文素养”和“写作一篇文章”。表 4 和表 5 的调查结果说明：老师预期达到的目标和学生实际达到的目标有一定的差

距，同时大部分教师注重实际能力的锻炼，并不是很重视对学生语文素养的培养。

从表 2 到表 5 的数据中不难看出，随着新课改的不断深化，以及新版教材的适用，教师在教学情境的创设上开始有所进步，但是在具体的课堂中所预期达到的目标和学生实际的收获依然有一定的距离，这也说明写作课的有效性仍然是个问题，不论是在学生的不太感兴趣的态度还是教师“付出——回报”不成正比的现状上都有所体现，这就需要一种新的、切实可行的教学方法、模式去改变现状。

2. 思维的历练过程

瓦拉斯·道格拉斯说过：“写作意味着表达思想，阐述意义，写作的过程意味着思考的过程。”写作的课堂必须是一个思维历练的课堂，学生需要在教师的引导，以及写作的整个过程中不断思考，不断拓展自己的思维。表 6 是针对学生所做的一项对写作课能力提升方面的调查，表 7 则是针对老师做的调查。

表 6　你感觉语文写作课能给你带来哪方面能力的提升？（学生）

问　题	选　项	有效百分比（%）
在语文写作课上，你能得到哪方面能力的提升？多选	A. 具体明确、文从字顺地表达自己的意思	44.7
	B. 根据日常需要，运用常见的表达方式写作	42.1
	C. 做到说真话、实话、心里话，不说假话、空话、套话	21.4
	D. 能够展开想象和幻想，写想象中的事物	10.3

表 6 的数据显示，学生在写作课堂中得到的最大提升的是“具体明确、文从字顺地表达自己的意思”，但也仅仅占到 40%多，作为课程标准对写作教学的基本要求，有些学生仍然不能很好地达到。而“根据日常需要，运用常见的表达方式写作”“做到说真话、实话、心里话，不说假话、空话、套话”“能够展开想象和幻想，写想象中的事物”依次呈递减趋势，情况依旧不容乐观。

表 7　你想通过语文写作课给学生带来哪方面能力的提升？（教师）

问　　题	选　项	有效百分比（%）
你想通过语文写作课给学生带来哪方面能力的提升？多选	A. 使学生具体明确、文从字顺地表达自己的意思	71.0
	B. 使学生根据日常需要，运用常见的表达方式写作	42.1
	C. 让学生做到说真话、实话、心里话，不说假话、空话、套话	21.4
	D. 使学生能够展开想象和幻想，写想象中的事物	32.3

通过表 7 我们可以看到，教师在写作教学中也更注重学生基础能力的培养，“具体明确、文从字顺地表达自己的意思”“根据日常需要，运用常见的表达方式写作”是主要目标，在“做到说真话、实话、心里话，不说假话、空话、套话”“能够展开想象和幻想，写想象中的事物”这两个方面的要求相对较低。教师想要学生打好基础的初衷是正确的，也是由学生对写作普遍存在排斥的现状决定的，这更需要我们另辟蹊径寻找方法。

从以上针对写作课堂活动开展情况调查结果可以看出，教师在写作课堂上组织了相对丰富的教学活动，例如“自由讨论”“自由创作”“命题作文”“教师评价”及“学生评价”，如图 4 所示。但另一方面，这些活动的更多是以“教师的教”为主，“教师讲解”与“教师评价”占了课堂活动的大部分时间，教师讲、学生听的传统语文学习模式在写作课堂同样占主体，学生在课堂中参与教学活动并不充分。对于此，我们同样设计了针对学生和教师的不同的问卷，详见表 8 和表 9。另外，模拟活动自由创作在课堂活动中占有很小的比例，也从侧面证明了这一现象。通过以上数据显示，语文写作课堂对学生思维的历练仍然不足。

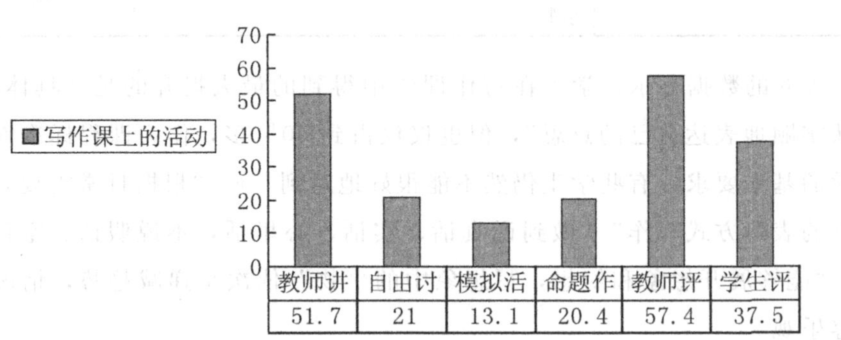

图 4　写作课堂上的活动

表 8　学生课堂参与状况的调查结果统计（学生问卷）

问　题	选　项	有效百分比（%）
上写作课时，你常常处于下列哪一种状态？	A. 不喜欢老师组织的课堂，更愿意写写自己想写的东西	27.4
	B. 紧跟教学过程的各个环节，尝试运用老师讲解的写作方法进行写作	41.5
	C. 对写作课不感兴趣，希望快快下课	3.1
	D. 积极参与写作练习	28.0
在写作课上，你能掌握老师讲解的写作知识，并且运用到写作中去吗？	A. 能够自觉地运用	32.0
	B. 在老师的指导和要求下会运用，平时想不起来	51.0
	C. 很少，不知道如何运用	17.0

表 9　学生课堂参与状况的调查结果统计（教师问卷）

问　题	选　项	有效百分比（%）
上写作课时，你的学生处于下列哪一种状态？	A. 不喜欢老师组织的课堂，更愿意写写自己想写的东西	10.0
	B. 紧跟教学过程的各个环节，尝试运用老师讲解的写作方法进行写作	51.7
	C. 对写作课不感兴趣，希望快快下课	4.0
	D. 积极参与习作练习	34.3
在写作课上，学生能掌握您讲解的写作知识，并且运用到写作中去吗？	A. 能够自觉地运用	36.7
	B. 在老师的指导和要求下会运用	49.0
	C. 不清楚	14.3

由表 8 和表 9 的统计数据可以看出，大部分学生可以紧跟教学环节，尝试运用老师讲解的方法进行写作，但是仍有 20%以上的学生更愿意自己尝试写作，脱离课堂之外，写自己喜欢的东西。同时，对于老师讲解的写作知识一半以上的学生只能在老师指导和要求下使用，平时的写作中常常忘记，这也说明这些知识未能融入学生的整个知识链条中。综上所述，总体来看学生参与课堂的积极性还是有的，但是他们对于写作知识的掌握采用了和其他学习内容一样的方式，只是记住它们但不会很好地利用它们，这还是缺乏思维历练的表现，学生没能很好的消化、吸收所学的知识。

3. 情感的体验活动方面

叶圣陶先生说过："作文是学生认识水平和语言文字表达能力的体现。一个人要写出自己的东西，则必须本于内心的郁积，发乎性情的自然。"① 在语文的写作教学中，学生更加需要个性化的表达，有创意的表达，说真话、实话、心里话。语文课程标准指出，语文教师不能够将自己的理解强加于学生，教师要讲解的是如何用心灵世界去创造丰富多彩的文字。而作为教师是不能代替学生的思考和体验过程的，语文教师应该努力为学生营造一个宽松、自由的学习环境，引导学生实现个性化的写作，从而使学生获得独特的情感体验。

笔者针对这一维度设计了以下几个问题并做了分析，如图 5、图 6、图 7、图 8 和图 9 所示。

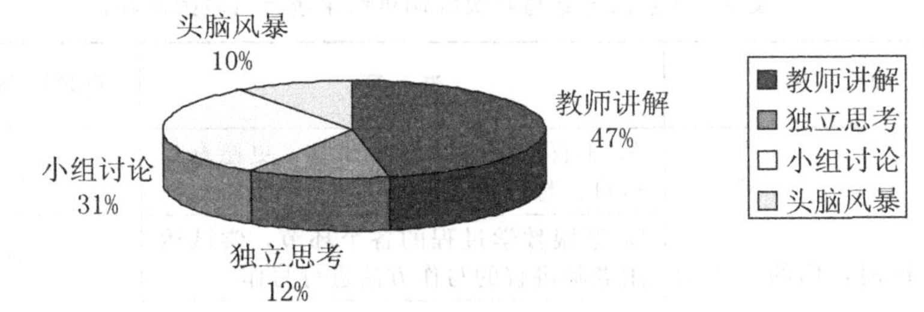

图 5　在写作教学中，语文老师主要用哪种方式来开展写作教学？（学生）

从图 5 中可以看出，教师讲解占据了写作教学的半壁江山，这在很大程度可以说是教师代替了学生在写作中自主情感体验的过程，而将原本更为生动、鲜活的写作学习过程变成的枯燥的二手知识的学习。

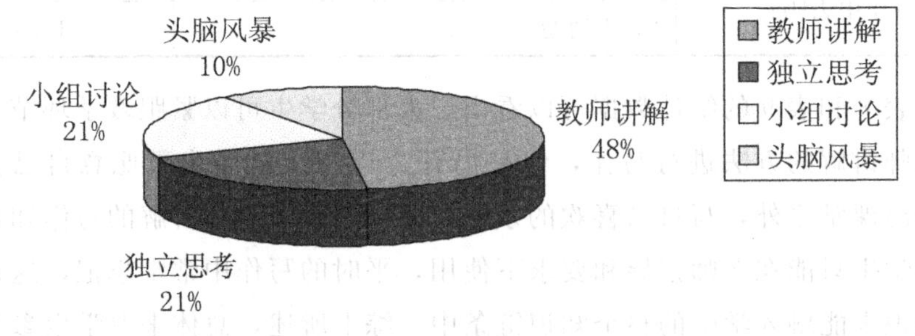

图 6　在阅读教学中，您最倾向于用哪种方式来解决问题？（教师）

① 叶圣陶．语文教育论集［M］．北京：教育科学出版社，1980：347.

从图 6 中我们可以看出，在教师的心目中，传统的讲解式也是主流，虽然在其他模式上也有所尝试，但是仍然无法改变根深蒂固的传统模式。

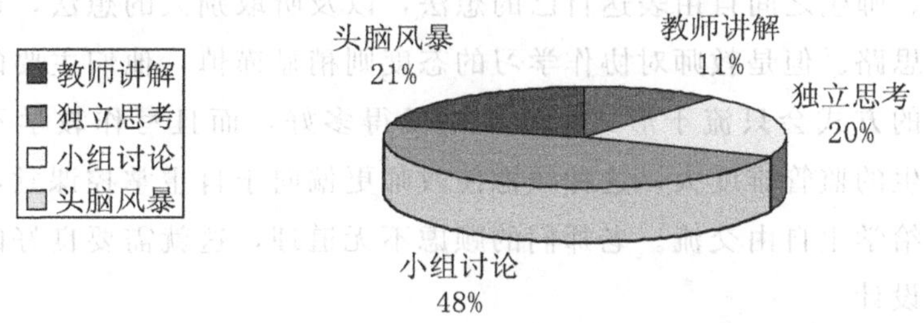

图 7　在写作课上，你最喜欢哪种学习方式？（学生）

从图 7 中可以清晰地看到，学生在写作教学中更喜欢自由地小组讨论模式，或者是头脑风暴模式，畅所欲言，在与他人的交流中发现自己心灵深处的感受，激活个性化的情感体验，寻找到属于自己的文字。

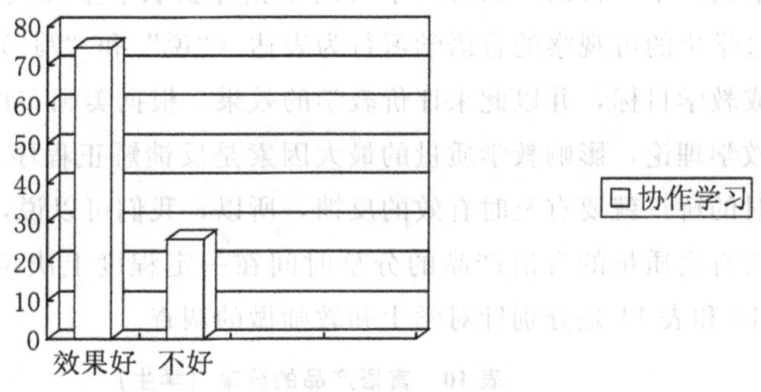

图 8　写作课上开展协作学习（小组讨论），你觉得效果如何？（学生）

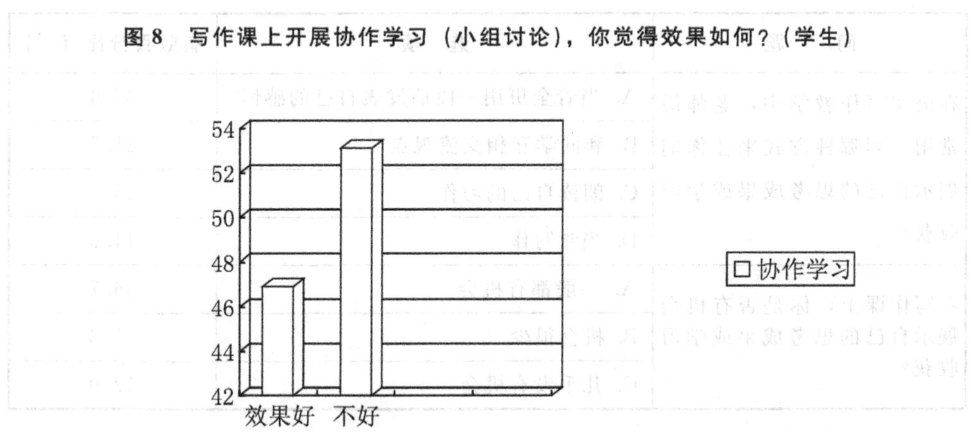

图 9　写作课上开展协作学习（小组讨论），你觉得效果如何？（教师）

图 8 和图 9 分别是来自学生和教师关于在写作课堂上开展协作学习的调查，数据显示，在学生中协作学习更受欢迎，课后访谈学生们表示：协作可以在生生、师生之间自由表达自己的想法，以及听取别人的想法，这样可以拓宽写作思路。但是教师对协作学习的态度则稍显谨慎，他们主要的担心是这种自由的方式会只流于形式，效果不见得多好，而且写作教学不同于其他，对学生的监管难度大，这种顾虑使教师更偏向于自主掌控课堂，只留下部分时间给学生自由交流。老师们的顾虑不无道理，这就需要良好的掌控能力与课堂设计。

4. 言语产品的分享时间方面

这里的“言语产品的分享时间”，对学生来说则主要是一个展示成果或收获的过程，它表现在写作学习上就是“讨论”“课堂发言”“练习”“仿写”“写作”“评价”等。

在语文课中，言语产品的分享时间是教师获取学生反馈信息的主要来源，教师通过学生的可观察的言语学习行为表达（“说”和“写”）来判断学生学习是否达成教学目标，并以此来评价教学的效果。根据美国布卢姆教授的“掌握学习”教学理论，影响教学质量的最大因素是反馈矫正程序。[①] 学习行为需要得到及时的矫正就要有及时有效的反馈，所以，我们可以说，一堂语文写作课中，是否有高质量的言语产品的分享时间在一定程度上决定了教学质量的好坏。表 10 和表 11 是分别针对学生和教师做的调查。

表 10　言语产品的分享（学生）

问　题	选　项	有效百分比（%）
在语文写作教学中，老师最常用下列哪种方式来让你们展示自己的思考成果或学习收获？	A. 当着全班用一段话发表自己的感悟	37.6
	B. 和同学互相交流观点	21.7
	C. 朗读自己的习作	26.7
	D. 当堂写作	14.0
在写作课上，你是否有机会展示自己的思考成果或学习收获？	A. 一般都有机会	36.7
	B. 机会很少	51.3
	C. 几乎没有机会	12.0

① 靳键．后现代文化视界的语文课程与教学论［M］．兰州：甘肃教育出版社，2006：39.

续　表

问　　题	选　项	有效百分比（%）
在写作课上，你清楚自己的学习得失吗？	A. 非常清楚	33.0
	B. 不是很清楚	50.3
	C. 不清楚，很模糊	16.7
每一次习作练习老师会对你的作文进行何种方式的批阅	A. 写几句评语在作文后面	47.1
	B. 面批，跟学生面对面交流想法	31.4
	C. 学生相互批阅	21.5

表 11　言语产品的分享（教师）

问　　题	选　项	有效百分比（%）
在语文写作教学中，您最常用下列哪种方式让学生展示他们的思考成果或学习收获？	A. 当着全班用一段话发表自己的感悟	40.7
	B. 和同学互相交流观点	31.0
	C. 朗读自己的习作	13.3
	D. 当堂写作	15.0
在写作课上，是否有充足的时间来让学生表达或展示他们的思考成果和学习收获？	A. 一般都有机会	33.3
	B. 机会很少	66.7
每一次写作课快要结束时，您会按照学习目标来检测学生的学习情况吗？	C. 几乎没有机会	33.7
	A. 非常清楚	45.3
	B. 不是很清楚	21.0
每一次习作练习后您会对学生的作文进行何种方式的批阅	A. 写几句评语在作文后面	47.5
	B. 面批，跟学生面对面交流想法	23.4
	C. 学生相互批阅	29.1

表 10 和表 11 的调查数据显示：在语文写作教学的课堂中，教师会有意识地组织丰富多样的形式来让学生展示自己的学习成果或收获，比如让学生用一段话来发表自己的感悟，学生之间互相交流讨论，当堂写作，朗读习作等，但在实际上，近 70%的老师表示在阅读课上，一般没有充足的时间让学生表达或展示他们的思考成果和学习收获，大多数学生没有表达或展示的机会，超过 60%的学生也表示得到展示的机会很少或几乎没有。而在反馈评价环节，教师

更多采用的是相对单一的评阅方式，不能与学生进行更多地交流，给学生充分表达自我想法的机会。

第二节 存在的主要问题

综合以上的数据分析，现阶段语文写作教学中存在的问题主要有以下几点：

第一，写作课堂的吸引力不足，教师在教学过程中的引导性、趣味性不够，学生对写作课普遍具有厌烦情绪。

第二，在写作教学中，随着课程改革的浪潮，虽然大部分语文老师能接受新的教学理念，注重教学情境的创设，引导学生有目标、有方向地进行学习，但部分都只是流于形式，不能真正做到在问题情境中引导、激发学生的学习兴趣。

第三，对学生在写作学习过程中的独立探索能力训练不足，这也导致学生的思维历练不够，写不出有深意有价值的内容。

第四，师生、生生协作程度不够，没有激发出学生更多的个性化的情感体验，捕捉内心中细腻的东西。

第五，效果评价不足，反馈不全面。

专栏二 初中语文作文教学初探

刘化丽

作文在初中语文中考试卷中占有“半壁江山”，可谓是作文写得好，语文教学就成功了一半。初中学生的作文写作尤其是初一作文写作主要是建立在小学作文的模仿写作基础上的，虽有一定的写作基础和朦胧的写作意识，但是还算不上真正意义上的写作，要想让学生尽快摆脱小学时的幼稚模仿写作模式，建立自己的成熟写作模式，从而真正会写作文，笔者认为在平时的教学工作中应该做好以下几点：

一、明确写作目的，激发学生兴趣

作文教学是语文课的重要组成部分，学生作文水平的高低，直接影响其语文成绩。然而，在教学中我们不难发现，有不少学生谈“文”色变，视作文为"魔鬼"，他们写文时，常常搜索枯肠、胡编乱造、敷衍完篇、应付了事，写作时缺乏主动性和兴趣。针对此现状，笔者在从事作文教学时，特别注重对学生进行写作兴趣的培养。首先是利用"地方文化"对学生进行熏陶和教育，消除学生写作时的心理压力，使学生找到自信；其次，了解学生的兴趣所在，以学生感兴趣的人物或事情作为写作题材，巧妙命题。例如，学生刚进入初中不久时，教师可以《假如我是一位老师》《妈妈我想对你说》等为题进行作文教学，由于此时学生具有极强的表现欲和与父母交流思想的愿望，写作时学生会感到有话可说。因此，所写的文章大多真挚感人。再者，让学生明确写作目的。因为作文水平的高低事关语文考试成绩的高低，尤其是中考，作文分值甚重。古人云："文章千古事。"所以，教师一定要让学生明白作文在中学语文学习中的重要地位及日后在社会中的重要意义，使学生从心理上重视，端正态度，为日后的作文教学奠定一个良好的基础。

二、多积累、观察，让学生养成乐于积累、善于观察的习惯

学生们害怕写作文常常是因为觉得无事可写或有话不知怎么说，究其根源则在于缺乏对生活的观察，缺少对素材的积累。因此，我要求学生随身准备一个记录本随时记录。学生的摘录分为主动摘录和被动摘录。主动摘录是学生在课外阅读时，遇到好的名言、佳句和感人的事例就摘录下来。被动摘录是教师指定的摘录。例如：学习《春》时，让学生摘录描绘春景的佳句；学习《白雪歌送武判官归京》时，让学生摘录赞美雪景的美段。我还将摘录引进了课堂，课文里出现的佳句、学生回答问题时用的美词、试卷选文中的典型事例，我都让他们随时记录下来。只要做个有心人，生活中的一草一木、一人一事、一纸一笺，都有令人心动的瞬间，所以我还常常提醒学生细心观察生活，留意身边的任何事，从社会中汲取原始素材，学会鉴赏美丑、善恶、人生世态。如去年寒假我国部分地区下了几场大雪，开学的第一天我没有上新课，而是让学生交流下雪后的所见、所闻、所感。有的学生描绘银装素裹的雪世界；有的学生叙述千里送鹅毛的情意；有的同学赞叹"忽如一夜春风来，千树万树梨花开"的神奇。下课的铃声已响起，教室里那一双双高举的手却迟迟不肯放下。"问渠哪得清如许，为有源头活水来"，只要我们善于观察、勤于积累，写作的源泉一定长流不息。

三、激发求异思维，培养学生新颖独创、科学合理的想象

作文的本质是求异而绝非求同，在改革巨变、思维更新的今天，作文教学更要鼓励学生的求异思维，培养学生用新颖独创的思维方式展开想象。我在教学中常有意提出一些人人皆知的题材或事件，要求学生提出与传统不同的观点，挖掘出新意。如用“龟兔赛跑”这一古老的题材写文章。以往人们都是对乌龟的精神进行赞扬，而对兔子进行批评，认为它骄傲自满，但是有的学生却认为，让兔子与它能力相差极大的乌龟赛跑，这实质是压抑了兔子的积极性和创造力……这样的文章能“化腐朽为神奇”，才是真正有价值的创造性想象。想象既要新颖独创，又要科学合理。就像鸟儿飞翔离不开空气一样。想象如果不合理、不科学，缺乏依据，即使很新奇，想象翅膀也飞不起来，在作文教学中，我在启发学生想象的同时，还要求学生说明想象的依据，以此培养他们科学合理的想象。

四、作文形式多样化，课内、课外作文双管齐下

课内作文，要求具体，学生受到约束较多，有时往往处于被动，但它又必不可少。如果课内作文可以看成作文教学的第一条腿，那么第二条腿应该是课外作文。只有两条腿一齐走，学生才走得好而快。课外作文主要是让学生写随笔和做简报评论。写随笔，给学生最大限度的自由，自由选材、自由命题、自选文体，学生直观选自己最想写的事情，可把所见所闻或平铺直叙，或抒发感情，或发表议论，亦可说明，随心所欲，洋洋洒洒几千字也可，点点滴滴几百字也行。话多则长，话少则短，甚至可以写一半，“且听下回分解”，这样的随笔对于学生来说，无异于给他们“松了绑”，使他们写作兴趣日益浓厚。做简报评论，要求学生从报纸上选出自己认为好的文章，读通文意，重点写出评析，因为是自己选的，所以评论起来有兴趣。这两种课外作文都有助于培养学生写作兴趣，促进课内作文教学。课内外作文相结合，互为补充、互为促进，使学生多方面受益。

五、作文批改灵活多样，充分发挥主动性

教师坐在办公室里一本本精批细改，可是学生拿到作文，只关注得了什么等次，很少有学生关心教师的“评”。因此，教师在批改作文时不宜采用

"统一标准"的方法。要以鼓励为主，多肯定、少批评，教师可以采用举例批改、自己批改、互批互改等多种批改方法，充分发挥学生的积极主动性，调动写作兴趣。此外，作为语文教师，还必须随时了解新事物，掌握新信息，熟悉新理念，学生对于新的一切最敏感、最感兴趣，如果作文教学抓住了这一点，就不会太落后于形势，没有时代感的作文教学，谁会产生兴趣？

综合以上几点，教师如能在教学中落实好，在激发学生的写作兴趣，培养学生的写作能力的同时，指导学生养成良好的写作习惯，提高学生的语文素养，那么学生的作文水平就会在一定程度上得到提高。相信在不久的将来，初中语文作文教学定会迎来美好的明天！

——摘自《学周刊》，2012 年第 26 期

第三章　语文阅读教学的现状调查与分析

第一节　问卷调查

一、调查目的

通过问卷调查了解语文阅读教学的现状，明确语文阅读教学中普遍存在的问题，为接下来的教学实践研究做准备。笔者在前面已经掌握了支架式教学模式的相关理论，分析了支架式教学模式运用于语文阅读教学的研究价值和可行性，接下来就要思考如何在语文阅读教学课堂中运用好支架式教学模式，要解决这个问题，光靠理论知识还不行，更要考虑语文阅读教学的实际状况，明确语文阅读教学中普遍存在的问题。以语文阅读教学中出现的现实问题作为支架式阅读教学设计的一个依据，来指导实际的教学行为，这样可以避免出现同样的问题，从而提高语文阅读教学的质量。

二、调查范围

为了较完整地了解语文阅读教学现状和存在的问题，笔者选取了甘肃省张掖市民乐县的某中学作为调查的对象。在老师方面，对该校 30 位语文老师进行了问卷调查；在学生方面，因为该校没有重点班和普通班的区别，各年级入校时是无差别分班，所以笔者在每个年级随机选取的班级调查时都是全班学生被试，笔者选择参与问卷调查的样本学生是初一年级 1 个班，初二年级 3 个班、初三年级 2 个班，共 6 个班，320 名学生被试。最后，收回 320 份问卷，其中将个别的无效问卷剔除后，有效问卷一共有 300 份。

三、调查内容

一堂语文阅读教学课是否有效要看四个方面，即是否有语文知识的问题情境；是否有思维的历练过程；是否有情感的体验活动；是否有言语产品的分享时间。笔者对《关于语文阅读教学现状的调查问卷（学生问卷）》和《关于语文阅读教学现状的调查问卷（教师问卷）》的设计都是从这四个方面来进行，旨在通过教师和学生两个角度了解当前语文阅读教学的现状。

第二节 语文阅读教学现状调查数据分析

笔者依据调查结果的统计数据对语文阅读教学现状和存在的问题进行分析诊断。

一、情境的创设方面

根据语文课程标准，教师应该为学生创设良好的学习情境，在生动灵活的问题情境中明确学习目标，有目标、有方法地展开教学。九年义务教育阶段的语文课程，必须面向全体学生，使学生获得基本的语文素养。语文学科的教学应该要有语文学科应有的特色，重视对学生语文素养的培养，语文教师应该紧紧围绕语文学科的教学目标来精心地创设恰当的语文教学情境，上出充满“语文味”的课堂。

关于语文知识的问题情境的创设维度，笔者在学生问卷和教师问卷中都各设计了四个问题。学生问卷中相关问题主要包括：①在阅读教学开始或为解决某个问题，你们的老师是否会精心地为你们创设生动有趣的教学情境？②在阅读教学情境中，你们能明确自己的学习目标吗？③在阅读教学的情境中，是否有清晰的问题导向？④在语文阅读课上，你经常能得到下列哪些收获？请多选。教师问卷中相关的问题主要包括：①在阅读教学开始或为解决某个问题，您是否会精心地为学生创设生动有趣的教学情境？②在阅读课堂的教学情境中，您会帮助学生明确学习目标吗？③在阅读教学的情境中，您是否会给学生提供清晰的问题导向？④您希望您的学生从阅读课中得到的最大的收获是？表 12 到表 15 是调查统计的结果和分析。

表 12　教学情境创设的调查统计（学生问卷）

问　题	选　项	有效百分比（%）
在阅读教学开始或为解决某个问题，你们的老师是否会精心地为你们创设生动有趣的教学情境？	A. 经常	36.0
	B. 有时会	54.7
	C. 几乎不会	9.3
在阅读教学情境中，你们能明确自己的学习目标吗？	A. 一般能	77.3
	B. 有时能	20.7
	C. 几乎不能	2.0
在阅读教学的情境中，是否有清晰的问题导向？	A. 从来没有	4.0
	B. 偶尔	33.3
	C. 常常	62.7

表 13　教学情境创设的调查统计（教师问卷）

问　题	选　项	有效百分比（%）
在阅读教学开始或为解决某个问题，您是否会精心地为学生创设生动有趣的教学情境？	A. 经常	34.7
	B. 有时会	52.3
	C. 极少，因为实际效果不大	13.0
在阅读课堂的教学情境中，您会帮助学生明确学习目标吗？	A. 一般会	64.3
	B. 有时会	26.0
	C. 很少	9.7
在阅读教学的情境中，您是否会给学生提供清晰的问题导向？	A. 一般会	55.0
	B. 有时会	35.0
	C. 很少	10.0

表 12 的调查数据显示：超过 90%的学生认为他们的语文老师一般会为他们精心地创设阅读教学的情境，而且在这一教学情境中一般会有清晰的问题导向；另外，在阅读教学中，绝大多数学生能明确自己的学习目标。相应的，表 13 的调查数据也显示：大部分语文教师在阅读课堂中，会注重教学情境的创设，能通过创设的情境来帮助学生明确学习目标，在清晰的问题导向中展开教学。

表12和表13的调查结果说明：在语文阅读教学中，大部分老师会注重为学生创设生动有趣的学习情境，让学生在灵动的学习情境中明确学习目标，教师通过确定的、恰当的问题来引导学生阅读课文，最终完成教学任务。

表14　你感觉语文阅读课给你带来的最大收获是？(学生问卷)

问　题	选　项	有效百分比（%）
在语文阅读课上，你经常能得到下列哪些收获？请多选	A. 获得人文精神的感悟	71.0
	B. 了解了课文的思想内涵和主要内容	85.0
	C. 知道了为人处事的道理	47.0
	D. 提高了自身的语文素养	68.0

表15　您希望您的学生从阅读课中得到的最大的收获是？(教师问卷)

问　题	选　项	有效百分比（%）
您希望您的学生从阅读课中得到的最大的收获是下列哪一项？	A. 学生的人文精神得到培养	34.3
	B. 了解文章的思想内涵和主要内容	20.7
	C. 使学生懂得文章里为人处事的道理	7.0
	D. 培养相关的语文素养	38.0

“九年义务教育阶段的语文课程，必须面向全体学生，使学生获得基本的语文素养”①，所以，培养学生相应的语文素养应该成为每一堂语文阅读教学课的教学目标之一。

然而表14的调查数据显示：学生从语文阅读课中经常得到的收获中排在第一位是“了解了课文的思想内涵和主要内容”，第二位是“获得人文精神的感悟”，第三位才是“提高了自身的语文素养”，还有30%多的人表示不经常得到语文素养的提高。而根据表15的调查数据，我们发现：在实际的阅读教学中超过60%的语文老师认为语文阅读课给学生带来的最大收获应该是除“提高了自身的语文素养”之外的“获得精神感悟”“了解文章思想内涵和主要内容”“知道为人处事的道理”。表14和表15的调查结果说明：大部分语文老师还不是很重视对学生语文素养的培养。

---

①　教育部．义务教育语文课程标准[S]．北京：北京师范大学出版社，2011.

综合表 12 到表 15 的调查结果，我们可以得出：在阅读教学中，随着课程改革的浪潮，大部分语文老师受到新的教学理念的影响，开始注重教学情境的创设，引导学生有目标、有方向地进行学习，但另一方面，教师在教学的过程中却仍过分地挖掘课文中所蕴含的人文精神、思想内容、道德品质等方面的因素，而忽视学生的基本语文素养的养成。这样的阅读教学必将导致语文课不像语文课，反而更像政治课、思想品德课。语文课缺少了“语文味”，学生的语文能力便很难得到应有的培养和形成。

二、思维的历练过程方面

学生是有个性思维的学生，教师在教学中要注重对学生思维品质的培养，尊重学生思维的差异性，做到因材施教。

在思维的历练过程的维度上，笔者在学生问卷和教师问卷中各设计了三个问题。学生问卷中相关问题主要包括：①在阅读课上，语文老师会经常让你们做以下哪几项？②上阅读课时，你常常处于下列哪一种状态？③在阅读教学中，你会将自己已掌握的语文知识和阅读方法运用到新课的学习中吗？教师问卷中相关问题主要包括：①在阅读课上，您经常让学生做以下哪几项，请多选？②在阅读教学中，您的学生常常处于下列哪一种状态？③在阅读教学课堂中，学生会将自己已掌握的语文知识和阅读方法运用到新课的学习中吗？图 10 和图 11 及表 16 和表 17 是相关的统计结果与分析。

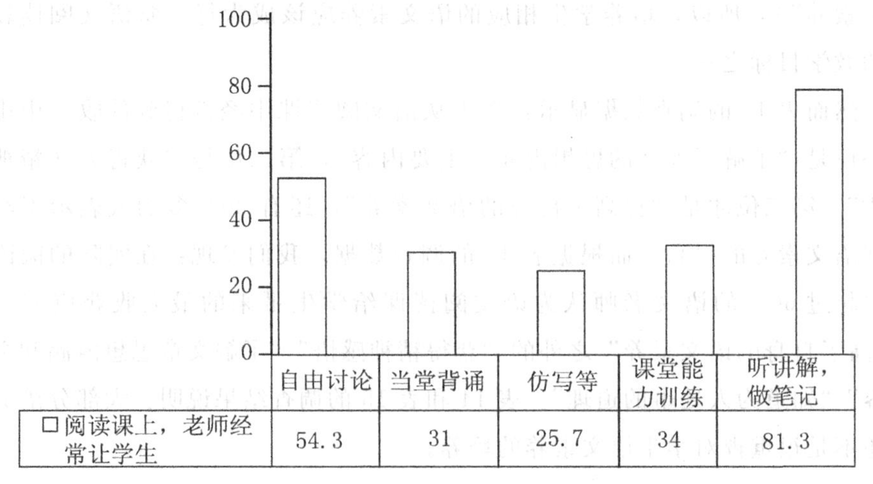

	自由讨论	当堂背诵	仿写等	课堂能力训练	听讲解，做笔记
□阅读课上，老师经常让学生	54.3	31	25.7	34	81.3

图 10　在阅读课上，语文老师会经常让你们做以下哪几项，请多选？（学生）

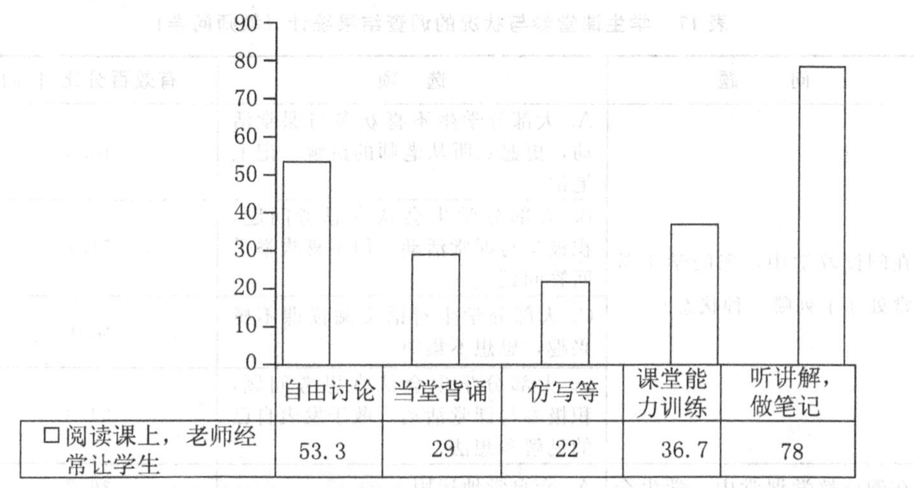

图 11　在阅读课上，您经常让学生做以下哪几项，请多选？(教师)

从图 10 和图 11 的调查结果可以看出，现如今，大部分语文教师会有意识地组织丰富多样的课堂学习活动，如“自由讨论”“当堂背诵”“仿写或即兴写作”“课堂能力训练”等。但另一方面，由选项间的选择率的比较，我们发现“教师讲解，学生做课堂笔记”的教学方式仍占主导，实质上还是“老师讲，学生听”的传统课堂教学模式。那样的阅读课上，教师讲得多，学生思考得少；教师重教轻学，将自己的理解强加于学生，同时，学生的学习自主权受到严重限制，学生的思维难以得到应有的历练。

表 16　学生课堂参与状况的调查结果统计（学生问卷）

问　　题	选　　项	有效百分比（%）
上阅读课时，你常常处于下列哪一种状态？	A. 不喜欢老师组织的课堂活动，更愿意听从老师的讲解，记上笔记	16.3
	B. 认真思考问题，积极参与课堂活动，但不喜欢举手回答问题，主要将自己的理解与老师的讲解进行对照	47.7
	C. 对语文阅读课不感兴趣，希望快快下课	3.7
	D. 认真思考问题，积极参与课堂活动，敢于发表自己的见解和想法	32.3
在阅读教学中，你会将自己已掌握的语文知识和阅读方法运用到新课的学习中吗？	A. 会自觉地运用	32.0
	B. 在老师的指导和要求下会运用	51.0
	C. 很少，不知道如何运用	17.0

表 17 学生课堂参与状况的调查结果统计（教师问卷）

问　　题	选　项	有效百分比（%）
在阅读教学中，您的学生常常处于下列哪一种状态？	A. 大部分学生不喜欢参与课堂活动，更愿意听从老师的讲解，记上笔记	10.0
	B. 大部分学生会认真思考问题，积极参与课堂活动，但不喜欢举手回答问题	51.7
	C. 大部分学生对语文阅读课不感兴趣，思想不集中	4.0
	D. 大部分学生会认真思考问题，积极参与课堂活动，敢于发表自己的见解和想法	34.3
在阅读教学课堂中，学生会将自己已掌握的语文知识和阅读方法运用到新课的学习中吗？	A. 会自觉地运用	36.7
	B. 在老师的指导和要求下会运用	49.0
	C. 不清楚	14.3

由表 16 和表 17 的统计数据，我们可以看出：既能够认真思考问题，积极参与课堂活动，又敢于发表自己的见解和想法的学生仅占总人数的 30%左右，而一半左右的学生虽然能够认真思考问题，积极参与课堂活动，但却不喜欢主动举手回答问题，更习惯于“将自己的理解与老师的讲解进行对照”。另外，这两个数据统计表还显示：在语文阅读教学中，能自觉运用已掌握的语文知识和阅读方法的学生也仅有 30%左右，而一半左右的学生是“在老师的指导和要求”的情况下才会运用已掌握的语文知识和阅读方法。可见，绝大部分学生虽然有参与课堂学习的愿望和参与活动的积极性，但他们却不敢积极发表自己的看法，其知识和方法的运用能力需要进一步提高，而究其原因，还是一点：学生学习的自主性受到教师权威的压制，学生学习被动，思维难以得到历练。

三、情感的体验活动方面

语文学科的独特魅力就在于它具有一个蕴藏在语言背后的审美世界。在语文的阅读教学中，学生需要通过与教师、与文本之间的多重互动对话才能够获得美妙的审美情感的体验。语文课程标准指出，语文教师不能够将自己的理解强加于学生，教师的讲解过程不能代替学生的思考和体验过程，语文教师应该努力为学生营造一个宽松、自由的学习环境，引导学生在自主、合作、探索的学习方式中实现个性化的阅读，从而使学生获得独特的情感体验。

在情感的体验活动的维度上，笔者在学生问卷中设计了三个问题，相关问题主要包括：①在阅读教学中，你们语文老师最主要用下列哪种方式来解决问题？②阅读课上，你最喜欢下列哪种学习方式？③在阅读课上，你认为采用分组讨论的方式效果好吗？而在教师问卷中，笔者主要设计了两个问题：①在阅读教学中，您最倾向于用下列哪种方式来解决问题？②在阅读教学中，您认为让学生分组讨论的活动方式效果好吗？图 12 到图 16 是相关的统计结果与分析。

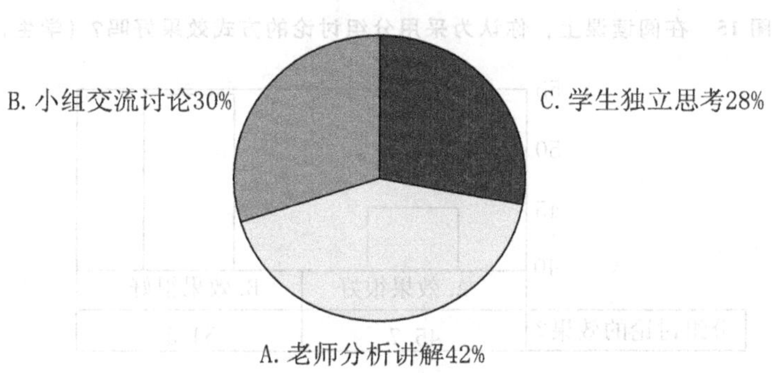

图 12　在阅读教学中，语文老师主要用哪种方式来解决问题？(学生)

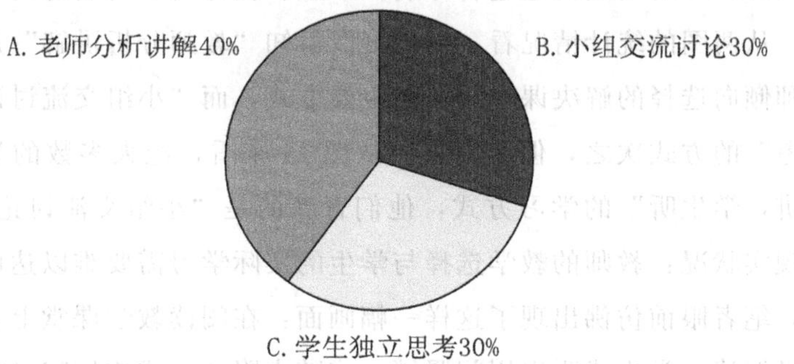

图 13　在阅读教学中，您最倾向于用哪种方式来解决问题？(教师)

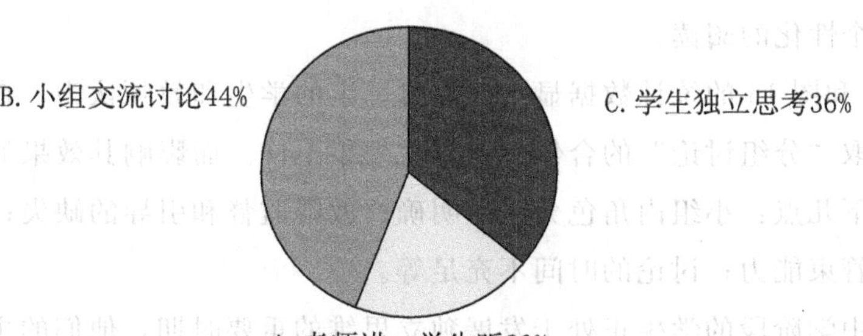

图 14　在阅读课上，你最喜欢哪种学习方式？(学生)

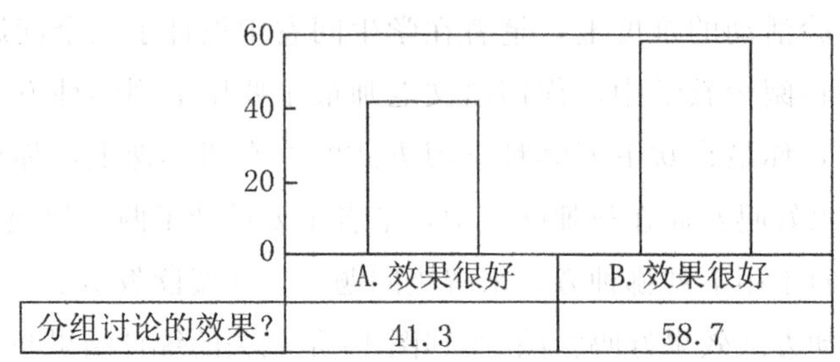

图 15　在阅读课上，你认为采用分组讨论的方式效果好吗？(学生)

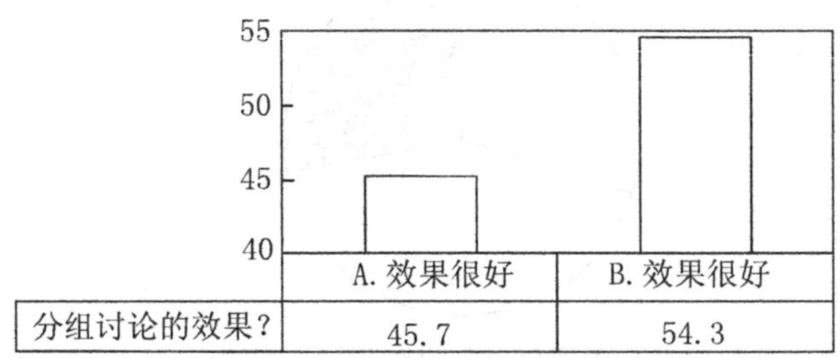

图 16　在阅读教学中，您认为让学生分组讨论的方式效果好吗？(教师)

图 12 和图 13 所反映的是笔者分别从学生、教师两个角度对同一个问题进行的调查，从两图的统计情况看，我们可以得知“教师分析讲解”是现在大部分语文教师倾向选择的解决课堂问题的主要方式，而“小组交流讨论”和“学生独立思考”的方式次之，但实际上，从图 14 来看，绝大多数的学生并不喜欢“教师讲，学生听”的学习方式，他们青睐的是“小组交流讨论”。那就反映了一个现实状况：教师的教学选择与学生的实际学习需要难以达成一致。

此时，笔者眼前仿佛出现了这样一幅画面：在阅读教学课堂上，教师滔滔不绝地自己解读，学生或听得眉间紧锁，或随声附和，或连忙记录笔记。教师的繁琐分析和讲解充斥着语文课堂，学生则缺少个人的感悟思考和情感体验，无法施展个性化的阅读。

图 15 和图 16 的统计数据显示：超过一半的学生和教师认为，在语文阅读教学中采取“分组讨论”的合作学习方式效果不佳。而影响其效果的原因主要集中在以下几点：小组内角色分工不明确；教师监督和引导的缺失；部分学生缺乏自我管束能力；讨论的时间不充足等。

初级中学阶段的学生正处于发展独立思维的重要时期，他们的主动性和求知欲都已大大提高，不再喜欢“教师讲，学生听”的被动学习方式，已初步具有自主、合作、探究的学习能力。而很多一线语文教师也确实开始顺应学生的需求和课改的要求在教学中开展多种形式的课堂活动，但由于种种原因，大部分活动常常只是流于形式，效果不佳，这种情况难免会导致其中一部分语文教师退回“保守主义”，仍然走他的“教师分析讲解为主”的教学路线。

课堂活动常常流于形式的教学状况和“教师分析讲解为主”的教学现象使得学生很少能有实质的互动对话，学生与学生之间、学生与文本之间、学生与教师之间总是存在无法打破的障碍。教师的分析讲解占据着学生的思维，学生的情感难以进入文本中那美妙的审美世界。

四、言语产品的分享时间方面

这里的“言语产品的分享时间”，表现在学习活动上就是“讨论”“课堂发言”“练习”“仿写”“即兴写作”等，而表现在形式上就是学生的一系列“说”与“写”的可观察的言语学习行为。

在言语产品的分享时间的维度上，笔者在学生问卷和教师问卷中各设计了三个问题。学生问卷中相关问题主要包括：①在语文阅读教学中，老师最常用下列哪种方式来让你们展示自己的思考成果或学习收获？②在阅读课上，你是否有机会展示自己的思考成果或学习收获？③在阅读课上，你清楚自己的学习得失吗？教师问卷中相关问题主要包括：①在语文阅读教学中，您最常用下列哪种方式让学生展示他们的思考成果或学习收获？②在阅读课上，是否有充足的时间来让学生表达或展示他们的思考成果和学习收获？③每一次阅读课快要结束时，您会按照学习目标来检测学生的学习情况吗？表 18 和表 19 是相关的统计结果与分析。

表 18　言语产品的分享（学生问卷）

问　　题	选　　项	有效百分比（%）
在语文阅读教学中，老师最常用下列哪种方式来让你们展示自己的思考成果或学习收获？	A. 当着全班用一段话发表自己的感悟	42.7
	B. 和同学互相交流观点或成果	31.0
	C. 当堂背诵	12.3
	D. 仿写或即兴写作	14.0
在阅读课上，你是否有机会展示自己的思考成果或学习收获？	A. 一般都有机会	36.7
	B. 机会很少	51.3
	C. 几乎没有机会	12.0
在阅读课上，你清楚自己的学习得失吗？	A. 非常清楚	33.0
	B. 不是很清楚	50.3
	C. 不清楚，很模糊	16.7

表 19　言语产品的分享（教师问卷）

问　　题	选　项	有效百分比（%）
在语文阅读教学中，您最常用下列哪种方式让学生展示他们的思考成果或学习收获？	A. 当着全班用一段话发表感悟	40.7
	B. 和同学互相交流观点或成果	31.0
	C. 当堂背诵	13.3
	D. 仿写或即兴写作	15.0
在阅读课上，是否有充足的时间来让学生表达或展示他们的思考成果和学习收获？	A. 一般都有充足的时间	33.3
	B. 一般时间不够，大多数学生没有表达或展示的机会	66.7
每一次阅读课快要结束时，您会按照学习目标来检测学生的学习情况吗？	A. 一般会	33.7
	B. 有时会	45.3
	C. 不会	21.0

表 18 和表 19 的调查数据显示：在语文阅读教学的课堂中，教师会有意识地组织丰富多样的形式来让学生展示自己的学习成果或收获，如让学生用一段话来发表自己的感悟，学生之间互相交流讨论，当堂背诵，即兴仿写或写作等，但在实际上，近 70%的老师表示在阅读课上，一般没有充足的时间让学生表达或展示他们的思考成果和学习收获，大多数学生没有表达或展示的机会，超过 60%的学生也表示得到展示的机会很少或几乎没有。另外，仅有 33%的学生表示在阅读课中很清楚自己的学习得失，而其余 66%的学生表示“不是很清楚”或“不清楚，很模糊”，而在每一次阅读课快要结束时，一般会按照学习目标来检测学生的学习情况的教师也仅占 33.7%。这些都说明，在语文阅读教学的课堂中学生展示学习成果和收获的时间不足，机会很少，课堂的言语产品分享时间不够，教师只从少部分学生的学习表现中得到教学的反馈信息，从而片面地判断学生的整体学习情况。

第三节　存在的主要问题

综合以上的数据分析，现阶段语文阅读教学中存在的问题主要有以下几点：

第一，忽视对学生基本语文素养的培养，语文课缺乏“语文味”。

在阅读教学中，随着课程改革的浪潮，虽然大部分语文老师能接受新的教学理念，注重教学情境的创设，引导学生有目标、有方向地进行学习，但另一方面，却仍过分地挖掘课文中所蕴涵的人文精神、思想内容、道德品质等方面的因素，而忽视学生的基本语文素养的养成。这样的阅读教学必将导致语文课不像语文课，反而更像思想品德课。语文课缺少了“语文味”，学生的语文能力便得不到应有的培养和形成。学生的基本语文素养的培养需要加大重视。

第二，思维难以得到有效历练，教师权威压制学生自主性。

在语文的阅读教学中，很多教师重教轻学，他们将自己的理解强加于学生，教师讲得多，学生思考得少，学生的学习自主权因而受到严重限制。另外，绝大部分学生虽然有参与课堂学习的愿望和积极性，但他们却不敢积极发表自己的看法，其知识和方法的运用能力需要进一步提高，学生学习被动，思维难以得到历练。

第三，学生缺乏个性化的阅读情感体验。

很多一线语文教师开始顺应学生的需求和课改的要求在阅读教学的课堂中开展多种形式的课堂活动，但由于种种原因，大部分活动常常只是流于形式，效果不佳，学生难以从中获得真正的审美情感的体验。另外，“教师讲，学生听”的教学现象使得学生很少能有实质的互动对话，学生与学生之间、学生与文本之间、学生与教师之间总是存在无法打破的障碍。教师的分析讲解占据着学生的思维，学生的情感很难进入文本中那美妙的审美世界。

第四，学习反馈不足，影响教学效果。

一堂语文阅读课的教学效果如何，学生的学习情况如何，都要靠课堂的反馈信息来评价。反馈信息的主要来源是学生在课堂中的那些可观察的言语表达行为，然而，经调查表明大多数学生在课堂中没有充足的展现机会，言语产品的分享时间不够，教师只能从少部分学生的学习表现中得到教学的反馈信息，从而片面地评价教学效果。

专栏三　浅议“教学支架”的生成与有效教学的落实

张协成

一、问题的提出

“支架”，源于建筑行业的术语，我们称之为“建筑之架”，原意是建筑行业使用的“脚手架”。楼房建造是主体，支架不过是一种临时性的、过渡性的辅助工具。根据建构主义学习理论，教学活动也是一样——学生在学习的过程中，需要老师的适时、适量的支持，随着学生学习的发展，这种支持就会渐渐地减少，直到学生解决了问题，学会了学习，就不再需要支持。这种支持师生教学活动的支架，我们就称之为“教学支架”。

二、对“最近发展区”概念的认识

“最近发展区”概念的提出，是建构主义学习理论的重要组成，它的宗旨是“教师的教（引导）应当走在学生学（发展）的前面”。为此，建构主义学习理论的主要倡导者，提出了区分学生学习的两种水平：第一种水平，是“现有发展水平”，它由学生已经完成的发展程序的结果而形成，表现为学习者能够独立解决智力任务；第二种水平，即为“最近发展区”，这一水平表现为学习者还不能独立解决任务，但在教师的指导和帮助下，在集体互动探究活动中，通过模仿，能够解决这些任务。也就是说“最近发展区”理论依据的是学生发展的可能性。有效教学，实质就是不断把最近发展区转化为现有发展区的过程。实践证明，只有针对最近发展区设计教学活动，才能促进学生的发展，实现有效学习。

三、合理设置“教学支架”

确保课堂教学有效性的关键是合理设置“教学支架”，欲运用教学支架支撑教学活动，使得课堂教学有效和高效，就要科学地认识、合理地设置教学支架。现在，我们试图从建筑支架与教学支架的不同，谈谈自己的认识。

1. 建筑支架从地基开始，随着建筑物的成长而率先成长。建筑支架的高度由建筑物的预期高度而定。建筑物很难逾越建筑支架的高度。教学支架则不然，并非从零开始。教学支架辅助的对象是学生，而学生不是空着脑袋走进课堂的。因此，我们在教学中要找到学生生长点、需求点。在学生现有发展水平和“最近发展区”的结合点处，寻求架设教学支架，是实现有效教学的基础。

2. 教学支架要基于学生现有发展水平。对于接受和预习能力较强的同学而言，可以略高出学生的现有发展水平。只有当学生在学习中遇到困难时，教学支架才出现在学生面前。但教学支架的基础，不能无限制地高，一定要落在最近发展区之内。教师要努力引导学生学习其认知潜力之内的未学任务，使之成为新的最近发展区，从而在这样的循环中促进学生的成长。

3. 建筑支架的高度完全由建筑物的设计高度而定。正常情况下，要超过建筑物的预期高度。教学支架要起到对学生适时帮助的作用——在学生进入“最近发展区”，最需要帮助时提供适当的支架支持。

(1) 教师要对学生进行前置测试，根据学生学习的生成程度，架设适当的教学支架。

课堂教学设置教学支架，除了课前预置外，还需要根据学生的临场状态，灵活机动地生成一些新教学支架，适时、适当地调整课前预置的支架，以便促进和拓宽学生有效学习的空间。也就是说，教学支架有些是预制的，有些则是非预设的。在课前，教师设计一定数量的预期问题和教学步骤，是应该的。但若一味按照课前预设的问题和情境进行教学，脱离当前班级教学实际，就不可能实现课堂教学的有效性，更谈不上课堂教学的高效性。

(2) 师生教学活动的最优结局，是在学生学习发展到一定程度时，教学支架会逐渐淡出学生的学习活动。教师“淡出讲台”是学生成长的必然，否则，学生就不会养成自主学习能力，更不会养成终身发展能力。怎么生成理想的教学支架呢？教师的鼓励、讲解、提问、提示、反馈、演示等都是支架。讲授本是支架，但是，如果不管学生现状，不顾学生的愿望和欲求，讲授就是灌输；如果当学生出现问题时再讲则是一种支架。当学生“口欲言而未能言”时，引导学生发言，使教学互动恰到好处，这就是为学生的学习架设了最好的教学支架。

4. 教学支架支点位置是动态发展的。随着学生学习的发展变化，教学支架的支点也应随之调整。教学支架支点和长度的变化，随师生互动而变化。

(1) 在教学之初，教学支架是以概念的建立为服务对象的。但是在教学后期，教学支架就变得由现象认识和概念建立，转为方法和规律的应用。如果教学不能深入到规律的运用，那么，我们的课堂教学也就谈不上有效和高效。

(2) 教学支架的长度，是随着师生教学互动的深入而逐渐变短。一般正常的情况是，学生的学习增长速度快，而老师的支架增长慢。

总之，通过教学支架的辅助支撑作用，学生的认知发展不断从“现有发展区”提升到“最近发展区”，教师也将学习的责任逐步从自己的身上转移到学生身上去，让学生进行自主学习。要实现课堂教学的有效性，教师就应当适时、适当地设置教学支架。只有将教学支架设置在现有发展区的上方，并主体分布在“最近发展区”，教学才是有效的。教学支架的高度随学习的发展而升高，我们的课堂教学就会实现高效。

——摘自《新课程学习》(下)，2012 年第 1 期

第四章　支架式教学模式在语文写作教学中的运用

通过对语文写作教学现状的调查，笔者发现了其中暴露的部分问题，带着这些问题以及前期对支架式教学模式的了解，笔者开始进入实践阶段。以下是笔者搜集、整理的一些采用支架式教学模式开展的语文写作教学的上课实例，部分内容为笔者与调查班级教师合作完成的教案，希望通过这些实例更好地说明问题，同时也能从中得到一些启发，不断总结、反思。

第一节　支架式教学模式的步骤与环节

支架式教学模式主要有三个步骤和五个具体环节。

一、步骤

支架式教学模式的步骤依次为：准备支架、支架帮助、支架撤销。

二、环节

支架式教学模式的环节具体为：

第一，搭建支架：教师根据当前学习的主题，按照学生的“最近发展区”来创建学生最感兴趣的问题情境。在搭建支架时教师要尽可能了解学生现有的水平，以及可能达到的水平，在这二者之间做文章。

第二，进入情境：作为教学的开始阶段，教师创设一个容易激发学生探讨热情的一个真实的情境，将学生引入一定的问题情境中。

第三，独立探索：问题确定以后，就进入独立探索和写作学习的环节。独立探索是指问题确定以后，教师并不直接告诉学生应当如何去解决面临的问题，而是由教师向学生提供解决该问题的有关线索让学生通过自主探索解决问题。

第四，协作学习：指采取一种分组方式将学生分成若干小组，每个小组再确定小组长、发言人、记录员、资料管理员，小组内自主确定学习任务进行组内交流讨论。

第五，效果评价：效果评价是多方面的，包括教师的评价、学生的自我评价、学习小组间互相评价、学习小组对个人学习的评价等。我们必须明确，教师为学生提供支架的目的是为了撤掉支架，使学生能够独立的学习，在这个过程中不断强化学生的自主性是很有必要的。①

第二节　支架式教学模式下的教学案例与分析

支架式教学模式有其自身的特点，以往对这一模式的使用更多是在第二语言的学习中，但是通过对支架式教学模式的分析，我们认为在语文写作教学的课堂上同样可以发挥它的优势。以下是具体的教学案例。

【案例 1】说不尽的桥，写不完的美好

目标：领略我国丰富的桥文化，用我们的眼睛与心灵去发现美好；培养学生收集、整理、分析资料的能力和锻炼学生的书面表达能力；提高学生的语文综合素质。

时间：45 分钟

材料：大白纸、彩笔、各色小彩旗

活动准备：

（1）把同学们按照各自的兴趣分成“桥之知识”“桥之文学”“桥之文艺”“想象之桥”四个小组。

（2）各小组同学搜集整理资料，制作知识卡片，各组间相互交流。

（3）教师及小组组长综合活动成果，策划活动形式，组织排练。

活动过程：

（1）寻找小伙伴

① 钟启泉．课程与教学概论［M］．上海：华东师范大学出版社，2004：41.

准备支架：在知识、文学、文艺、想象四个小版块中寻找自己感兴趣的点。

师：同学们，桥对我们来说是非常熟悉的事物，无论是我们身边的小石桥，还是有悠久历史的赵州桥、卢沟桥，还是现代科学技术支撑起来的跨海大桥，我想大家都有所认识。我们现在一起来看这个“桥”字！同学们能告诉老师这是六书中的哪一种吗？

生：形声字！

师：同学们说得很对。“桥”字的形旁是个“木”字，这是因为在古代桥梁大多是用木材建造的，但是随着时代的进步与发展，现在桥梁的材质有各种类型，桥梁的形式、结构也有很多创意。我们现在就一起踏上一座知识的桥梁，去桥的世界一探究竟。首先，我们一起看看桥梁的图片吧。

（展示有精美桥梁图片的PPT）

师：之前老师让大家根据自己的兴趣寻找小伙伴，分别分为“桥之知识”“桥之文学”“桥之文艺”“想象之桥”四个小组，大家请举手示意你是哪个小组的成员。

（各小组准备就绪，举起代表自己小组的彩旗）

师：好，下面我们进入今天的课堂。

（2）走入桥的世界

支架帮助：进入情境，以一系列的活动激发学生的热情。

第一环节　最强大脑——桥梁知识知多少

两位主持人上场。

主持人甲：桥在我们的日常生活中非常普遍，但是对于咱们西北的孩子来说更多是通过电视见到的。X同学，你见过真正的桥吗？

主持人乙：我奶奶家门前的独木桥算吗？

（大家笑）

主持人甲：算，不过今天我们要说的桥可是丰富多彩，而且咱不光看桥，还要了解它的知识。

主持人甲、乙合：“说不尽的桥，写不完的美好”活动现在开始。

主持人甲：看来大家都迫不及待啦，那我们现在就进入第一个环节“最强大脑”。

主持人乙：你是最强大脑吗？快来比试比试！这一个环节我们将以有奖抢

答的方式展开桥梁知识大比拼，各小组各成一队，选出一名同学代表全组进行抢答，抢到机会后由小组成员作答。答对加1分，答错扣1分，答错的题目将在剩下的三个组中进行再次抢答，每道题只有两次抢答机会。

（以下为具体的问题和正确答案）

① 桥从形式的角度主要分几类？（梁桥、浮桥、吊桥、拱桥……比如武汉长江大桥就是梁式桥，而赵州桥就属于拱桥，像汕头海湾大桥是悬索桥，它属于吊桥范围。）

② 桥从功用的角度主要分几类？（公路桥、铁路桥、公路两用桥、立交桥……）

③ 建桥的常用建材有哪些？（石头、木材、竹、水泥、钢铁……）

④ 现存最古老的敞肩石拱桥是哪座桥？（是河北赵县的赵州桥，它建于隋朝，距今约1400年的历史了。李春设计的这种敞肩圆弧拱桥形式是我国劳动人民的一大创造，西方在14世纪才出现，比我国晚了600多年。）

⑤ 现存最早、桥洞最多的联拱石桥是哪座桥？（是江苏苏州的宝带桥，远远望去就像一条腰带，它共有53个孔之多，建于唐元和十一年。）

⑥ 我国目前最大的城市立交桥是哪座桥？（首都北京的四元桥，它是一座四层全互通式大型立交桥，共有大小桥梁26座，总长度为2.6公里。）

⑦ 诗句“晓月照卢沟，大河曾流泪和血；狼烟腾燕蓟，长桥犹记恨与仇”写的是在哪座桥上发生的什么历史事件？（卢沟桥，“七七事变”。早在13世纪，卢沟桥就闻名世界。意大利人马可·波罗对其赞不绝口，桥上的石狮千态万状，惟妙惟肖。另外，这座桥的历史意义也十分重大，1937年7月7日中国军队在此抗击日本侵略者，揭开了抗日战争的序幕。）

⑧“一桥飞架南北，天堑变通途。”描写的是哪座长江大桥？（武汉长江大桥。这座桥1957年10月15日通车，今年它刚好满50岁。这两句出自毛泽东主席的词《水调歌头·游泳》。）

⑨ 1935年红军长征中，飞夺哪座桥，创造了震惊世界的奇迹？（泸定桥）

⑩ 当今世界上最长的跨海大桥是哪座桥？（是位于波斯湾上的巴林—沙特阿拉伯跨海大桥，全长25公里。）

⑪ 中国古代四大名桥有赵州桥、广济桥、卢沟桥，请问还有哪座桥？（洛阳桥，它可不是在河南洛阳，而是位于福建泉州。）

⑫ 中国人自己建造的第一座现代化大桥是哪座桥？（钱塘江大桥，设计者

就是桥梁专家茅以升，值得一提的是这座大桥 1937 年 9 月 26 日通车，当年的 12 月 23 日就被我方自行炸毁，目的是不让它为侵华日军服务。）

主持人乙：比赛进行到这里，结果已经出来了，有请“桥之知识”小组代表上台领奖。

第二环节　你眼中桥——桥之美文欣赏

主持人甲：你眼中的桥是如何的呢？是没有温度的物体还是充满生命力与历史感的智慧的象征、情感的寄托？

主持人乙：我想，对于那些心思细腻的人来说，桥是有生命的，不然为何有如此多的文学大师们要歌颂它？

主持人甲：第二个环节——“你眼中的桥：桥之美文欣赏”现在开始。我们有请“桥之文学”小组为我们带来精彩的表演。

生 1：毛泽东《长征》

长　征

毛泽东

红军不怕远征难，万水千山只等闲。
五岭逶迤腾细浪，乌蒙磅礴走泥丸。
金沙水拍云崖暖，大渡桥横铁索寒。
更喜岷山千里雪，三军过后尽开颜。

生 2：马致远《天净沙・秋思》

天净沙・秋思

马致远

枯藤老树昏鸦，
小桥流水人家，
古道西风瘦马，
夕阳西下，
断肠人在天涯。

生 3 和生 4：徐志摩《再别康桥》（配乐《月光奏鸣曲》）

再别康桥

徐志摩

轻轻的我走了，正如我轻轻的来；
我轻轻的招手，作别西天的云彩。

那河畔的金柳，是夕阳中的新娘；
波光里的艳影，在我的心头荡漾。
软泥上的青荇，油油的在水底招摇；
在康河的柔波里，我甘心做一条水草！
那榆荫下的一潭，不是清泉，是天上虹；
揉碎在浮藻间，沉淀着彩虹似的梦。
寻梦？撑一支长篙，向青草更青处漫溯，
满载一船星辉，在星辉斑斓里放歌。
但我不能放歌，悄悄是别离的笙箫；
夏虫也为我沉默，沉默是今晚的康桥。
悄悄的我走了，正如我悄悄的来；
我挥一挥衣袖，不带走一片云彩。

主持人甲：感谢“桥之文学”小组精彩的表演。大家不能光看热闹了，都来谈谈自己的感受吧。

生5：我喜欢Y同学朗诵的《长征》，特别有气势。从他的声音里我能感受到红军战士那种坚韧的品格，“大渡桥横铁索寒”的险境也犹如亲身经历。我甚至能看到那座桥，在风雪里飘摇，在战士的脚下晃动。

生6：我喜欢配乐诗朗诵。在他们两个人的演绎下那种离别时分的离愁别绪特别浓厚，而那座康桥精致的形象也在整个意境的烘托下跃然眼前。

生7：我觉得《天净沙·秋思》这首朗诵得很好。相比另外几位同学，这首的朗诵难度更高，但是Z同学读出了古诗的韵味，向我们展现出了“小桥流水”的动感。

……

主持人乙：大家的评价本身也都很吸引人，看来我们已经进入了桥的世界。

第三环节　演演更精彩——桥之文艺过把瘾

主持人甲：“桥之文艺”文艺小组光听听朗诵还不行，他们打算演起来，大家说好不好？

（欢呼）

主持人乙：下面有请A同学为大家带来一段评书表演。

生9：说当年曹操统帅五十万大军杀气腾腾地直奔刘备驻地新野。当时，刘备手下的战将只有关羽、张飞和赵云，士兵不过三千人，势难抵挡曹操的大军。于是，刘备打算率领部下逃到江陵。但他不愿把老百姓丢下不管，百姓也不愿与仁厚的刘备分开，于是，十几万拖儿带女的老百姓跟在刘备大军的后面，每天只能走十几里路。而追赶的曹军日行三百里，终于在长坂坡赶上刘备军队。赵云神勇，几进几出曹军，救出刘备的儿子阿斗，来到当阳桥时，无力对付敌兵，幸好张飞骑马立在桥头，帮赵云挡住敌兵，赵云得以和刘备重聚。曹操带领的大部队随后赶到桥头，在张飞的三声怒喝下，曹操的一名战将夏侯杰被活生生吓得坠马而死，而曹操自己也吓得屁滚尿流，慌忙掉转马头，他的部下更是狼狈逃窜。正是：当阳桥头一声吼，喝断桥梁水倒流。欲知后事如何，且听下回分解。

主持人甲：哎呦！这正听到关键的地方就“下回分解”了，大家觉得行不行?

生：不行!

主持人乙：不行也没办法了，他就准备了这么多。

（大笑）

第四环节　想象力大比拼——想象之桥情悠悠

主持人甲：桥不光在现实中存在，在我们的想象中它同样时常出现。

主持人乙：我知道，你说的这是沟通我们心灵的想象之桥。

主持人甲：现在进行第四环节——想象力大比评。

主持人乙：首先请“想象之桥”小组的成员宣布活动的形式。

生 10：我们小组为大家准备了这么一道题。这是一道仿写题，以“……是一座桥……”展开想象。本活动采用开火车的形式，前一个同学说出前半句，后一个同学根据前面的内容说出后半句。我们小组的成员会将大家的答案录制下来，进行评选。

生 12：音乐是一座桥。

生 13：它让全世界的人们心相连，手相牵。

生 14：网络是一座桥，它是素不相识的人们沟通的桥梁。

生 15：2008 年奥运会是一座桥。

生 16：全世界 200 多个国家的人们注目北京，了解中国。

……

主持人乙：大家太厉害了！这个活动的最终解释权归“想象之桥”小组，他们现在正在紧张的评选中，大家稍安勿躁。

（3）写下最独特的桥

支架撤销：独立探索与协作学习相结合。

独立探索：教师指导与小组讨论相结合，说说能从哪些方面写写桥。

师：同学们，刚才我们的活动有趣吗？

生：有！

师：我们已经了解了那么多的桥，现在大家愿不愿写下自己心里最独特的桥呢？我们又能从哪些角度，运用哪些文体来写桥呢？大家分别都有自己的小组，大家愿不愿为自己的小组出一份力，思考一下各自小组的特点，看看能不能写出一个很棒的小文章？

生：愿意！

师：那就请大家先独立思考一下，五分钟后请小组汇总组员的意见，并在组内讨论后向全班同学汇报你们的初步想法。

（5分钟后）

桥之知识小组：我们小组打算写一篇事物说明文，详细介绍“兰州黄河铁桥”的建造时间、构造、用途、历史发展、现在的状况、其中有趣的故事等方面的内容，为大家全面展示这座桥。

桥之文学小组：我们小组计划写一首关于桥的现代诗，用最优美的语言写下我们心中的桥。

桥之文艺小组：我们小组要改写一段关于桥的评书，并为大家表演。

桥之想象小组：我们打算创作一个“魔幻现实主义”的小故事，写一座想象中的“梦想桥”。具体内容暂时保密。

师：大家的想法都非常好，老师很期待看到大家的成果，但是大家对自己要写的内容有多少了解呢？采用什么样的文体呢？这些大家有考虑到吗？请大家好好思考老师的问题，做出详细的内容及写作知识的提纲。

（4）我来评评你

效果评价：学生互评与老师评阅相结合。

师：先谢谢两位主持人的精彩主持和同学们的精彩表演，也感谢各个小组自主地学习、了解写作的知识。大家的作品下节课请各组推选代表为大家朗诵，接受其他小组的审阅。对于今天的活动大家可以畅所欲言，说说各自的想法。

生 17：我印象最深刻的是评书表演，在写作的课堂上见到这么精彩的演出确实非常高兴，我觉得评书艺术的语言非常精炼，下去会再了解一些。

生 18：这节写作课带给我的最大收获是开阔了我的眼界，激发了我对桥梁知识的兴趣，希望以后能多开展这样的活动。

生 19：我觉得我们班同学都老有才华啦！我给不出任何人一个不好的评价，大家都很棒。如果非要说说谁的不足的话，我觉得自己为这节课做的准备不够充分，我希望能在作文里体现我的想法，大家拭目以待吧！

生 18：今天同学们的表现都很精彩，让我们欣赏到了他们的才华。其实，通过这次活动，我们所有同学的语文素质都得到了提升，都得到了一次美的熏陶。感觉自己的思路被打开了，原来仔细了解一个事物之后会有好多内容可写。

师：同学们，今天活动就到这里了，请大家认真完成这篇作文。通过这次活动老师希望大家能够用自己的文字去写写一个你或许原本不熟悉，但通过观察、了解而产生兴趣的事物。其实写作就是这样，当你对事物产生兴趣时，用文字去把它记录下来是很美妙的一件事。

这是一个支架式教学模式运用于写作教学的案例，案例中的教学过程可以总结为：准备支架，激发兴趣；支架帮助，在问题情境中运用独立探索和协作学习的方法探索如何写作；支架撤销，言语产品分享与评价。

“说不尽的桥”是人教版八年级语文上册综合性学习中的一个主题，以桥为话题，让学生学习如何收集资料，如何用合适的文体和内容表达自己的想法。中学二年级的学生已经有了一定的写作能力，掌握了一些写作知识，也有了一定的积累，对写作也有了一些自己的想法和创意，此时我们在注重积累的同时应该更多地为学生提供展示和思维的空间，放手让学生自由表达。本案例正是将鼓励学生自由表达、有创意地表达放在了首要位置。

首先，教师引出了“桥”这一话题，吸引了学生的注意力，又以有趣的分组形式激发了学生的参与热情，这给又给后面的学习环节搭建了“支架”。当学生得到“支架”后，教师立刻以活动的形式将学生引入预设的教学情境中去，使“支架”发挥作用，产生帮助。学生们进入一个小组等于选择一个方面来进行探究，学生可以根据自己的情况做出选择，他们在特定的任务和活动中发现问题，在自主的学习中解决问题，再在合作交流中交锋思想，分享感悟。最后，支架撤销，学生们展示了自己的成果，在相互评价与交流中进步。老师在整个课堂中则扮演着情境的开创者、方法的指导者和思维点拨者。

【案例2】我们采风去

目的：体验在日常生活中提高语文水平的乐趣

活动1：家乡素描

目标：学会观察，从细节入手写好文章

时间：45分钟

材料：白纸、彩笔、小彩旗

活动过程：

1. 准备支架

把学生按照居住地分成三个小组，依次为“城市—择城而居”“县区—小县城大来历”“乡村—最精彩的童年”，分别以蓝、黄、绿三色小旗代表。

2. 支架帮助

每组选出一名同学担任向导，带领其他同学前往自己的居住地（想象中的）。首先，组内进行信息整合，撰写一份“家乡素描”报告，尽量涵盖家乡的方方面面，在“旅行”开始前作为开场白向大家汇报。同时其他小组提出自己想知道的问题。

导游家乡的具体位置，小区的名称，村庄名称；

导游家乡周边的环境（小河、山、农舍、田地、道路等）；

导游家乡的历史故事、传说、习俗；

导游家乡生活用水是自来水、井水，还是河水、泉水等；

导游家乡有什么特产，人们主要依靠什么生活；

导游家乡的住房条件如何；

导游家乡的教育水平如何；

导游在自己的家乡发生的有趣的事。

3. 支架撤销

(1) 各组成员将其他同学的问题一一记录下来，然后用这些细小的角度串联成一篇文章并在组内讨论、修改。

(2) 每组选择代表大声朗读自己的文章。

(3) 头脑风暴：观察对写作来说有什么作用，细节是不是文章的灵魂，写好细节还会无话可说吗？

(4) 形成评价：对自己的家乡来个素描，讲讲那些你已经习以为常的事，说说你的衣食住行，谈谈你周围的一山一水，学着从细节入手写好文章。我们不应该畏惧写作，抬眼的一点一滴都是文字，低首的一言一句都有意思。

教师在写作课堂上应该充分利用支架式教学模式，始终把自己当作学生进步的台阶和扶手，这个教案看似简单，但是却用轻松活泼的形式让学生不自觉地学习观察，学习写作，这正是支架搭建得好的缘故。

活动 2：别人的文字，自己的看法

目标：明确写作主题，正确选择材料

时间：45 分钟

材料：白纸、彩笔、小彩旗

活动过程：

1. 准备支架

师：这节课我们来读两篇别人的文章，大家也要像小老师一样客观、公正地分析这些文章的好坏。老师希望大家能带着问题来读文章，如果有更多思考也请大家记录下来。

(PPT 展示问题；将范文发给大家，左边文字，右边留白，以供学生批阅。)

(1) 你认为下面习作的主题是否鲜明突出？

(2) 作者两次引用古代诗歌，起到了什么作用？

谁不说俺家乡好

我家住甘肃巴丹吉林沙漠边缘。但我没有看到过“大漠孤烟直，长河落日圆”的壮观景象。我见过的沙漠并不浩瀚，而且被勤劳的人民改造成了公园。公园里行行白杨树挺立在路旁，沙丘上种满了梭梭、红柳、胡杨、甘草、沙棘等，芳草萋萋，绿荫如盖，我实在叫不出更多的沙生植物的名字。公园里建了跑马场、滑沙场、凉亭，还修了人工湖，丝毫让人感觉不到“羌笛何须怨杨柳，春风不度玉门关”的凄凉景象。

如今，我们处在信息时代，有幸赶上了网络的顺风车，电话和网络使我们“海内存知己，天涯若比邻”，让我们与全中国乃至全世界的朋友彼此激情互动，欢畅沟通。

我的家乡是葡萄酒的故乡。“葡萄美酒夜光杯，欲饮琵琶马上催。醉卧沙场君莫笑，古来征战几人回!”王翰的这首《凉州词》就是家乡葡萄美酒的写

照。“莫高”牌干红、干白葡萄酒、冰葡萄酒已享誉省内外。文化搭台，经贸唱戏，深厚的历史文化积淀，使我家乡特产如虎添翼。今年全国“乡洽会”上，丝绸之路上的众多制酒公司与港商签订了大批订单，为地方经济的腾飞奠定了雄厚的物质基础。

“路漫漫其修远兮，吾将上下而求索。”

我和我的家乡将不负祖国的重望，将发挥老一辈“两弹一星”精神和新一代“载人航天”精神，在诞生了“两弹一星”“载人航天”的土地上再创辉煌。

2. 支架帮助

师：请同学们结合问题，以小组为单位体悟写法，并以书面的形式做出批改，并向大家做汇报。

生 1：我觉得这篇文章的题材很好，其中写到的家乡的风光也非常吸引人，但是有些部分过于啰嗦，比如对自然环境的介绍，有卖弄自己文采的嫌疑，其中的古诗词我认为是没有必要的。另外，这篇文章的详略不够得当，像“两弹一星”“载人航天”这些我觉得可以再详细一下。

生 2：我不太喜欢这篇文章，感觉他对材料的选择有些问题，材料没有很好地服务于主题，使文章的主题不够突出。

生 3：我觉得作者虽然是写家乡，但是我没有读出他对家乡的真情实意，在材料的选择上没有加以分辨，什么是最让他自豪的地方没有详细介绍。

师：同学们的评阅非常到位，这篇文章的材料没有很好地服务于主题，这在我们的写作过程中要特别注意。主题先行，我们根据主题寻找自己需要的材料，寻找最能突出主题的材料，同时做到详略得当。下面是两篇写端午节起源的文章，大家仔细阅读，参照前面的方法比较评阅。

端午节的起源（一）

农历五月初五，是我国民间传统的端午节。每一年的这一天，许多人家都会包粽子，妇女和孩子们还喜欢用丝绸之类缝制成小小的粽子、鸡心、葫芦、樱桃以及小猴、小虎等形状的手工艺品——香包，挂在胸前。认为这样做可以防病，戴到端阳正午时，把它扔掉，称为“扔灾”。

相传战国时代，楚秦争夺霸权，诗人屈原很受楚王器重，然而屈原的主张遭到了以上官大夫靳尚为首的守旧派的反对，不断在楚怀王的面前诋毁屈原，楚怀王渐渐疏远了屈原，有着远大抱负的屈原备感痛心，他怀着难以抑制的忧郁悲愤，写出了《离骚》《天问》等不朽诗篇。

公元前229年，秦国攻占了楚国八座城池，接着又派使臣请楚怀王去秦国议和。屈原看破了秦王的阴谋，冒死进宫陈述利害。楚怀王不但不听，反而将屈原逐出郢都（楚国的都城）。楚怀王如期赴会，一到秦国就被囚禁起来，楚怀王悔恨交加，忧郁成疾，三年后客死于秦国。楚顷襄王即位不久，秦王又派兵攻打楚国，顷襄王仓皇撤离京城，秦兵攻占郢城。屈原在流放途中，接连听到楚怀王客死和郢城攻破的噩耗后，万念俱灰，仰天长叹一声，投入了滚滚激流的汨罗江。

江上的渔夫和岸上的百姓，听说屈原大夫投江自尽，都纷纷来到江上，奋力打捞屈原的尸体，并拿来了粽子、鸡蛋投入江中，还把雄黄酒倒入江中，以便药昏蛟龙水兽，使屈原大夫尸体免遭伤害。从此，每年五月初五屈原投江殉难日，楚国人民都到江上划龙舟、投粽子，以此来纪念伟大的爱国诗人，端午节的风俗就这样流传下来。

端午节的起源（二）

农历五月五日是我国民间传统的端午节，又叫重午节、端阳节。这个节日大约始于春秋战国时期，它与春节、中秋节一起，并称中华三大节日。

关于端午节的起源，各地说法不一。影响最大的一说是为了纪念屈原。屈原，战国时代楚国人，出生在湖北秭归县三闾乐平里。由于他学识渊博，明于治乱，娴于辞令，便做了楚怀王的左徒。他主张对内“举贤授能”、对外“联齐抗秦”，最后达到统一的目的。然而，他的这一政治主张却遭到楚国一班奸臣的反对，受到排挤和陷害，被放逐到湖南一带，流落在洞庭湖畔。不久，又听到楚国都城被秦国军队攻破的消息，他难忍亡国之痛，于是在农历五月五日这天投汨罗江而死。人们为了救他，竞相划船寻觅并向水中抛粽子。

还有的认为过端午是为了驱邪避毒。《楚荆岁时记》说：“五月五日，士民并蹋百草，又有斗百草之戏。采艾以为人，悬门户上，以禳毒气。”《风俗通》中说：“五月五日以彩系臂者，辟兵及鬼，令人不病瘟。”至今东北农村还保留着端午节清晨到野外采摘艾蒿挂在门旁和在儿童的臂上系五彩线的习俗。

现代学者闻一多先生认为端午节是龙的节日，即古代吴越人（一个龙图腾部族）举行图腾祭祀的节日。

还有的认为端午节源于夏至，即源于夏商周时期的夏至节。范晔的《后汉书》就持此说。

生1：我觉得这两篇文章都有出彩的地方。第一篇介绍端午节是加入了很多有趣的故事，很吸引人，起码会让人有继续读下去的想法。第二篇文章罗列了很多种不同的说法，信息量很大，读完感觉非常长知识。从这两篇文章可以看出两位作者不同的构思和行文风格。

生2：我更喜欢第二篇文章。这篇文章使用了引用、举例子的方法，让文章在内容上更加充实，而且作者整体的行文风格比较严谨，有详有略。

师：对于两篇文章的优劣我不加评价，但是同学们点出了很多评价文章的关键，比如写作方法的使用，比如整体的谋篇布局，比如对文章体裁的定位等，但是这些都是写作技巧上的东西，我们在写作中还应该关注真情实感的流露，在写一篇说明的时候我们也要怀着为何要写这样一篇文章，其背后有何深意，作为写作者的你在其中寄托了什么样的感情。

3. 支架撤销

师：我们看了三篇关于家乡、民俗的文章，大家也在评阅与讨论中得出了自己对写作的体悟，现在老师希望大家可以以“我的家乡”为话题，运用细节描写，合理选择服务于主题的材料写一篇文章。老师的要求是，这个文章不是个人完成，而是由小组合作完成，各自分工，串联成一个完整的文章。大家现在开始行动吧！

【案例3】春到人间草木知

目标：

（1）评论利用对联开展写作训练的文化价值。

（2）探讨对联赏析在解决写作内容方面的作用。

（3）发表将对联引入写作训练与提高语言表达能力关系的看法。

活动过程：

1. 准备支架

学习者可以分成六个学习小组，组织者为各个小组分配学习任务。

2. 支架帮助

两个小组重点讨论将对联引入写作训练与提高语言表达能力之间存在怎样的关系，这种做法有没有意义。两个小组重点讨论对联赏析在解决写作内容方面的作用，它对解决写作内容空泛的问题是否有帮助。两个小组重点讨论利用对联开展写作训练的文化价值，这种做法对改变学生写作平庸的现象有没有好处。

3. 支架撤销

(1) 各个小组的代表陈述小组的讨论结果，其他小组的学习者可以补充发言。

(2) 组织者及时评价，总结学习效果。

布置学习材料：利用对联开展写作训练

古人一直认为对联和写作有着密切的关系，清人崔学古在《幼训》中称对联“为通文理捷径”，蔡元培先生在《我在教学界的经验》中说属对“这一种功课，不但是作文的开始，也是作诗的基础”。我们在实践中也试图寻找对联教学与写作训练的契合点。

(1) 鼓励学生多做表达。读写是分不开的，学生在欣赏了很多作品之后，必定有一些感受。这个时候我们就指导学生及时写下来，并写出自己独特的感受和体验，不拘泥于长短字数。

赏析：虚心竹有低头叶，傲骨梅无仰面花。

生1：竹子内心谦逊才向人虚心地低头，梅花高傲不屈从不仰面拍马逢迎。此联以物喻人，托物言志，抓住梅花特点，展现人的美好心灵。上联“有低头叶”，指竹不倨傲自矜，虚心有节。下联“无仰面花”，指梅不媚俗向上的风骨。此联语言朴实，构思巧妙，寓意深刻，对仗工整，堪称佳作。

生2：上联抓住竹之特点，赞誉其谦虚的美德；下联刻画梅之精神，歌颂不奉迎阿谀的正气。此联结合，堪称做人精品之对。

(2) 模仿式写作。让学生努力表达自己感受和想法的基础上，出示教师的对联鉴赏，让学生进行模仿，并对自己的鉴赏文章再修改和再创造。

赏析：

公是孤臣，明月扁舟留句去；

我为过客，空江一曲向谁弹。

教师：广西藤县山川秀丽，名胜颇多。苏轼曾二访藤州，县城的东山和绣江之滨，留下诗人即兴吟咏的诗篇，后人为纪念他，在此建造“访苏亭”。这副对联为清代章句大师梁章钜题于访苏亭。

上联写苏轼，“公是孤臣”，“公”即指苏轼，“孤臣”指失势无援的臣子，苏轼仕途不顺，屡遭贬谪，所以作者这样称呼他。“明月扁舟留句去”，作者化用了苏轼《赤壁赋》里的意象，苏轼的《前赤壁赋》里有“苏子与客泛舟游于赤壁之下”，“清风徐来，水波不兴。举酒属客，诵明月之诗，歌窈窕之章”，“惟江上之清风，与山间之明月，耳得之而为声，目遇之而成色。取之无禁，用之不竭”的语句，《后赤壁赋》里也有“人影在地，仰见明月，顾而乐之，行歌相答”之类的描写，“明月扁舟”用在此处具有多重意义，它既指苏轼的清词丽句，文学才华，也指他飘逸清旷、豁达乐观的处世态度，“留句去”既能让人想到苏轼的潇洒和才情，也表达了斯人已逝、难以再见的怅惘。

下联写自己，“我为过客”，在于表现尘世漂泊的无奈。一路颠沛，行程到此，不由得想到几百年前的苏轼，漂泊的命运是相同的，内心对生活的一些认识也是相通的，自己对他也是一向仰慕的，这样就忍不住将他引为知音，升起向他倾诉的欲望，但那个人却早已远去，只留下自己，“空江一曲”“向谁弹”呢？谁又能懂得自己的真实心意呢？“空江一曲”，江面空旷，江水澄澈，琴声一曲，缥缈不定，借此来比喻一腔心事，极富诗味。

本联追怀先贤而落笔于自我，无限怀念，隐于语中，抒情委婉，摇曳多姿。

生：这副对联短短22字，却浓缩着苏轼一生的艰难与内心的宏大志向，以及那种从骨子里流露出来的豪情乐观。

一个“孤”字，表现了苏轼在政治朝廷的不得志，仕途的渺茫顿时在读者心中油然而生。但是即使是这样也是过客，“江空一曲为谁弹”表现了苏轼无人理解的无奈，无人支持的心酸，又隐藏着对朝廷的蔑视。这副在藤县访苏亭上的对联向世人诉说着伟大诗人苏轼爱国忧民的心怀，仕途失败的心酸，看破世间烟尘的心态。

世人热爱苏东坡，除了热爱他的文学天才和人格魅力之外，还热爱他与生俱来的幽默感和至死不衰的乐观主义精神。提升生命质量有许多途径和方法，这位北宋文豪的经验值得我们借鉴：一个人欲求心灵的安顿，就必须给精神开辟一座美丽的后花园，那是离自己最近的息壤，是人世间的风风雨雨难以欺凌，是是非非无法侵扰的地方。

利用对联，培养学生主动练笔的习惯，从而提高学生对联的鉴赏和写作能力，这对作文水平的提高是有很大帮助的。

(3) 引导学生正确使用已积累的素材。在高中语文课程中实施对联教学的功利目的是希望能够提高学生的作文水平。在进行了长期的鉴赏能力培养和知识积累之后，就要在最终的作文写作中得以显现。而这一部分凸显的最有效方式就是在作文中合理运用素材，显示自己的文化底蕴。

布置学习材料：给学生留了一篇作文，作文的要求如下

把每一个黎明看作生命的开始/把每一个黄昏看作生命的小结/让每一个这样短短的生命/都能为自己留下一点儿可爱的事业的脚印/你心灵得到实质的痕迹。

——约翰·罗斯金《痕迹》

请以“痕迹”为话题写一篇作文。

在这次作文中，很多学生都举到屈原的例子，但是在表述上却有着很大的差异。有学生只写了很简短的一句话：“屈原投汨罗江而死，留下了自己的生命痕迹。”虽然也体现了一定的文化积淀，但没能进一步去挖掘透析，就达不到应有的文化高度。而有的学生则写得比较出色：“汨罗江边，那是生命的回响。举世皆浊的独清，众人皆醉的独醒，那是深深的寂寞，那是无言的愤然。一生致力于振兴楚国，为实现忠君贤相的美政，上下求索，九死不悔。生命是脆弱的，滔滔江水承载了屈原的躯体；生命又是伟大的，滔滔江水冲刷不掉的是他生命的痕迹，那是他对理想的忠贞与执着，对人生的不悔与奋斗。他随水而去，却在人们的心灵上留下了一个永恒的痕迹，从那痕迹里，我们看到了一个生命的不屈，一个生命的呐喊，那是心灵的震撼，在后人心中树立起了不朽的丰碑。”

这段文字用饱含激情的文笔概括了屈原的执着与不屈。贵在多角度深入地挖掘素材的内涵，赋予“痕迹”以多重理解：“痕迹”是屈原的，是他自身的无悔坚持，以死明志；“痕迹’也是读者的，是对后人的心灵震撼与激励。屈原这一例子，因为作者深刻的目光、饱含激情的表达，引起读者共鸣，让人印象深刻。同时，也赋予了文章一定的文化积淀。

所以，文章要能打动人，关键是要引导学生善于在作文过程中灵活运用自己所积累的这些文化素材，并多角度地深入挖掘和表现那些能引起读者心灵震撼的因素，在作文中体现一定的文化积淀。

【案例 4】新闻两则

目标：

(1) 把握课文中的人物、事件，认识中国革命胜利来之不易，并从中获得有益启示。

(2) 了解新闻特点，复习记叙文六要素知识。

(3) 综合运用默读的方法和自主、合作、探究的学习方式。

教学重点：

从文体上抓住新闻的特点，从题材上抓住战争的主题，从遣词造句上体会准确精练的语言。

课前准备：

（1）预习生字词，查阅有关解放战争中三大战役的资料。

（2）学生每人准备一份当天的报纸。

教学过程：

1. 准备支架

让学生拿出当天的报纸浏览新闻版，简要介绍几则新闻，由新闻的标题导入。

（1）教师板书课题，出示学习目标。

（2）教师检查预习字词情况，布置思考题。

① 快速默读课文，用简明的语言说说新闻报道了什么内容？

《人民解放军百万大军横渡长江》报道了解放战争中渡江战役的胜利战况。这是人类战争史上空前的奇观，千里江面上万船齐发，人民解放军冒着炮火奋勇挺进，冲破敌阵，横渡长江。毛泽东亲自撰写了这则新闻，给全军战士和全国人民以极大的鼓舞，今天读来依然令人回肠荡气。

《中原我军解放南阳》由南阳的解放说到一年多来中原地区军事形势的重大变化，反映蒋军必败、我军必胜的大好形势，鼓舞了解放区军民乘胜前进的斗志。

（学习这两则新闻不仅要抓住战争的主题，也要抓住新闻的特点。）

② 再读课文，理清记叙的六要素：人物、时间、地点、事件发生的原因、经过、结果。（指出记叙的六要素也是新闻的要素。）

③ 精读课文（可分读、齐读），具体说说新闻是从哪几个方面来报道渡江情况的？按什么顺序报道，为什么？

（3）学生读课文后，分小组讨论，全班交流，教师参与。

（三个思考题分别针对新闻结构的三部分：标题、导语、主体。）

2. 支架帮助

教师导学：讨论了以上三个问题，教师引导学生得出结论。

要想迅速了解新闻的主要内容，就要看标题。要比较详细地了解新闻的内容，就要看导语。要更为细致地了解新闻的内容，就要看主体。

新闻的要素也是记叙的要素，只要把记叙的六个要素变成六个问题，阅读的时候注意这六点，养成留意要素的习惯，再读其他叙事性作品也就容易把握内容了。

3. 支架撤销

（1）教师布置思考题：阅读这则新闻后，你以为新闻具有怎样的特点？（教师引导学生多角度思考）

学生小组讨论，全班交流，教师参与。讨论后明确以下内容：

① 新闻的作用：报道国内外最新发生的重大事件或新气象。

② 新闻的结构：一般包括标题、导语、主体、结语和背景五部分。

③ 新闻的写法：主要是叙述，有时兼有议论、描写。

④ 新闻的特点：观点鲜明、内容真实、报道及时、语言简明准确。

（2）拓展延伸。教师导学：要求学生快速默读第二则新闻《中原我军解放南阳》，了解新闻内容。再让学生运用前面所学的新闻知识学习第二则新闻，并提出思考题。

默读第二则新闻，理清记叙的六要素。

运用所学的新闻知识具体分析第二则新闻，并说说两则新闻在写法上有哪些不同之处？品味两则新闻语言的特点，完成课后练习三。

学生小组讨论交流，教师引导学生多角度思考，学生全班交流，只要言之有理，教师就给予鼓励。

（3）教师小结。两则新闻所报道的渡江战役和南阳解放，都是中国人民解放战争战略进攻阶段具有关键意义的胜利。学习这两则新闻，使我们了解了历史，看到正义战争的威力，认识到中国革命的胜利来之不易。两则新闻气势磅礴，语言准确简明，感情色彩鲜明。给我们留下很深刻的印象。希望同学们把今天所学习的知识运用到今后的生活中去，用心体验、感受、思考周围的世界，开阔视野，提高认识水平。

（4）作业。①就现代战争的话题谈谈你的认识，并整理在练习本上。②运用所学有关新闻的知识，写一则校园新闻，注意新闻的结构和要素的完整性。

（5）补充

七律·人民解放军占领南京

一九四九年四月

钟山风雨起苍黄，百万雄师过大江。

虎踞龙盘今胜昔，天翻地覆慨而慷。

宜将剩勇追穷寇，不可沽名学霸王。

天若有情天亦老，人间正道是沧桑。

这首词最早发表在人民文学出版社一九六三年十二月版《毛主席诗词》。

1949年4月20日，国民党拒绝在和平协定上签字。当夜，解放军在东起江苏江阴，西迄江西湖口的千里长江上，分三路强行渡江。23日晚，东路陈毅的第三野战军占领南京。

【案例5】芦花荡

目标：

（1）感知人物的英雄性格。

（2）体味这个英雄故事传奇色彩。

（3）领悟文中景物描写的妙处。

课前准备：

（1）通读课文，课前查工具书扫清字词障碍。

（2）思考课后练习题，写出发言提纲。

教学过程：

1. 准备支架

（1）导入：由暑期电视剧《小兵张嘎》讲起，引入新课。

（2）作者及白洋淀简介：孙犁，现代小说家、散文家，河北安平县人，1913年4月6日生。

2. 支架帮助

（1）指导学生整体把握课文内容。感悟老头子的英雄性格：强烈的爱国抗日热情，老当益壮的气概；爱憎分明的强烈感情；智勇双全的英雄行为；过于自信自尊。（引导学生找出相关词语进行赏析，也可参见教师用书。）

感悟中国人民是英雄的、不可征服的人民。

（2）引导学生探究关键问题（学生先讨论，教师根据情况点拨与指导）。课文中哪些内容表现了老头子“过于自信和自尊”的性格？这句话在全文中起什么作用？

老头子“过于自信和自尊”的性格在课文中贯穿始终。他对苇塘里的负责同志说：“你什么也靠给我，我什么也靠给水上的能耐，一切保险。”这句话充分表现他“过于自信和自尊”。

“过于自信和自尊”这句话点出了老英雄性格的核心。这句话既有非常自信自尊的意思，又有自信过分、自尊过分的意思。全文情节，老英雄的全部功过，都是由这一点生发出来的。

(3) 人物描写艺术探究：这篇小说怎样渲染老英雄的传奇色彩？

作者用强烈的反差来渲染老英雄的传奇色彩。一方面写条件，敌人的监视封锁非常严密，老英雄年近六十，身体非常干瘦，而且不带一支枪；另一方面，写老英雄的精神与业绩。精神，是那么悠闲自得，异常自信；业绩，是使敌人的封锁全然落空，保证了苇塘里的队伍得到充足的给养。两个方面巨大的反差，使老英雄显得非常了不起，富有传奇色彩。

课文着重写一场“英雄的行为”，更有点传奇色彩。作者主要用两个方法加以渲染。

先是用女孩的怀疑来反衬。这里有一段对话描写，老头子说“等明天我叫他们十个人流血”，后来又说“等到天明，你们看吧”，他是胸有成竹的，女孩却一再表示怀疑，先是没有答话，以为老头子不过发发狠，说说罢了，再用小女孩的话表示怀疑：“你这么大年纪了，还能打仗？”写怀疑有衬托作用，显出了老头子英雄行为之奇。

再是在叙述过程中只写其然，不写其所以然，让读者回味其所以然，使传奇色彩显得更为浓郁。

(4) 把文中景物描写的句子抄出来，仔细品味，细心揣摩，在仿写几句家乡的景物。

3. 支架撤销

作业：①作业本第一课练习题；②摘抄本文中景物描写的句子，仔细体味。

【案例6】蜡烛（自读课文）

目标：

(1) 感受反法西斯阵营的军民用血肉凝成的情谊。

(2) 体会本文真挚感人的语言。

(3) 透过行为领悟人性的本质。

(4) 让学生体会追求和平的人民的深厚感情。

教学过程：

1. 准备支架

导入：记得上学期的目标上有一篇课外阅读，讲的是一队德国兵到一个被占领地的一个农家去，那农家的妻子正是个地下党。……谁能把这个故事讲下去？

同样的蜡烛，在不同的情况下，起着不同的作用，今天我们就来看一下这一课中的蜡烛将起着怎样的作用？

2. 支架帮助

（1）整体感知。①作者简介及背景。②学习了这么多篇课文，我们已有了这样的常识，一看就能知道这篇文章是赞美什么或讲述什么的，那么这篇课文呢？

主旨：一首赞美诗，一曲颂歌，赞美反法西斯同盟国各国战斗的友谊，讴歌南斯拉夫人民对苏联红军的深厚感情。

（2）我们今天，不是讨论人物、事件的感人上，而是他感人的程度如何。

① 环境危险，炮火连天——想到老妇人不顾生死。

② 年老体弱，掩埋烈士很吃力——想到老妇人力量的源泉。

③ 保护遗体——想到老妇人对烈士的感情。

④ 烛光闪烁——想到老妇人奉献的精神。

（3）那么，这里的烛光，又有什么特殊的象征意义？

① 红军烈士生命之光。

② 寄托着南斯拉夫人民对红军烈士的哀思。

③ 两国人民战斗情谊的象征。

（4）好了，下面你又可以难一难我了。

① 最后两句话是什么意思？

结尾两句话讴歌南斯拉夫母亲对苏联红军烈士最崇高、最热烈、最诚挚的感情。这种感情不分国界，情同母子。这种感情建立在正义的反侵略的基础上，是人类最美好的感情。

② 有同学很聪明，就拿课后题问我。所以，顺便给他们处理课后练习了。

（5）那么谁来总结一下老妇人的形象？

① 老妇人饱受德法西斯强盗侵略之苦，她对侵略者满怀深仇大恨，她渴望解放，渴望和平，她对苏联红军满怀敬意。

② 年轻的红军战士牺牲在南斯拉夫的国土上，她无比沉痛，她向烈士奉献自己的爱戴和敬意。

③ 她为红军战士的英雄气概所激励，变得无所畏惧，她进入了一种忘我的境界，她不怕艰难，安葬烈士。

④ 红军烈士献出了最宝贵的生命，她为红军烈士献出了最心爱的宝物，

把结婚的喜烛点在烈士的坟头，并彻夜守在坟头，陪伴烈士的英灵，表现出深沉而强烈的母亲般的爱。

3. 支架撤销

作业：①这是一篇战地通讯，但是其中主要是记叙的成分，你能找出其中的六要素吗？②你还能举出像老妇人这样的例子吗？

【案例7】就英法联军远征中国致巴特勒上尉的信（自读课文）

目标：

（1）学习文中优美的环境描写，体会本文各具特色的语言。

（2）了解战争给人民或国家所带来的创伤。

（3）辨别本文中赞美的语言和反讽语言的细微差别。

（4）教育学生要有广阔的胸怀和伟大的人格。要站在人类的角度考虑问题。

教学过程：

1. 准备支架

导入：上课之前，先给大家讲一个故事，从前，有两个强盗，为了共同的利益，进入了一个富贵的书香门第的家中去抢劫。由于他们事先勾结了那个大户人家中的仆人，所以一夜之间，将能带走的东西洗劫一空。不能带走的全被毁坏了。顷刻间，昔日富丽堂皇的景象在瞬间化为一片乌有。映入眼中的只是一片断瓦残垣。这个家庭的许多文物都流落在外。几百口人都被杀了，可是唯有一个刚出生的婴儿存活了下来。他长大后，被告知了家中当年的惨况。于是，他发愤图强，终于有一天，他打败了那两个强盗。夺回了本该属于他们家应有的尊严与地位。我们现在只知道，那两个强盗一个叫英吉利，一个叫法兰西。

请问：亲爱的你能猜出来，那个婴儿是谁？那几个可恶的仆人又代表了什么？那个受难的家庭又是什么？

2. 支架帮助

（1）整体感知。①大家知道答案的请举手。②有谁能给大家讲一下英法联军的情况呀？

有许多学生因为在历史课上讲过，所以这是一方他们自主发挥的空间。许多学生讲得比我知道的都精彩。

（2）请大家先朗读课文，看看作者在写法上有没有不和谐的地方？

语句上的鲜明对比：①赞美圆明园的语句；②讽刺劫掠者的语句。

(3) 雨果具体是怎样赞美圆明园的？

① 是东方幻想艺术中的最高成就。

② 几乎集中了超人的民族的想象力所能产生的一切成就。

③ 是幻想的某种规模巨大的典范。

(4) 那么就写法上有何特点？

概括—具体—概括。

(5) 那么雨果对英法联军的强盗行为持什么态度？(谴责) 用了怎样的语言？(反语) 有什么作用？

布特勒上尉恬不知耻的认为，这次远征是体面的，出色的，光荣的，他们期待的是雨果对英法的这个胜利给予盛大的赞誉；雨果在愤激之下，用反语来形容强盗的心理。像“漂亮”“丰功伟绩”“收获巨大”“文明”“野蛮”等反语正是强盗的口吻，有辛辣的讽刺意味。

(6) 那么，他不帮着自己家的人，他是站在谁的立场上的？(人类的立场)

(7) 如果说，你们家有个人犯了罪，你的第一态度是什么？是的，你肯定不会主动站出来去指证他。但是雨果却能，因为他有着我们所没有的什么品质？

① 清醒的头脑，正直的良知，公正的立场。

②“政府有时会是强盗，而人民永远也不会是强盗。”

③ 我们要学习雨果的博大的胸怀与高尚的品格。

3. 支架撤销

作业：给雨果写一封信，谈谈你对这件事的感想。

我们在写作教学中，教师常常把整个过程看得过于严肃了，学生也总是把写作看得有些神秘，我们应该运用支架式教学模式给学生提供接近他们水平的文章，甚至是在他们水平之下的文章，让他们自己去从中发现问题，体悟方法，评鉴好坏。教师是支架的提供者，绝不能代替你的学生去完成整个“建造”的过程。

第五章　支架式教学模式在语文阅读教学中的运用

在事先调查了解当前语文阅读教学的现状和分析其中存在的问题的前提下，笔者开始有准备地投入到教学的实践中，在为期两个月的顶岗实习中，研究者先搜集、整理已有的有关支架式教学的案例，从这些案例中总结成功的经验和方法，并将这些成功的经验和方法有意识地应用到实际的语文阅读教学的实践中，最后，反思、总结。

第一节　设计原则和实施过程

一、支架式教学模式的设计原则

支架式教学有两条重要的设计原则：第一是学习与教学活动应围绕某一“支架”来设计，所谓“支架”应该是某种类型的个案研究或问题情境，创设的情境中往往隐含着解决问题的知识、方法与工具；第二是设计的课程中，教师应该允许学习者对教学内容进行探索，主张让学生像教师或专家一样研究问题、解决问题，而且不需要独立于教学过程的测验。

二、支架式教学模式在阅读教学中实施的一般过程

（一）创设情境

创设的情景既可在一节课的开头，也可在一节课中某一内容或问题的开头，其目的是使学生的学习能在和现实情况一致或类似的情境中进行，使学生有亲临其境的感受和体验，从而增强学生的兴趣和探索欲望。

（二）确定问题

在上述情境中，选择出与当前学习主题密切相关的、有感染力的问题作为学习的中心内容（让学生面临一个需要立即解决的现实问题）。选取出的事件或问题就是“锚”，这一环节的作用就是“支架”。

（三）自主学习，合作交流

问题确定以后，就进入自主学习和合作交流环节。自主学习是指问题确定以后，教师并不直接告诉学生应当如何去解决面临的问题，而是由教师向学生提供解决该问题的有关线索让学生通过自主探索解决问题。合作交流是指采取一种分组方式将学生分成若干小组，每个小组再确定小组长、发言人、记录员、资料管理员，小组内自主确定学习任务，进行组内交流讨论。

（四）效果评价

评价方式多样，包括教师的评价、学生的自我评价、学习小组间互相评价、学习小组对个人学习的评价等。教师在整个学习过程中动态地观察，随时了解并记录学生的表现，而不需要另行组织独立于教学过程之外的专门测验。

第二节　教学案例与分析

“支架式教学的主要目的是使学生在一个完整、真实的问题情境中，产生学习的需要，并通过学习共同体成员之间的互动、交流即协作学习，凭借学习者主动探索、亲身体验，完成对知识的意义建构过程。”① 但要将支架式教学模式成功地运用于语文的阅读教学，光知道理论的目的和机械地套用一般程序还不行，更重要的是思考如何在灵活运用支架式教学理论的同时，还体现语文阅读教学的特色和语文学科专业的特性。

【案例 1】《夜雨寄北》的支架式教学案例与分析

课前准备：

（1）搜集资料，积累有关李商隐的文学常识，了解诗歌的写作背景。

---

① 袁维新．科学教学概论：建构主义观点［M］．北京：人民出版社，2013.

(2) 参照注释，了解诗歌大意。

(3) 反复吟诵诗歌，品味诗歌字里行间中体现的韵味。

教学过程：

1. 准备支架

创设情境，激发热情

师：同学们，我们今天来学习一首关于“雨”的古典诗歌，但在这之前，我们先来做一个小游戏。

（学生开始表露出欣喜之情）

师：我们知道“雨”是古典诗词中常见的意象，这里面雨的意象，既有它本身固有的特征，但更多的是抒发了诗人个人的情感，融入了诗人特有的人生经历、感悟和心态。在唐诗宋词中，李白、杜甫、苏轼、辛弃疾等无不是写雨的高手。那么，同学们，你们能想到一些关于雨的诗句吗？说出来，看看谁说得又快又多！

（学生凝神思考）

生1：“夜来风雨声，花落知多少”；“七八个星天外，两三点雨山前。”

师：很好，这位同学反应很快！还有没有？再来！

生2：“青箬笠，绿蓑衣，斜风细雨不须归。”

生3：“好雨知时节，当春乃发生。”

师：很好，继续！

生4：“清明时节雨纷纷，路上行人欲断魂。”

……

师：看来同学们对诗歌的积累还不少，那么接下来同学们，你们再想想我们学习诗歌可以从哪些方面入手？

（学生思考并小声讨论）

生1：我们可以从诗歌的语言、情感入手。

（学生边说，老师边板书“语言”“情感”）

生2：刚刚老师说到意象，那我们可以从意象入手。

（老师板书“意象”）

师：这位同学说得很好，意象也是一个。再思考一下，还有没有？

生3：老师，修辞也算一个吧？

师：对，修辞手法也是一个，但修辞手法是包括在诗歌的艺术手法中的。

（师板书“艺术手法”）

师：大家想想还有吗？

师：还有诗眼和意境。所谓“诗眼”是诗歌中最有表现力和最能开拓意旨的关键词句，它是诗歌的主旨所在。而诗歌的“意境”就是诗歌中所表现出来的情调和境界，比如读到“抽刀断水水更流，举杯消愁愁更愁”时，我们就仿佛看到了一个陷入窘境、满腹愁肠的诗人形象。

师：所以我们学习诗歌至少可以从六个方面入手，就是：语言、情感、意象、艺术手法、诗眼、意境。请同学们把学诗的方法记下来。

（学生记录）

师：那么，接下去我们就从这六个方面来学习李商隐的《夜雨寄北》。

2. 支架帮助

给出任务，发起行动

师：全班同学分成6个人为一组（小组内要确定主持人、汇报人），每一小组都将探究诗篇《夜雨寄北》的语言、情感、意象、艺术手法、诗眼和意境。小组内可以进行分工，也就是一人负责一个方面，也可以一起讨论，但最后每一小组都必须将六个方面的分析结果进行汇总，汇总的结果要清晰而有条理。接着再进行小组间的汇报发言，在各小组的研究成果的基础上完成最终的成果——一份最为合理的《夜雨寄北》的分析报告。

3. 支架撤销

自主、合作学习

（学生很快完成分组，有些小组进行分工，有些小组一起讨论；老师则随时观察学生的表现情况，适时给予引导和点拨。）

汇聚成果，展现智慧

师：看来同学们都讨论好了，接下来就请每组的汇报人进行发言吧。

……

生：我们小组认为，这首诗语言朴素流畅、情真意切，表达了诗人对已经去世的妻子的思念之情；诗歌中第一句用了设问的修辞手法，第二句是写实景，第三、四句用了想象；“巴山夜雨”“秋池”和“西窗烛”是诗中的意象，我们特别喜欢“西窗烛”的意象，因为它给我们传达出一种非常温馨的感觉，表达了诗人迫切向往与亲人团聚的情感；我们认为“雨”字是全诗的诗眼，因为它说明了诗人当时所处的环境，也总的体现了诗人当时孤独寥落、内心凄凉的情感。

师：第三小组分析得很恰当，特别是对“西窗烛”这个意象的感悟。另外，大家想想既有实写又有虚写，这是一种什么样的表现手法？

生：虚实结合。

师：对，就是虚实结合的表现手法，请你们用笔记下来。我们的汇报继续。

生：我们第四小组的讨论结果和第三小组的有一些不一样，我们认为，这首诗不是写给他的妻子的，而是写给他的友人的，表达的是对友人的思念之情。因为诗人当时跟随柳仲郢去了巴蜀，而他的友人在长安，两地相隔远，所以李商隐作诗“寄北”来表达对友人的思念之情。另外，我们认为，这首诗还用了夸张的修辞手法。“巴山夜雨涨秋池”，想象一下，诗人深夜未睡，外面下着密雨，偌大的水池竟一个夜晚就能涨满水？其实这里涨满的不是池而应该是诗人的愁吧！

师：嗯，你说得很精彩，一个“涨”字竟能被挖掘出如此深的意味，见解很独特。

生：我是第五小组的代表，我们认为这首诗不是写给其他人的，而是诗人写给自己的。诗人因为仕途坎坷，客居他乡，而眼前之景触发了他心中深藏已久的孤独愁苦、憧憬美好未来之情，所以他虚拟了一个“君”的形象，以渲泄情感。

师：不错，同学们都有自己独特的感悟，分析得也都很有道理。的确，我们可以认为这首诗是诗人写给妻子的，或是写给友人的，或是写给自己的。只要大家分析到位，切合实际感受，就可以大胆地发挥。

生：我们第六小组来描绘一下意境：今晚，巴山的夜雨淅淅沥沥，正要溢满波涛难平的秋池，我倚床凝思，彻夜难眠，你问我何时能归，我却无法给你定下期限，哪时才能与你重新聚首，共剪那西窗的烛芯，促膝长谈，诉尽情思。

师：真是一种美的享受，请给他们掌声吧！

（学生鼓掌，课堂气氛活跃）

……

师：诗歌是一种语言艺术，它能通过有限的篇幅来表达深厚的情感和意蕴。相信同学们通过这次课也感受到了。现在，我想请几位同学来说说你对这节课的看法。

生 1：我学会了从六个方面来读诗歌……

生 2：今天的课堂让我得到了享受……

生 3：我们的古诗是一种美的文化……

这是一个支架式教学模式运用于古典诗歌教学的案例，案例中的教学过程可以总结为：创设语文情境，搭建"支架"，提出任务；进行"支架帮助"，自主学习、合作学习；最后是支架撤销，成果展示，分享言语产品。

《夜雨寄北》是北师大版八年级语文上册第六单元中"诗词五首"的第一首，五首诗都把"雨"作为重要的意象。2011 年版《语文课程标准》中指出：阅读教学应该要注重培养学生理解、感受、欣赏和评价的能力；古代诗词教学方面，7—9 年级学段的学生要能借助注释和工具书理解诗歌的基本内容，注重积累、感悟和运用。中学二年级的学生在以前已经学过很多诗篇，有了一定的积累，对诗歌的特点也有很多感性的认识。综合来说，培养这一学段学生对诗歌的欣赏、评价和方法运用的能力则成了诗歌教学的难点。所以，笔者在实际教学时，把《夜雨寄北》的教学目标设定为：第一，积累有关诗人李商隐的文学常识；第二，掌握从诗眼、情感、语言、手法、意象、意境六个方面欣赏诗歌的方法；第三，能背诵诗歌。其中，教学的重点和难点是掌握从六个方面欣赏诗歌的方法。教学的目标和难点确定后，笔者便围绕它，结合"雨"的意象来创设教学情境。首先让学生又快又多地说出关于"雨"的诗句，再通过师生的互动对话，讨论诗歌可以从哪些方面进行解读的问题，最后大家的注意力都集中到教学难点中提到的六个方面。这一教学情境既激发了学生的参与愿望，又给后面的学习环节搭建了"支架"。当学生得到"支架"后，立刻提出任务，进行"支架"，让学生六人为一小组，每人选择一个方面来进行探究，学生可以根据自己的情况做出选择，他们在特定的任务中发现问题，在自主的学习中解决问题，再在合作交流中交锋思想，分享感悟。在这一过程中，学生的个性差异得到了尊重，个人的思维得到了开拓，丰富的情感也得到了释放。最后，学生展示成果，大胆表达，互相评价，发散智慧。老师在整个课堂中则扮演着情境的开创者、方法的指导者和思维点拨者。

此次诗歌的教学有以下两个最突出的亮点：

① 用"雨"的意象作为切入点巧妙地创设教学情境，使诗歌教学有了生活的真实感。

② 提出的任务尊重了学生的差异，使每个学生都有发挥的余地。

《夜雨寄北》的支架式教学不仅有知识的积淀、方法的运用、能力的培养，还有思维的解放、情感的体验，展现了语文教学的特色。

【案例 2】《苏州园林》的支架式教学案例与分析

课前准备：

(1) 借助课文注释和工具书，解决字词障碍，并解释下列词语的意思：

标本　因地制宜　自出心裁　败笔　嶙峋　别具匠心

(2) 朗读课文，标记段落序号，了解大概内容，感受文章要点。

① 本文的体裁是什么？

② 文章主要介绍苏州园林的什么特点？

③ 从哪些方面来具体介绍的？

(3) 把学习中遇到的问题、想法写下来，并与同学交流讨论。

教学过程：

1. 搭建支架

创设情境，激发兴趣

师：俗话说，上有天堂，下有苏杭。苏杭之美，山清水秀，人杰地灵。而苏杭美景之最，还在于园林艺术之美。现在，让我们穿越时空隧道，随叶圣陶老先生到他的家乡领略苏州园林的迷人风光。

(多媒体展示苏州园林的图片并配古典音乐《平沙落雁》)

师：请同学们用自己喜欢的方式读一读这篇文章，让我们从字里行间中再次感受一下苏州园林的美。

(学生读课文)

师：好了，我相信同学们现在都有不同的认识和收获。下面我请同学们自由地发表一下自己的感悟。

生 1：苏州园林的设计很独特……

生 2：苏州园林的艺术成就很高……

生 3：真想去看看苏州园林的那些花墙和廊子，去真实地欣赏一下那种“隔而不隔，界而未界”的景致。

生 4：叶圣陶先生笔下的苏州园林写得真好！我和我爸妈去年去北京旅游，在那边看到了故宫和天坛，当时真的被这些建筑给惊呆了，从那里回来以后就很想写一篇游记，但又不知道如何下笔，现在看到了这篇课文后，我好像知道该怎么写了。

……

师：说得真好，看来同学收获很丰富哇！那接下来，我们就来分组完成任务。

2. 支架帮助

给出任务，确定问题

师：请同学们看幻灯片。

全班同学分成4个人一组，小组内要确定主持人、记录员、汇报员，每个小组选择一个角色，这些角色包括：

① 建筑学家：用建筑学家的眼光研究苏州园林的艺术成就，这些艺术成就具体表现在哪些方面。

② 文学家：从文学写作的角度来探究这篇文章对我们游记写作的启示。

③ 美学家：用美学家的眼光研究苏州园林美在何处。

④ 导游：以导游的身份向同学们介绍苏州园林。

每个小组都必须先经过讨论选择一个角色，明确组内的任务；在特定的任务中，每个小组成员认真负责地阅读课文，自主思考；再通过组内合作交流，总结讨论结果，形成文字；接着再进行小组间的报告发言；最后评选出"最优建筑学家""最优文学家""最优美学家"和"最优导游"。

（学生分组，选择角色）

3. 支架撤销

学生研读文本，自主思考。

合作交流，形成发言稿。

成果展示。

师：现在进入成果展示环节，请每组的代表来发言。

生1：我们组选择的是"文学家"。我们一致认为，《苏州园林》这篇文章是先从整体上概括园林的特点，再从各个方面分别加以说明，为了表现整体的特征，作者重点写了四个方面，即"讲究亭台轩榭的布局""讲究假山池沼的配合""讲究花草树木的映衬""讲究近景远景的层次"，而在表现局部的特征上，作者抓住了角落的植物、门窗的设计、建筑的色彩等。作者在描写景物时有一个非常好用的方法，那就是抓住事物的特点来写，在介绍景物时可以用多种说明的方法，如举例子、打比方、做比较等。所以从《苏州园林》这篇课文中，我们获得了这样的启示：我们在写游记时，首先要确定重点介绍的景物，描写景物时可以先总体概括再着眼于局部，不是什么都写，而是写那些别具风格的东西。

生2：大家好，我是我们小组的汇报员，我们是“美学家”。我们认为，苏州园林的美体现在三方面：第一是“结构美”，因为“我国的建筑，从古代的宫殿到近代的一般住房，绝大部分是对称的，左边怎么样，右边也怎么样”，但“苏州园林可绝不讲究对称，好像故意避免似的。东边有了一个亭子或者一道回廊，西边决不会来一个同样的亭子或者一道同样的回廊”，而苏州园林整体上又讲究亭台与轩榭的布局、假山与池沼、花草与树木的映衬、近景与远景的层次。这都体现了结构上的美。第二是“图画美”，设计者和匠师们在建造苏州园林时都有一个共同的追求——务必使游览者无论站在哪个点上，眼前总是一幅完美的图画。设计师们唯愿游览者得到“如在画图中”的美感，游览者来到园里也没有一个不心里想着口头说着“如在画图中”的。第三是“诗意美”，苏州园林里到处都有充满诗意的景致，比如：当我们看到池沼中的各色鱼游戏在荷花底下时，我们会不禁想到“江南可采莲，莲叶何田田，鱼戏莲叶间”的诗句；当我们看到那本以为单调的阶砌、墙角和窗台时，又看到一些花草、竹子、芭蕉等，正让我们产生“春色满园关不住，一枝红杏出墙来”的那种意外惊喜的感觉。

生3：我代表“建筑师”们来发言。苏州园林有很高的艺术成就，它是我国各地园林的标本，起着榜样和模范的作用，它的建造理念符合中国传统诗画的审美观念。我们看，苏州园林的一切建造都要为构成完美的图画而存在，如：假山的堆叠，或是重峦叠嶂，或是配合着竹子花木；池沼旁边，或布置几块玲珑的石头，或种些花草；古老的藤萝、盘曲嶙峋的枝干等。

生4：我们小组选择的是“导游”，我来给大家做导游。同学们好，欢迎大家来到苏州，所谓“江南园林甲天下，苏州园林甲江南”，这里就是名震中国的苏州园林——拙政园。走进拙政园里，你会觉得到处都是一幅完美的图画。前面是重峦叠嶂的假山，攀登其中，便有远离城市而只身在山间的感觉。除了假山以外，池沼也是最常见的，我们来瞧瞧这里的池沼，里面养着美丽的金鱼和各色鲤鱼，现在还看不出很大的特色，但等到秋天来临，鱼戏莲叶间，那才是绝妙的景致。

师：同学们说得真好，我从你们身上看到了非常珍贵的东西，那就是一种开放而有活力的思维。不错，《苏州园林》这篇课文意蕴丰富，同学们可以从写作的视角来看待它，也可以从美学的视角来欣赏它，还可以从文化学的角度来审视它，但不论从哪个视角，我们看到的东西实质是一样的，那就是祖国文化的伟大。

这是支架式教学模式运用于说明文教学的课堂案例，案例中的教学过程可以总结为：创设语文情境，激发学习兴趣——明确任务，进行“支架”——自主学习，研读文本——合作交流，成果展示。

《苏州园林》是一篇典型的说明文，课本的文体特点主要是抓住主要特征，按总分结构进行说明，所以在教学中让学生明白这点很重要，但是《苏州园林》又是一篇意蕴丰富的文章，读者可以从中体会我国园林建筑的巨大艺术成就，还可以从语言中感受到苏州园林体现的美学艺术。因此，教学目标应该设定为：第一是使学生了解说明文，抓住事物主要特征，按总分结构谋篇部局的写作方法（教学重点）；第二是通过对语言的分析鉴赏，感受苏州园林的美学艺术（教学难点）；第三是了解苏州园林的建筑成就，从而激发学生热爱祖国灿烂文化的感情。但是，在以往的教学中，很多教师反映，学生对说明文的学习热情不高，主要是因为说明文强调实用性，不如其他文学作品那么形象生动，教起来容易让人感到枯燥、乏味，所以激发学生的学习兴趣和参与热情是首先要攻克的问题。根据教学目标和学生的学习心理，笔者在教学一开始创设了这样的学习情境：让学生在美妙的音乐背景中欣赏苏州园林的图片，并用喜欢的方式读课文，经过多种方式的感官刺激，学生或多或少得到了一些美的享受，再抓住时机让学生自由地表达感受。学生在这一学习情境中得到了兴趣的激发，表现了积极的参与性。当学生投入到学习的状态后，再从学生表达感受的视角中选择四个方向来进行“支架”，让学生 4 人为小组，每个小组从“建筑学家”“文学家”“美学家”“导游”中选择一个角色来完成任务，而每一小组不管选择哪个角色，都将不可避免要探究以下的问题：作者围绕苏州园林，写了哪些方面？作者是如何观察苏州园林的？苏州园林在整体上是怎样的，局部上又是怎样的，作者用了怎样的语言和方法来表现它们的？所以，研读文本是每个学生要做的第一步。学习的过程主要由自主学习和合作学习两部分组成，老师要在其中发挥强大的引导作用。最后成果展示，小组评出“最优建筑学家”“最优文学家”“最优美学家”和“最优导游”。

此次说明文的教学，最突出的特色表现在：

① 教师根据学生的回答视角选择四个方向，对学生进行“支架”，为学生研读文本提供了明确的方向和线索。

② 让学生先自主研读文本，再进行合作交流，为学生创造了一个自由独立的阅读空间，尊重了学生的个性感悟。

【案例3】《陈太丘与友期》的支架式教学案例与分析

课前准备：

安排学生在课前查找资料，了解文章的写作背景和相关的文学知识；借助工具书，结合注释疏通文意，理解课文的基本内容

教学过程：

1. 准备支架

导入：同学们，老师昨天看了一期“开心辞典”，认为这个节目特别好，又益智又有充满乐趣。老师后来有个想法，就是我们能不能把一本正经的文言课堂变成一期轻松活泼的节目呢。同学们，就让我们一起来尝试一下吧！

2. 支架帮助

活动总名称：开心辞典之解析《陈太丘与友期》

活动参加者：老师（主持人）

参赛人员：全班同学

活动材料：PPT课件、附件1、附件2、附件3

活动时间：一课时

活动环节：“开心一刻”（学生抢答）

“开心一对一”（分队比赛）

“开心一练”（师生合作）

3. 支架撤销

（1）活动一：“开心一刻”

目标：检查学生的课前预习效果，再次把握文章的写作背景，大体了解文章的写作内容，积累相关的文学知识。

方式：学生抢答

时间：10分钟

材料：附件1

过程：① 教师指导学生朗读课文。

② 教师出示课件，学生根据给出的题目进行抢答。（如果回答不恰当，老师点拨后继续抢答，题目见附件 1。）

（2）活动二：“开心一对一”

目标：① 能抓住关键词句品析主要人物形象。

② 认识诚实守信和尊重他人的传统美德的价值。

方式：分队比赛

时间：20 分钟

过程：① 规则提示：将全班同学分为三部分，中间一排的同学做评委，“评委”左边为蓝队，右边为红队，且红、蓝两队要各自选出主持人、记录员、汇报员。比赛进行两轮，第一轮由蓝队向红队发问，第二轮反之，最后“评委”对两队的表现进行点评。特别提示的是，每一队提的问题一定要紧扣文章内容且必须提两个以上的问题，回答时可有一次求助老师的机会。

② 老师指导文言文阅读方法：初读划圈，再读破圈，细读探究。学生根据老师指导的方法自由阅读。

③ 全班三部分同学各自进行讨论交流，教师随时指导。

④ 蓝队派代表向红队发问，红队回答。

⑤ 红队派代表向蓝队发问，蓝队回答。

⑥“评委”对两队的表现进行点评，并评出获胜方。

（师生重点探讨的问题有：“陈太丘与友期”的故事说明了什么，告诫了什么？你认为文章精彩之处体现在哪儿？请用三个成语来概括陈太丘、陈太丘的朋友、元方三人的性格特征。作者用的是什么方法来刻画元方“率真”的性格？）

（3）活动三：“开心一练”

目标：了解有关的文言现象，积累文言词汇

方式：师生合作

材料：附件 2、附件 3

过程：① 老师利用课件出示附件 2，学生根据附件 2 的问题进行当堂练习。

② 出示附件 3：《吴起守信》，要求学生用自己喜欢的方式或在本次课堂中已掌握的方法来进行阅读，最后，师生一起合作翻译《吴起守信》，并回答相关问题。

附件1：

① 解析课题“陈太丘与友期”，复述本文发生的故事。

②《陈太丘与友期》选自《________》，编者________字季伯。

③ 解释词语：期　　日中　　乃至　　尊君在不

附件2：

① 说出下列句中的古今异义字，并解释其古今义。

陈太丘与友期　　　古义：　　　今义：

相委而去　　　　　古义：　　　今义：

太丘舍去　　　　　古义：　　　今义：

下车引之　　　　　古义：　　　今义：

入门不顾　　　　　古义：　　　今义：

② 一词多义

不：尊君在不　　待君久不至

③ 词类活用

友人惭

附件3：《吴起守信》原文（略）

读了《吴起守信》后回答下列问题：

① 解释下列加点词语的含义（略）

② 用现代汉语翻译下面的句子（略）

③ 这个故事中，吴起为人处事________

总结：

通过这期的开心辞典，你收获了什么？

这是一个支架式教学模式引领下的文言文教学设计，教学设计的思路如下：

创设情景（“开心辞典”）
- 情景一：“开心一刻”——激发兴趣，形成动机
- 情境二：“开心一对一”——自主、合作学习，质疑、解疑
- 情境三：“开心一练”——知识、方法运用

《语文课程标准》提出：学生阅读浅易文言文，要能借助注释和工具书理解基本内容，而且要注重文言知识和常识的积累、注重个性感悟和阅读方法的运用，从而提高欣赏品位。《陈太丘与友期》是一篇文言文，讲的是关于诚信和礼节的一个小故事，文章篇幅短小，而且易于理解，可以利用它来培养学生对文言文的自学能力和方法运用的能力。综合起来，课文的学习目标应该设定

为：第一，积累有关的文言知识和文言常识（教学重点）；第二，能借助工具书，结合书本注释，疏通文句，理解文意；第三，揣摩文中人物的语言和描写动作的语句进行品味，理解人物形象的性格特点（教学难点）。文言文对于学生来说还是一个新鲜事物，阅读起来可能不习惯，所以，笔者安排学生进行课前预习，整体把握文本，做好认知的准备。为了激发学生的兴趣和达成教学目标，笔者在正式开始教学时，设计了一个宏观的“开心辞典”的教学情境，情境来自于生活，又易于被学生接受，而在整体的宏观情境下又“镶嵌”了三个小的教学情境，即“开心一刻”“开心一对一”“开心一练”，三者按时间依次“出场”。这种“镶嵌式”的教学情境无疑能让学生产生新奇感和生活的真实感。在“开心一刻”中，教师要求学生以抢答的形式回答三个问题，这三个问题涉及课文内容、相关的文学常识和文言文知识，此环节重在培养学生借助工具书、书本注释阅读浅易文言文的能力，同时也为后面教学的有效开展做一个情感和认知的准备。接着，进入“开心一对一”的环节，教师首先指导学生运用“划圈”“破圈”的方法细读文本，再让学生进行分组，由一队向另一队发问，中间组做评委，此环节重在训练学生运用圈点勾划的方法研读文本的能力和培养学生质疑问难的学习习惯。“开心一对一”的情境激发了学生强烈的问题意识，他们在独立自主的探究空间中发散思维，形成创见，教师在期间也能发现学生的潜质。最后，“开心一练”的环节由师生合作共同完成，考察的是学生对所学知识和阅读方法的运用能力。

此次文言文教学，最突出的特色表现在：

① 创设了一个“镶嵌式”的教学情境：一个宏观的学习情境下包含着若干个与之密切相关的小情境。

② 学习方式形式多样，有自主抢答、一对一问答、师生互动合作等，这给学生开通了自由展示的机会，也让教师可以更好地发现学生的能力和潜质。

【案例 4】《白杨礼赞》教学设计

1. 准备支架

聆听——教师提示学习目标

① 找出课文中表现象征体、象征点、象征义的关键词，发表自己对象征体、象征点、象征义之间关联性的认识。

② 说出象征手法在呈现文章意义时的特殊作用，运用象征手法来表达自己的思想感情。

③ 讨论烘托和对比手法在构思文章、强化主题方面所起到的作用。

④ 读读文章中的排比句式，以文章中的排比句为例进行仿句练习。

2. 支架帮助

阅读

（1）速读。快速阅读全文，注意不要回读，记录阅读时间，完成象征性散文快速阅读练习。阅读前应该让学生明确下列要点：谁（作者），在什么（时间），在什么（题目）中，用什么（手法），通过描写什么（象征体），突出了什么（象征点），赞颂了什么（象征义），表现了作者的什么（情感）。然后计算阅读效率①。（注意：为了节约时间，可以在课后要求学生完成阅读效率的计算工作。）

（2）精读。阅读课文，理清文章思路，画出文章的结构图。首先领会文意，找出象征体、象征点和象征义，尝试用关键词概括它们。其次体味文章的结构，文章笔墨的重点是描写白杨树，先写白杨树生长的环境黄土高原，以广阔无垠来烘托白杨树；接着写白杨树的形态，聚焦一排排白杨树，特写树干的笔直、树枝的靠拢、树叶的向上、树皮的光滑，铺排白杨树质朴、坚强、团结的个性；接着笔锋一转，写到了树中的贵族楠木，以其秀颀与白杨树形成鲜明的对比；最后用富有感染力的抒情句、排比句，直接抒发了对北方农民、对民族精神的热情赞美。在阅读课文，理清思路之后，启发学生画出文章的结构图，如图17所示。

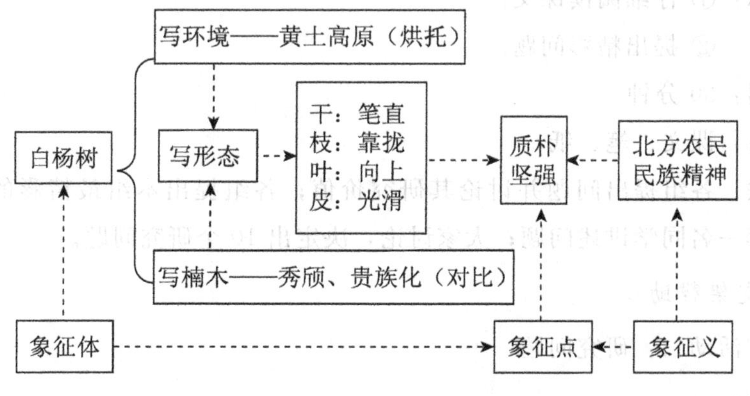

图17　《白杨礼赞》结构示意图

① 阅读效率＝阅读速度（文章字数/阅读时间）×理解率（回答正确的百分比）

（3）品读。第一，文章中关于象征体白杨树的描写是作者下笔的重点，这些描写集中凸显了象征点的意义，所以才能够顺理成章地揭示白杨树的象征意义。大声诵读描写段，体验它引发的审美感受和蕴藉的语言魅力。第二，文章中的排比句对强化主题、抒发情感具有重要作用，大声诵读含有排比句的段落，体验排比语言点燃激情的功能。

3. 支架撤销

（1）对话。① 说说你看到过的白杨树，它和作者笔下的白杨树完全一样吗？② 作者赋予了白杨树一种什么精神，这种精神是白杨树固有的吗？③ 谈谈你对象征手法的新认识。

（2）练写。① 象征体描写语段仿写练习，这是段的训练，要求在课堂上完成。② 象征义排比句式仿写练习，这是段的训练，要求在课堂上完成。③ 象征手法练写，可以是段、篇的分项训练；段的练写要求在课堂上完成，篇的训练可以在写作课上完成。教师应该为学生提供一些练写题目，如小溪之歌、山谷胸怀、地铁韵律、灯的美感等，题目要适宜乡村、城市学生的不同生活方式和写作需求；也可以让学生自己选择确定练写题目。

【案例5】鲁迅小说《药》的教学设计与实践体会

1. 准备支架

（1）活动一：提出问题

目标：① 仔细阅读课文。

② 提出精彩问题。

时间：30 分钟

材料：课文、笔、纸

方法：各组提出问题并讨论其研究价值；各组提出本组最精彩的两个问题，推荐一名同学讲述问题；大家讨论，决定出 10 个研究问题。

2. 支架帮助

（2）活动二：研究问题

目标：

① 学习查阅资料的方法。

② 提取主要观点。

时间：课后完成

材料：纸、笔、参考书

方法：将学生分成10个小组，每组6人。仔细研读课文；在参考书、图书馆、网上搜集资料；小组成员经过分析、讨论，形成书面发言稿。

3. 支架撤销

(3) 活动三：解决问题

目标：

① 体验成就感。

② 倾听、欣赏、思考研究结果。

时间：40分钟

过程：各组推荐一名同学发言。主要撰稿人不得做本组的发言人；听的同学要在书上圈、点、勾、画、做笔记；发言有创见，教师及时肯定；有争议，师生可以随时质疑、讨论。

教学实践体会：

第一，支架式学习活动中学生情感态度的变化。愿意参与学习过程，几乎每一位同学都自愿参与到了这些活动中。平常打不起精神的同学、不起眼的同学、没有机会表现自己的同学都有了学习的自主空间。比如在《药》的学习中，有一位学生提出了对“古□亭□”中缺省的探究，很有研究的价值，而这个学生平时对语文并不感兴趣；还有一位同学在《药》的学习中设计了精彩的板书，其他同学对他给予了热烈的掌声，而在此之前，因为他比较沉默寡言，他很少被老师注意过。

对学习产生了比较浓厚的兴趣，学生的普遍反映是语文课比以前有意思了。《项链》的表演中，担任导演的一位同学平时不喜欢发言，不喜欢做笔记，不喜欢学语文，但导演得却特别成功，他不仅调动起组内的同学鼎力合作、积极排练，而且在表演中加入了一些符合人物性格特点的情节，被同学全票通过评为最佳导演。每当组织这些活动的时候，教室里充满了欢声笑语和掌声，不知不觉中一节课匆匆过去，没有人伸出胳膊看表，哪怕是早晨第一节上课，也没有人打瞌睡。

从同伴中获得了一种激励，感染了自己的行为，产生了参与竞争的张力。《项链》的辩论中，没有像正式的辩论一样，各组只能有4名同学代表本组同学发言，而是所有的同学都有发言权，都可随时发言。辩论中一些平时说话声音小的同学声音变大了，一些平时从不发言的同学也站起来发言了，同学们自发地为这些同学鼓起热烈的掌声，他们受到感染，说出了连自己都感到非常精彩的话。辩论会结束以后，有一位同学写道：“我从来没有主动在语文课上发过言，但是今天不知道是什么力量使我站起来发言了，并且受到了同学们的肯定和鼓励，我为自己感到惊讶和高兴。”

发现了同学没有机会去表现的优点，学会欣赏他人。《药》的学习之后，有一位同学说：“我喜欢这样的活动，他使我明白人不可貌相、人外有人的道理。”我们组的一位同学平时沉默寡言，不爱学习，但是在这次活动中，我才发现他的认识非常独到，他的思想很深刻，他不完全按照教参的讲述，他总有自己的想法。还有一个学生发现了他们班研究最扎实最有成效的一组，并且寻找了其中的原因。有一些同学在展示成果的时候，用了一些具有鲜明动作倾向的词语，比如“请把书翻到×页”“请看第×行”“请注意这句话”“请划出这几个词”，其他同学看到展示效果比较好的时候，马上学习、采纳。

合作意识和团队精神有极大的发展空间。平常不擅表现、默默无闻的学生变成了“高手”，不起眼的小组常常有出色的研究成果。

第二，支架式学习活动中学生认知能力的变化。能提出比较有研究价值的问题。以《药》这篇文章为例，学生共提出了以下10个问题：

① 课文哪些地方表明了故事发生的时间；

② 文中对华氏夫妇描写详摘及分析；

③“看客”描写详摘及分析；

④“谈客”描写详摘及分析；

⑤ 表演夏瑜在牢中与红眼睛阿义的对话场景；

⑥ 文中对康大叔的描写详摘及分析；

⑦ 乌鸦的象征意义；

⑧ 文中人名含义分析；

⑨ 设计板书表明文章发展的线索；

⑩“人血馒头”描写详摘及题目含义分析。

第①题关注的是文章的细节问题；第②⑥题是总结并鉴赏人物描写的方法；第③④题是鲁迅文章中经常提到的问题，也是他批判国民性弱点的一个切入点；第⑤题具有很大的想象空间，而且用表演的形式，也给学生提供了展现结果的最佳方式；第⑦题属于文化的范畴；第⑧题的研究可以由点到面，了解小说中的人名往往不是信手拈来，而是有其深刻含义的，有助于学生阅读其他小说；第⑨题关乎文章的结构，明线暗线的交织；第⑩题则是对文章主题的把握。10个问题的提出具有很强的针对性和操作性，而10个问题的研究则是对文章各方面重点难点的解决。

能在小组共同探究的过程中完成对学习材料的理解。以《药》为例，学生对课文明暗两条线索的把握很到位，设计的板书比教学用书中的要精彩。

学生听、说、读、写的能力都得到了落实和发展。每个学生都必须读课文，直到对课文内容非常熟悉，否则他就失去了参与的可能，在3人小组中，学生是不希望自己游离于集体之外的；每个学生都在认真听同学的发言，即使是发言的同学声音比较小，或者表达不够好，学生也给予了足够的尊重和支持，因为他们认为自己与他是平等的；几乎每个同学都在做笔记，读的时候做与本组内容相关的笔记，听的时候做其他组研究的内容；每一位同学都有说的机会，小组讨论的时候可以尽情表达自己的意见，展示成果的时候还要面对全班同学发言。类似的学习活动越多，学生参与的机会也就越多。

对有争议的问题展开讨论，可以开拓学生的视野，激发他们深入思考，从而促进智力发展。也就是说，支架式学习活动为学生提供了发现和进入自己的“最近发展区”的条件。使学习者之间、学习者自身能力与学习要求之间的差距完全显露出来，并在同伴或老师的帮助下减少或消除这些差距。

第三，开展支架式教学活动后教师的反思。相信学生。他们有很强的求知欲和创造力。学生的表现常常使我吃惊、使我惊叹、使我佩服。记得本人在学习《药》这篇文章的时候，老师讲了它的明线暗线交织的结构，当时非常佩服老师的鉴赏能力，而绝对没有想过自己能否读出这一妙处。如今采用支架式学习方式时，学生理解得特别好，正如图表显示的那样。

积极寻找能使学生充分展示他们才能的舞台、方法。以前组织讨论、辩论等活动，总是没有这些活动的效果好，究其原因，主要在于活动内容的设计上过于单一，小组内容相同，导致展示失去了吸引力。

学生能够跳一跳就够到的东西一定要让他自己去跳、去够，他会从中获得极大的乐趣。以前老师讲得特别吃力，学生听得也特别吃力，而支架式学习活动为学生提供了发现和进入自己的“最近发展区”的条件，学生靠自己就能有发现，老师轻松多了，学生也感到了乐趣。

一定要想办法让学生动起来，使脑、手、口、耳、眼各种官能都有事干。

只要找到符合学生发展的道路，学生就会对学习感兴趣。以前教学中总是感觉两个班的风格迥异，一个班就是老师们常说的“活”，而另一个班就是“死”，到后一个班上课常常有莫名的压抑，可是支架式学习活动的开展使我发现了后一个班的可贵之处：特别有创新精神。课本剧的表演，他们加入了很多课文中原本没有的内容，而它们又是非常符合人物特征的，表演的时候就特别吸引人。“故事接龙”的时候，这个班的学生讲得不仅绘声绘色、引人入胜，而且表情、态势语极其丰富。现在，去以前这个所谓的“死”班，再也没有压抑和担心了。

【案例 6】《将进酒》教学设计与实践体会

教学实录（将准备支架、支架帮助、支架撤销融入整个过程）

师：好，同学们，咱们今天来一起上一堂课。我想在座的同学们以前都读过李白的诗，是不是？那随便来说说吧。

生：是。李白的《秋浦歌》《送孟浩然之广陵》《静夜思》

师：你最喜欢哪一首，能背一下吗？

生：《送孟浩然之广陵》——故人西辞黄鹤楼，烟花三月下扬州。孤帆远影碧空尽，唯见长江天际流。

师：好！还有哪位同学要说说？

生：我最喜欢李白诗中的一句话，是：长风破浪会有时，直挂云帆济沧海。

师：还有吗？哪位同学？

生：我喜欢《秋浦歌》——白发三千丈，缘愁似个长。不知明镜里，何处得秋霜。

师：李白的诗歌有一种什么特点呢，同学们？

生：豪放、浪漫。

师：豪放、浪漫，读完之后很痛快，不像其他诗人的诗读完之后很难受。今天我们学的这首诗，也是读完之后有一种痛快淋漓的感受。同学们打开书。请同学们把这首自己先看一遍。看的时候一定要注意课文注释。一边看书，一边看课文注释，一些关键的地方你认为重要就划一划。圈、点、勾、画。

（教师板书）

师：因为今天要上课才学到这首，以前没有读过这首诗的举手。

生：（很多举手）

师：下边，我们请一位同学读一下吧。

生：班长

师：为什么不推荐自己呢？

生：我胆小。

师：我觉得问题就在这儿，你们班长整天发表演说，胆子已经够大了，再大就坏事了。正因为你胆量小，所以才要练一练，对不对？那你重新说，你推荐谁来朗读？

生：我自己。

（掌声）

（学生朗诵）

师：挺好。这位同学读的节奏还是挺准，声音呢也是洪亮的。别看他胆小，他已经很不错了。以后慢慢地练，胆子会越来越大。但是胆子大呢要有个限度，不能太大。刚才这位同学有一个字的读音读得特别准，哪一个字啊？

生：将（qiāng）

师：对！这个字可是很容易读错。为什么读将（qiāng）呢？

生：因为这里的“将”是请的意思。

师：以前学过这个字音吗？

生：没有。

师：我不信，有一个的。

生：是在《诗经》里的，“将子无怒，秋以为期”。

师：非常好！请坐。这个字有几个读音，同学们？

生：两个。

师：第一个，我们经常读的是什么？

生：将（jiāng），将要。

师：第二个读音呢？

生：将（jiàng），将领。

师：第三个？

生：将（qiāng）

师：什么意思？

生：请

（教师板书）

师：那题目什么意思？

生：请喝酒。

师：那我们来一起读一遍。《将进酒》一二。

（学生朗读）

师：停一下。大家读得太快，读古诗呢该快的时候要快，但基本上要读得稍微舒缓一点，这是读古诗的一个基本的调。要舒缓，速度放慢一点。好，重新来。

师：呼儿将（qiāng）还是将（jiāng）出换美酒？

生：将（jiāng）。

师：什么意思？

生：拿、取。

师：还有一个字的读音，千金散尽还（hái）复来呢？还是还（huán）复来？哪位同学来说一说。

生：我认为两个都行吧。因为千金散尽还（hái）复来，就是说它还会来的；还（huán）复来，也有回来的意思。

师：他言之有理。还有其他同学要说的吗？

生：我觉得应该念还（huán）。这样比较符合古人的语言习惯，古文里大多数这个字都念还（huán）。

师：对了。我觉得这个同学很细心，如果同学们去查一下《古汉语常用字字典》，你查到这个字的时候就会发现一个问题，这个字是没有还（hái）这个音的。也就是说，它在古代只有一个读音的，但在现代汉语中它有了两个读音。所以，读古诗的时候遇到这个读音，读还（huán）是对的。读了两遍了，但我觉得还不够，下面同学们放开自己再读一遍。

（学生朗读）

师：读完了我们这样，同桌或者前后桌自由结合，互相商量讨论一下，在读的过程中哪一个句子不好处理，看看怎么读，才能把它读出点味道来。

（老师走下讲台指导学生解决问题）

师：这首诗是一首抒情诗，还是叙事诗呢？

生：抒情诗。

师：对，尤其李白的抒情诗是很豪放的。豪放、飘逸这是李白诗歌的特点。因此朗诵这首诗的时候要把这种感情表达出来。好，那我就先请这位女同学来朗读一遍。不应该叫朗读了，应该叫什么？

生：吟诵。

师：很好，吟诵！

师：吟诵得声音很好听，吐字也比较清晰。咱们哪位同学主动地来试一试？

（学生吟诵）

师：读得也不错。下面同学们考虑一个问题，李白在什么样的情境下写这首诗的？想一想？咱们请一位同学发挥想象，叙述一下当时的情境。

生：那时候李白在官场上应该正处于不得意之时，不受到朝廷的重用，没有人赏识他，他是相当清高、高洁的人，他不愿与世俗同流合污，因此写下这篇文章。

师：叙述了当时的一个大的背景，讲得挺好的，现在呢请同学们把这个镜头再缩小，把它聚焦在当时李白和他的几个朋友在一起喝酒的情景。

生：可以想象当时李白和他的两个朋友在一起喝酒，他们在谈话间就说到了一些官场上的事情。

师：李白说什么了？

生：李白就说官场黑暗，人活在世上应该活得豪放一些，不应该被那些世俗所束缚，应该活出自己的人生，李白心情非常激动，就写下了这样一首诗。

生：很好，还有没有人要补充。在读这首诗的时候，你感觉出来一点醉意了吗？大家都知道武术里面有醉拳，谁打醉拳打得好？

生：不知道。

师：武松啊！看过那个吗？《水浒传》。武松舞醉拳打谁呢？

生：老虎

师（笑）：打蒋门神，那打得痛快淋漓啊。还有醉剑，看过没有。同学们注意了，读李白的这首诗，要读出一点酒味来。带着一点醉意来朗诵这首诗，那才是有点味道的。我看后面同学一个劲儿地点头，看来还是同意我的说法的，请你来说一说。

生：李白是官场不得志。然后与好友一起把酒痛饮，酒兴正浓稍有醉意的时候，李白借酒消愁诗兴大发，才思如泉涌，妙笔生花，大笔一挥就写下了这个这个《将进酒》，成为千古不朽的名作。

师：这是出口成章，不得了！那就请你来吟诵一遍怎么样？

（学生读）

师：好不好？（掌声）同学们，这个李白的诗是激动人心的，其实这种抒情，我们在吟诵的时候就要做一点技术上的处理。比如，哪一个字我要重读，刚才那个同学有几个字就重读了。再一个就是节奏要注意，有些地方可以把它排得密一点，像是机关枪一样的给打出去，有的时候呢，要读得慢一点，非常舒缓，有的时候要高亢，有的时候要低沉。使整个的吟诵富于感情的起伏变化。哪个同学再来试一遍。

（两名同学读）

师："君不见黄河之水天上来"，要读出"天上来"的感觉，不能是地上来。我们来商量一下啊，一个"君不见黄河之水天上来"（激昂、高亢），很好，真的上了天了，但这一句的目的是什么？它的目的在第二句：高堂明镜悲白发，朝如青丝暮成雪（激昂，悲切）（教师演示）（掌声）。这个吟诵，它是要以生命投入的。同学们，你要把李白的诗变成你自己的语言，似乎李白就是你，你就是李白，面对那些权贵们，你要发出"天生我材必有用，千金散尽还复来"这样一种气韵。这样你就是李白了。这首诗呢，确实有这么一种感情的基调，"高堂明镜悲白发"，这是作者第一个感情发展阶段，这里的感情是什么呢？

生：悲

（师板书：悲）

师：悲的是什么呢？

生：人生苦短。

师：人生易老，转眼之间满头的青丝已经变成了满头的白发，中国古代的文人，在面对着永恒的大自然的时候经常发出这样一种感慨，尤其是那些有着远大宏伟志向的人，当他的这种志向不能实现的时候，报国无门的时候，更容易产生这样一种人生易老的感慨。《诗经》《楚辞》《古诗十九首》，到李白以及后来人，历代的文人都在感慨人生苦短。所以，悲的是人生苦短。在这种情况下，要提出一种什么观点？

生：人生得意须尽欢。

师：也就是我们平常所说的，及时行乐，"今朝有酒今朝醉"。这就进入了他感情发展的第二个阶段？

生：由悲到喜。

（师板书：悲——→欢）

师：这种欢乐是发自内心的，是吗？

生：我觉得不是，这是李白的一种无奈。

师：在第一小节中，有两句我觉得它放在那好像是有点不够连贯，要是把这两句摘出来就连贯了，你们看看第一小节中是不是有这个情况。

生：天生我材必有用，千金散尽还复来。

师：大家一下就找出来了。看看放在哪比较好？

生：我觉得放在诗的末尾。

师：我同意，老师也觉得是。但是，李白为什么放在这呢？一下子就插进来这么两句。我这一读有的同学就说了，这句话说得真豪放，表现了李白的一种自信，同意这种观点的举手。

（一位同学举手）

师：哪位同学来说说为什么不同意。

生：我觉得李白的这句诗写在这个地方，有一种自我安慰的感觉，他先说人生须尽欢，没有办法的时候觉得我是有才之人，我一定会得到重用，我一定会发挥我的才智的。

师：天生我材必有用。它的隐含意义是要告诉读者什么？

生1：作者觉得时间未到。

生2：他认为总会有那么一天的。

生3：说统治者不能发现人才。

生4：隐含着他还没被重用。

生5：真金不怕火炼。

师：公元742年，李白当时是42岁，但是唐玄宗下诏书宣李白进京。李白这时候觉得好像时机到了，他是"仰天大笑出门去，我辈岂是蓬蒿人"，在这之前呢，李白进过长安一次，但是那次没有得到重用，所以在他42岁的时候，唐玄宗召他进京了，他觉得这时候可以了，结果他在长安待了两三年，就给他了一个待诏翰林，也没有重用他，后来还客客气气地把他从长安打发出来了，这之后他就到了山东，写了首诗叫《梦游天姥吟留别》。在那首诗中，他把长安三年的生活做了一个系统的总结，最后发出那句"安能摧眉折腰事权贵，使我不得开心颜"，那么这首诗写于哪一年大家看看？这个时候的李白已经是被用无望了。但是，内心的深处还是燃烧着那样一团火，"天生我材必有用"一个隐含意义就是：我有才没得到重用。这是一种无奈、自我安慰，或者说是一种气愤。所以，这个欢乐，不是发自内心深处的。再往后发展，这感情又到了什么呢？

生：我觉得应该是醉。后面作者说“会须一饮三百杯……将进酒，杯莫停……但愿长醉不复醒”。

师：我觉得这个字抓得很好。

（师板书：悲——→欢——→醉）

师：李白在这个地方，好像是把自己处在一种醉意的状态当中，也有学者在研究李白的诗歌，觉得李白的诗歌就是透着一种醉意。能体会出这个醉，就基本上把握住了李白一部分诗歌的特点。再往后发展，这个感情到了什么呢？他认为人活在世上什么事情不足贵？

生：富贵豪华的生活，做官，权利、地位、金钱。

师：另外，他还说了另外一种人，在李白看来也不值得效法。什么人？

生：趋炎附势的人，还有古来圣贤。

师：圣贤指什么？

生：有作为的人。

师：再想想，圣贤是什么人？

生：我觉得是那些品德高尚的人。

师：你能举一个例子，中国古代谁是圣贤。

生：一般公认的就是孔子。

师：在李白看来，孔子、孟子这些人皆寂寞是为什么？

生：因为他们都得不到重用。比如孔子周游列国，却依然无法使自己的主张得到实现。

师：李白觉得最值得追求的是什么呢？

生：李白追求的就是那种“乐”，那种“长醉不复醒”。

师：同学们，你们同意这种观点吗？为什么“钟鼓馔玉不足贵”，倒不如喝酒喝个痛快，接着又说了“古来圣贤皆寂寞，惟有饮者留其名”。荣华富贵不值得追求，做圣贤也不值得追求，唯有喝酒值得追求。同意这观点的举手？

（学生没人同意）

师：那谁来说说，为什么不同意？

生：我认为不得志但心应该沉下来，他不应该沉醉于此。虽然诗里这么写，到我觉得他还是有自己的抱负的，这不是他的最终目的。

生：我认为这种想法太消极了。人活在世上就应该做一番事业，虽然抱负不能实现，但是他还是应该尽力去做。因为不到最后，一切都还没有定数。

生：我觉得他这么说是因为首先他有才华，他又受不到重用，在官场上失意，所以他才这么说。

生：李白还有一首诗“抽刀断水水更流，举杯浇愁愁更愁”，我觉得李白的本意并不是沉浸在酒的欢乐中，而是要让自己的感情有所寄托，酒醒之后还是要面对现实的。

生：我觉得李白是想用这种纵情豪饮来掩饰内心的痛苦，使痛苦得到暂时的缓解。

生：我觉得李白所说的“钟鼓馔玉不足贵”“古来圣贤皆寂寞”并不是他真正的本意，如果他真这么想，也不会为了不被重用而那么愁，不被重用有愤怒的感情，他这么说其实是为了表达自己的愤怒。我不被重用，就沉醉在灯红酒绿中，看你怎么办，其实是在发泄心中的苦闷。

师：同学们说得都很好。他是要借这个酒发泄心中的不满，发出了“古来圣贤皆寂寞”，其实李白在内心深处是很尊敬那些圣贤的，因为是他们创造了灿烂的文化，留给了后人宝贵的精神财富。在这个时候，他确实是借酒来浇愁，发出了一种狂吟。最后一个阶段，作者这种狂傲就出来了。李白这个人是傲岸不屈的，他追求的是一种自由，他不愿受统治者的束缚，统治者你不重用我，我就“明朝散发弄扁舟”，他是这样一种，要追求个性解放的这样一种人，这就是李白的这样一种性格特点，好，我们把第二段一起读一遍。

（学生读）

师：我们试着来背一遍。

（学生背）

师：要求同学们课下要把这首诗背下来，默写下来，另外同学们还要勤于吟诵，找个没人的地方，你发狂吟，你也来体会一下你就是李白，李白就是你的那样一种味道，很有意思的。吟诵的时候呢，有些句子不要像平时读课文那样读，要放开读，想怎么读就怎么读。

（教师示范）（掌声）

（师板书：悲——→欢——→醉——→狂）

课例分析：

老师通过对李白诗作《将进酒》的讲解，让我们真正领略了语文课“入乎其中，出乎其外”的精彩，将支架式教学模式融入了整个教学过程，不着痕迹，融会贯通，有很多地方值得我们学习和借鉴。

古代诗文的学习，诵读是不可或缺的部分，对这堂课感触最深的也是这一点——以诵读教学贯穿整个课堂。课上共有十一次的诵读（包括学生泛读和齐读）。每一次诵读，老师都鼓励学生注入饱满的感情，引导其读出诗作磅礴、飘逸的气势来。同时，重点词句的点拨、写作背景的介绍、情感变化的线索、作者思想的提炼等这些所要求掌握的核心知识，也是在一遍遍诵读过程中导入和渗透进去的。整堂课结束，老师讲的并不多，信息量也不大，这样学生无需花费大量的时间和精力去消化知识点，而是把更多的注意力投入到自己对诗作独特的品味、解读中，从而实现新课程标准对探究性学习、个性化鉴赏能力锻炼的要求。

一开始，老师让学生自己去读，去思考，给了学生近十分钟的时间去自己阅读，品味。学生学习的自主性在一开始便显而易见。中间部分老师提出了要带着醉意去读，让学生把自己当作当时的李白，边感受，边朗读。学生自己去体会感悟整首诗歌，体悟作者当时的心情，老师只是稍做提示。整个教学过程中，老师是引导者，是问题的提出者，学生则在老师不断指引下去解决问题，老师确认了学生回答的水平之后再进行引导拔高。看似无意，其实都是老师的精心安排。只有了解学生的现有水平，才能有目的地去教授，去引导，做到有的放矢。

语文教学是社会对学生进行人文教育的载体，语文课堂是要提升学生人文精神的天地。老师的教学很好地实践了这一点。在整堂课的最后，老师也是运用朗读，在学生充分了解了李白写诗歌时候的心境后，指导学生将自己当作诗人，读出诗人内心拥有的豪迈、豁达，让学生自然而然地体会在逆境中在挫折中伟大的诗人是怎样去面对的，这就是学生应该从诗歌中得到的精神上的教育。德国哲学家雅斯贝尔斯说：“教育就像一棵树摇动另一棵树，一朵云触碰另一朵云，一个灵魂唤醒另一个灵魂。”而老师正是在用声音、感情沟通来，唤醒他的学生。

通过对《将进酒》教学视频的学习，本人也产生了一些思考。那就是是否有一种专门针对诗文教学的方法来指导我们的教学行为，古代诗文要如何教才能更好地适应当代中小学生的发展要求，并有效地促进其语文素养和能力的提高。传统的诗文教学是以分析为主，诵读为次，新时期语文教学对此也持激烈的批评态度，指出这样的课堂教学破坏了诗词整体的美感，限制学生个性化鉴赏、解读能力的形成和发展。为了消除这个弊端，真正地实现语文学科的素质教育，许多学者提出了诵读教学的理念。希望通过这种教学方式：一方面，还课堂于学生，还学生以鲜活的没有被肢解的诗作；另一方面，通过合作、探究学习培养学生独立的思考能力和感悟美、欣赏美的审美能力。

显然，诵读教学是可行且行之有效的方式。但是，通过观课使人意识到诵读教学对学生、教师以及文本自身都有一定的要求。从学生的角度讲，如果想要诵读教学法在其身上产生积极地效果，那么学生自身必须具备一定程度的阅读量和阅读功底。从教师的角度来讲，第一要能激发学生诵读的兴趣和欲望；第二要不失时机地给学生有效地指导；第三要能把握课堂的走向，引导学生做有意义的思考；第四要能巧妙地将必要的知识、信息融入学生诵读过程之中。而从文本的角度来讲，适合采用诵读教学法的文本，其难易程度要适合学生思维和能力的发展水平。缺少了任何一个条件，都不能保证诵读教学实现其预设的目标。

总之，用支架式上课比以前有意思了、轻松了。以前备课需要花费很多的时间去记住知识性的内容，以便在讲解的时候能够离开教案这根拐棍，现在则可以把精力更多地放在问题的设计和形式的组织上；以前上课总有重复之感，备课的时候过一遍，上课的时候过两遍，感觉一堂课上完之后，老师确实提高了不少，而学生则不得而知，现在，备课的内容不需要教师讲给学生听，而是教师在听的过程中对学生理解的补充、印证，同学讲的时候又各不相同，各有情趣，所以，上完课后总感觉身心愉悦轻松。

第六章 解决当前语文写作教学主要问题的实践策略

根据前面对语文写作教学的现状调查与分析，要提高当前语文写作教学的质量就必须致力于解决四个关键的问题，即如何消除学生对于写作的厌烦情绪？如何消除教师对学生的压制，使学生得到更多自我发挥？如何使学生能够并乐于表达自己个性化的审美或者情感体验？如何及时充分地获取学习反馈信息，从而保证教学的效果？

支架式教学模式强调教学要以学生为中心，让学生对知识进行主动的探索、主动的发现和主动的意义建构，利用情境、协作等环境因素充分发挥学生的积极性、主动性和创造性，这期间，教师则是学习的辅助者，是“支架”的搭建者。支架式教学模式引领下的语文写作教学大体采用这样的教学思路：教师钻研透彻写作的方方面面、分析学生的学情，找到“最近发展区”并结合教学大纲要求，制定教学目标；以教学目标为基础，创设有吸引力的问题情境；学生进入求知状态后，教师抓住时机给学生呈现具有吸引力的目标形式；搭建“支架”，组织独立、协作的学习活动；最后，学生要展示成果，并反馈评价。支架式教学模式引领下的语文写作教学注重对学生自主学习能力的培养，注重为学生提供独立攀登学习高峰的台阶。它的具体策略如下。

一、支架式教学模式引领下的语文写作、阅读教学的主要环节

从整个教学实践的探究过程来看，支架式教学模式引领下的语文写作、阅读教学的过程，主要包括以下几个环节（以下的教学环节不是严格按照先后的顺序来排列，教师要根据具体的教学内容去灵活设计相应的教学过程）：

（一）围绕教学目标，创设语文情境

是否创设恰当的学习情境，是影响支架式教学能否成功的第一大关键因素，除此之外，我们还可以想到：不管是诗歌、小说、戏剧，还是说明文、议论文、记叙文，都有一定的审美情境；学生的学习不是关起门来记录笔记，死

记硬背，而是要在一定的情境中进行。因此，如何创设情境，是首先要解决的问题。在语文的写作、阅读教学中，课文的教学目标是一面"旗帜"，它指引着教、学向一定的方向展开，又向同一个方向聚拢，没有课文的教学目标，语文的阅读教学将会把学生引入游离之境。所以，语文支架式教学情境不可避免地要紧紧围绕这面"旗帜"展开旋转。另外，语文阅读教学的目标不能随意而定，它要体现具体的文本对学生语文方面的知识、能力、情感等方面的要求，如在《夜雨寄北》的支架式教学中，教师一开始就分析诗歌特点和学生的情况，从而把目标设定为让学生掌握从诗眼、语言、情感、手法、意象、意境六个方面鉴赏古诗的方法，其实这个目标隐性的就包含着对学生积淀古诗知识、掌握古诗鉴赏方法、培养古诗鉴赏能力、涵养诗歌情感等的要求。综合地说，语文的写作、阅读教学情境首先是一个语文的情境，这个情境要紧紧围绕教学目标而创设，而教学目标要渗透具体教学内容对语文方面的知识、能力、情感等方面的要求。

（二）目标呈现，形成问题，做出假设

在支架式的教学中，创设完学习的情境后，接下来要面临的问题就是如何进行"支架"。"支架"是一种比喻性的说法，它指的是从真实的情境中捕获与学习主题密切相关的真实问题和这一问题的真实情境的脉络。而对应到具体的语文写作、阅读的教学中，其"支架"就应该是：从语文写作、阅读教学的情境中，让学生捕获与教学内容密切相关的教学问题和这些问题的真实情境的脉络，简单明了地说就是要为学生给出学习目标的呈现形式，为学习目标披上一件可以装扮的"外衣"。如在《苏州园林》的支架式教学中，笔者就是将三个教学目标以三种不同角色的形式呈现给了学生。支架要搭得准，搭得好，所以目标的呈现也要时机恰当，而且具有吸引力。很多语文教师在教课文时，能创设很好的教学情境，激发学生的兴趣，可一旦给出教学目标后，学生的学习热情往往立刻减半，再以《苏州园林》为例，有些老师为让学生围绕教学目标展开学习，就对学生说，请他们细读课文，思考文章用了怎样的说明方法。学生在面对如此没有生命力和生活感的问题前，当然会觉得兴趣索然。所以，教师要学会转换思维，根据学生的心理，将生硬干瘪的教学目标转变成学生乐于接受，欣于参与的活动形式。

（三）互动对话

当学生有了明确的任务和清晰的目标（这里的目标一般是整体的教学目标

分出来的几个子目标）之后，那些语文基础比较好的学生可能会立马展开行动，但基础水平在中下的学生还无法很快适应。对于这种情况，语文教师就要帮助学生自己搭建“支架”。“支架”理论是苏联心理学家维果茨基提出来的，以“最近发展区”理论为基础。维果茨基认为，每个个体至少有两种发展水平：一种是现有的发展水平，这是学生在其发展的现阶段能独立解决问题的发展水平；第二种水平是指学生在其发展的现阶段还不能独立解决问题，但在同伴和成年人的指导与合作下或者借助其他相关知识而能达到解决问题的水平。这两种水平之间的差异就是学生心理的最近发展区。因此，语文老师在教学时，要根据学生的“最近发展区”以恰当的方式给学生搭建“支架”，为学生学习提供帮助和支持的有效材料，如提供学习方向、方法、途径，提供模仿的范例、使用的工具、观察的物品等。但通过何种方法才能知道学生的“最近发展区”呢？除了靠平常老师对学生的了解外，还要靠在课堂中学生和老师之间的互动对话，通过对话容易发现学生的优势和不足，再根据学生的优缺点设置“支架”，使教学自然而然地进入下一个行动环节。

（四）自主学习，研读文本，获得个性感悟

在“支架”的帮助下，学生的认知得到了发展，教师接下来就要开始为学生创造独立自主的学习空间，让学生围绕特定的任务和目标，采用自己的思维方式和根据已有的知识经验进行自主的探究和发现。而在这一阶段中，教师要随时观察和记录学生的表现，在必要时，给予指导和点拨，学生一旦理解和领悟之后，教师再及时退居幕后，淡出该学习情境的问题解决，使教、学在情境化与非情境化之间维持一种平衡。对于语文的写作、阅读教学，培养学生的独立写作、阅读能力是一个必须达成的目标；对于具体的课文教学，能让学生对课文的内容提出自己的看法和心得是一个必须做到的要求；对于每一个语文教师，引导学生研读文本，在主动积极的思维活动中，获得个性感悟和思考，是必须要采纳的教学建议。所以，在语文的写作、阅读教学中，教师要让学生进行独立自主的学习探究，发挥个人的才能和智慧，最终赢得收获和发展。当然，教师并不应该成为全然的旁观者或记录员，他要随时保持清醒和敏锐，当学生显露困惑、无所适从时，教师就要帮助该生发现问题、找出原因、选择方法、做出判断等。这样的学习环节，不管是何种学习水平的学生都有了参与的机会，学生有了个人化的写作、阅读空间，他们的个性思维才能得到更好的发挥。

（五）合作学习，思想交锋，享受审美体验

教学不是“无声电影”，也不是教师或学生的“独角戏”，它需要多方的互动与合作。支架式的教学模式提倡团结协作、合作交流，鼓励学生之间的分享与创造，也鼓励老师与学生之间的平等看待与互尊互重。语文教师也要善于培养学生通过合作学习解决阅读疑难的能力。合作学习之所以被重视，就因为它像一个大“熔炉”，能把各式的思想和情感融聚在起，帮助学生取其精华，去其糟粕。但是，另一方面，我们要注意，如果合作学习的组织方法不得当，合作学习就难以发挥它应有的作用，只会流于形式，比如：在合作学习中人数过多，分工不明确，讨论时间不足，学生注意力不集中，缺乏教师的指导等。所以，在语文的写作、阅读教学中，要采用合作交流的活动形式，教师就得发挥好他的组织能力和调控能力。一般来说，合作学习的组织至少要满足以下几点要求：①合作学习以学生分组为主，每组人数最好限定为4～6人，每组至少要确定主持人、记录员、报告员；②分组方式按照任务目标来定；③所有在场者都是参与者，且参与者要分为组织者和学习者；④多关注不善言语的学生，鼓励他们多表达；⑤教师要不断地巡视课堂，帮助学生回答对活动开展程序不明晰的问题；⑥教师鼓励学生相互交谈；⑦教师要注意按设定的时间调控好活动的节奏。在语文的写作、阅读教学中，如果能按照这样的要求来组织合作学习，学生将能从中得到极大的思维历练和审美情感的体验。

（六）成果展示，师生评价，课堂升华

支架式的语文阅读教学进行到自主学习和合作学习的环节后，就剩下学习成果的展示和师生的评价了。谁的观点正确，谁的观点错误，谁的思想更深刻，谁的想法又更新颖，都要在学生的展示与多种方式的评价中得到公正的评判，但是，我们要注意：评判的结果并不是此环节设计的目的。对于教师来说，通过听学生的成果汇报可以了解学生的学习是否达成了教学目标，学生的思考是否出现了偏差，学生的认知是否发生了变化，学生的情感是否得到了熏陶等，而一旦是“否”的情况，教师就要想出对策给学生进行补偿学习，及时加以纠正，保证教学效果。对于汇报者来说，当众发言可以锻炼言语的表达能力，让自己体会受他人尊重和得到他人肯定的快乐，从而提升自己的成就感和对语文学习的信心。而对于其他学生来说，通过听同伴的发言可以增强他们的集体荣誉感，分享他人的思考成果，得到反思和再一次学习的机会，从而加深对课文的理解和感悟，拓展思维，蕴含情感。这样的环

节不仅让教师得到了调整教学的机会，也让学生当了一回自己学习的管理者和监控者。

二、调整教师的定位：支架搭建者

教师应该将自己的角色定位为学生学习的引导者、合作伙伴和平等的交流伙伴，在为学生提供学习帮助的过程中努力使学习活动向有价值、有意义的方向发展。教师必须明确，师生之间是一种“双向互动的”[①] 交往关系。

（1）教师要做学生学习过程的支持者，教师要支持学生建构知识的整个过程。学习活动必须是知识构建的过程，只有这样才能保证学生能力的切实提高，所以教师应该在教学过程中鼓励学生自主地学习、探究，合作地创新、分享，不给唯一的、标准的答案。具体到写作教学中，就是给学生足够的自我表达的空间，同时积极提供鼓励、激发学生创造力、想象力的学习环境，鼓励锻炼学生的观察能力、提高学生的写作兴趣。将传统的教师本位，教师权威的意识摒弃掉，以支架搭建者的姿态进入教学活动。

（2）教师要成为学生建构知识的引导者和帮助者。在具体的教学活动中，教师也不能只激发兴趣不提供引导，学生受到知识量和资料收集条件的限制，常常会在遇到问题后有个大概的想法却无从下手，这就需要教师的引导。当教师根据学生的学习兴趣提供了合乎学生自身发展水平的正确引导时，学生才能更好地完成学习活动。具体到写作教学中，就是在写作题材、写作方法、写作技巧上给予一些引导，给学生以成长、进步、自由表达的武器。

（3）教师是学生建构知识的促进者和见证者。在为学生搭建了支架、引导他们进行有意义的学习活动之后，教师的任务还没有完成，因为学习是一个循序渐进、不断变化发展、不断出现新问题的动态的过程，所以在整个过程中教师都要参与，这就犹如一个在蹒跚学步的儿童背后的大手，不会时刻搀扶，但是却无处不在。对于写作教学来说，这一点非常重要，没有比写作更能贴近学生内心世界的活动了，教师需要投入感情去不断关注学生，从一字一句里感受学生的进步，判断学生的学习程度，以便及时调整教学目标和策略。[②]

---

① 温忠麟．教育研究方法基础［M］．北京：高等教育出版社，2004：174.

② 温忠麟．教育研究方法基础［M］．北京：高等教育出版社，2004：177.

三、多种教学支架的使用

（一）交互式支架的运用

交互式支架的特点在于“交互性”，使生生之间、师生之间都能有效地交流、学习，它改变了传统的单向交流变成了双向、多向的交流。这不仅对学生的学习主动性有所促进，也有利于学生在相对轻松的环境中更好地掌握学习方法，同时对学生人际交往能力的锻炼也有一定的价值。交互式支架的类型主要包括以下几种：讲解、模拟、示范、游戏、简报制作、竞赛、头脑风暴、讨论、合作、反馈与评价等。

在语文写作教学中，可以充分利用交互式支架开展一些行之有效且能最大程度调动学生学习热情的活动。老师在设计这些活动时，一定要注意激发班级中各个学习层次学生的学习热情，让每一个学生都能自然而然参与其中。以接龙和头脑风暴为例，简述如下。

（1）接龙。同学们确定好话题之后，以前后桌或者小组接龙的形式一人一句接下去，最终在合作中完成一段话、一篇文章的写作。例如，“说不尽的桥”这堂写作课上，“想象之桥”小组提供的前后桌接龙完成一个句子。用这种形式创作故事往往越接越有创意，越接越有趣。即便是语言基础较差的学生也能在自己能力范围能最大程度的发挥想象力，参与活动。在一篇讲述英国小学教育的文章中，笔者也见过类似形式的写作教学活动，学生们最后合作写出了一本书，并由当地出版社出版发行。这对于学生来说是莫大的鼓励，对促进写作能力的价值不言而喻。

（2）头脑风暴。头脑风暴是一种运用较为普遍的思维方法，它常常被用来高效地收集各种有创新性的想法，也就是通常说的集思广益。头脑风暴的进行最好是在一个群体内部，但是个人使用也有很好的效果。在写作教学中，它可以被用在写作题材的选择上。教师可以组织学生快速地将自己第一时间想到的话题写下来，然后在同学们之间分享，以此来激发学生们的表达欲望。

（二）提供写作技巧的支架

对内容的指导是一个长期的过程，但在写作技巧上的指导就相对容易一些。所以，教师可以为学生提供一些“写作技巧”的支架。比如各类文体的写作，这在现实生活中的作用不容小视。以搭建支架的方式引导学生学会写信、写演讲稿、写请假条等，让技巧不只是技巧还是一种内在的能力。

（三）提供心理支架

对学生心理活动的关注对教师来说也是非常重要的，如果学生对学习持一种抵制、厌烦的态度，如果学生从学习活动中得不到成就感和自豪感，那么无论教师采用的是何种高明的教学方法都是无济于事的。所以，教师在教学活动中必须敏锐捕捉学生的心理活动，为其搭建心理支架。在写作教学中，可能就是当学生的作文取得进步的时，及时给予鼓励与认可，可以是书面的，也可以是口头的。

（四）提供评价的支架

教学评价对教学活动具有非常重要的价值，是检验教学目标达成与否的重要手段。教师在搭建评价支架时必须摒弃繁琐和绝对权威的评价方式，不要让评价流于形式。评价活动不是僵化、死板的，它要根据每个学生的具体情况有所调整，但这并不代表教师可以随意评价，要秉持公平公正的原则。教师要使学生真正明白课堂教学评价的意义，让他们乐于也勇于评价他人、接受评价。在写作教学方面，我们可以以建立学生档案袋的方式完成这一目标。

学生档案袋：

(1) 学生写作能力发展的持续、累积纪录。

(2) 学生学习的整体情况。

(3) 对每个学生进步情况的深层了解。

(4) 与学生一起进行评价和制定目标的机会。

(5) 记录与家长、同伴、其他学科教师交流的成果。

学生档案袋的价值在于：

(1) 增强学生的参与意识。

(2) 养成对自己负责的习惯。

(3) 为学生创造了和老师、家长、同伴交流的机会，并在交流中获得启发。

(4) 培养学生自我监控、自主学习的意识。

(5) 用让学生耳目一新的方式激发学生的学习热情。

(6) 学生对学校作业的独创性的评价能力。

(7) 课堂上的协作与交流气氛。

四、将语文素养渗入教学目标的制定，紧紧围绕教学目标创设学习情境

"语文素养"指的是学生在语文方面表现出的最基本的、比较稳定的、适应时代发展要求的学识、能力、技艺和情感态度价值观。2011年版《义务教育语文课程标准》明确将"全面提高学生的语文素养"作为语文课程的基本理念之一，并提出："九年义务教育阶段的语文课程，必须面向全体学生，使学生获得基本的语文素养。语文课程应激发和培育学生热爱祖国语文的思想感情，引导学生丰富语言积累，培养语感，发展思维，初步掌握学习语文的基本方法，养成良好的学习习惯，具有适应实际生活需要的识字写字能力、阅读能力、写作能力、口语交际能力，正确运用祖国语言文字。"因此，在语文的教学中，培养学生基本的语文素养是一个重大的教学目标，只有重视对学生的基本语文素养的培养，语文学科的教学才能体现它自身的特色和价值。

语文是一种人文性极强的学科，对于同一篇阅读课文，有多少个阅读者就可能会有多少种不同的理解；对于同一个题目，有多少写作者就有多少种表达；对于同一范围的教学内容，有多少个语文教师就可能会出现多少种不同的教学构想。语文学科的这种特点给广大的语文教育工作者提供了一个尽情施展的空间，语文教学显得风采多样。然而，很多语文教师在拥有了广阔的发挥平台后，他们便忘记了语文教学本身该有的特色，这种情况尤其表现在写作、阅读教学的课堂上，他们执教的写作、阅读教学课往往不能让学生习得语文方面的知识、能力、方法等，而是过分挖掘文本中的道德、人文精神等方面的因素，使得语文课不像语文课，反而更像是道德教育课或思想政治课。

支架式教学模式引领下的语文写作、阅读教学为改变这种情况提供了策略，那就是：要求语文教师将语文素养渗入教学目标的制定中，再紧紧围绕教学目标创设学习情境，利用目标和情境两大关键因素来宏观地运转教学。以《从百草园到三味书屋》的教学为例，这篇文章是鲁迅先生写的一篇有名的回忆性散文，文章语言流畅自如、充满诗意，为读者描绘了一个充满乐趣的童心世界，因此在教学时应该把教学目标重点放在让学生品味散文优美的语言艺术和认识散文的写作特色上，再围绕这一目标创设学习情境，展开教学。

五、以学生为中心，尊重学生差异，在自主、合作中历练思维

语文写作、阅读教学是教师和学生在课堂情境中与文本及作者之间进行多

重对话的过程，是思维碰撞和心灵交流的动态过程。对学生思维的培养是语文写作、阅读教学的一个重要目标。然而，在应试教育仍具有“顽强的生命力”的今天，很多语文老师不顾写作、阅读教学的本质和学生的发展需求，他们以应付考试、追求高分为目的来主导其教学思想和教学行为。在写作、阅读教学中，“教师讲得清清楚楚，学生听得明明白白”“引用名人名言，必须举出某些实例”则成了很多语文老师崇尚的教学境界，这样的教学必然过分强调教师的“教”，忽视学生的“学”，学生的学习处于被动状态，其学习的主动性和积极性受到压抑，大部分学生的思维和能力难以得到实质的培养。针对这种现象，课程改革的倡导者呼吁我们的语文教育工作者要看到时代发展的需要，摒弃以往狭隘的思想，接受先进的教学理念，改变传统的教学模式，让语文教学发挥它应有的作用，让学习者在语文写作、阅读教学的课堂情境中重新感受思维之间的交流与碰撞。

顺应课程改革的呼声和教育发展的需要，研究者将目光投向了建构主义学习理论下的支架式教学模式。支架式教学模式强调在教学的过程中，要以学生为中心，让学习者掌握自主权，在自主、合作的学习方式下积极地开动大脑，进行有意义的建构，而教师所做的一切则是为让学生更好地发挥主动性、建构认知、达成学习目标而服务。在支架式教学模式引领下的语文写作、阅读教学中，对学生思维的历练，主要通过两个阶段来实现：

第一是思维准备阶段。教师要准备三方面，即创设一个具有感染力和启发性的学习情境，帮助学生搭建学习的“支架”，精心设计学习目标的呈现形式。其中，“支架”是为了帮助学生形成情感前提和认知前提，以激发学生的学习兴趣和学习动机，为后面的学习环节做铺垫。另外，教师还要精心地设计学习目标的呈现形式，让它不直接地出现在学生面前，将它“伪装”一番，变换成另外的样子，呈现形式一般要体现层次性和差异性，而如何进行设计在很大程度上则取决于学生的喜好和思维的差异性。以《苏州园林》的支架式教学为例，课文的教学目标是“使学生了解说明文，抓住事物主要特征，按总分结构谋篇部局的写作方法；通过对语言的分析鉴赏，感受苏州园林的美学艺术；了解苏州园林的建筑成就”，而在教学的过程中，教师则把这几个教学目标转变成了“建筑学家”“文学家”“美学家”“导游”的角色，每一角色要完成一定的任务，教学目标的内容则隐含在这些任务当中。

第二是思维历练阶段。主要是学生自主、合作的学习过程。在这一过程中，每个学习者都将参与其中，他们或者可以根据自己的喜好和思维的差异来选择合适的任务，或者和同学共同协作完成。学生在自主的学习中独立思考、理解、感悟、建构，又在合作的学习中共同探讨、交流。

综合起来说，就是在语文的写作、阅读教学中，要以学生为中心，尊重学生思维的差异性，让学生在自主、合作的学习方式中得到思维的历练。

六、尊重个性感悟，创造独立自由的写作、阅读空间，从而享受审美情感的体验

“阅读活动过程即是个体面对审美对象的一种自我确证和发现，是个体以体验参与的方式进入文本的意义世界，阅读教学是以个体的审美体验为基础的有效对话，阅读教学课堂实践则通过促进学习者的意义建构来彰显个体的主观能动性和创造性”，所以不管是单纯的阅读活动，还是语文的阅读教学过程，都离不开个体的审美情感的体验。阅读活动的审美情感体验的主体是读者，而阅读教学中的审美情感体验的主体则是学生。然而实际上，很多老师却看不清这些，他们在教学中是完全的领导者和支配者，备课时，他们考虑的是怎样完成大纲中规定的教学任务，怎样才能使自己的教学思路清晰，怎样才能使学生更容易理解接受，课上教师则带领学生按照预设好的思路去阅读文本，理解教材，利用早已准备好的问题牵引着学生在铺设好的轨道上前行，老师的理解和感悟就是学生苦苦思考的标准“答案”。试问，这样的课堂有多少自由发挥的空间，又有多少个性情感的体验？相应的写作教学也是如此。

新时期的语文教学提倡自主、合作、探究的学习方式，要求教师要珍视学生的个性理解、感受和体验，教师在发挥对学生的指导、引领的作用时，不能用自己的分析讲解来代替学生的阅读实践，更不能用模式化的解读来代替学生的思考和体验。

在支架式教学模式引领下的语文阅读教学中，自主、合作是最关键的学习环节，它不仅让每一个学生都有参与的机会，更为学生创造了一个自由独立的审美阅读空间。在这个个人化的写作、阅读空间里，再也不会有教师频繁的发问，学生在强烈的问题意识的驱遣下，自主地识别问题，找寻信息，发现方法；也再不需要教师琐碎的讲解，学生可以根据自己已有的知识经验，发现独特的审美视角，并在精细的品味中感受和体验阅读的愉悦，再经过与同伴交流，丰富认知和加深体悟，并通过写作表达。如《夜雨寄北》的支架式教学案

例，在自主、合作的学习中有些学生选择从艺术手法的角度来鉴赏诗歌，有的说诗歌用了设问的修辞手法，一问一答表现了诗人欲归而不得的寂寥之情，有些学生还从“涨秋池”中分析诗歌用了夸张的修辞手法，感受到诗人愁苦之情的深厚，还有学生发现了诗歌中运用的虚实结合的表现手法，一虚一实，创造了凄美的意境。

学生是有个性、有思维、有情感的学生，只要尊重他们的独特性，创造一个自由、独立的发挥平台，他们就会成为发现美的“精灵”。

七、鼓励言语表达，开创形式多样的展示平台，及时反馈矫正

教学反馈是一种双向或多向的信息交流，至少包括：教师对学生的反馈、学生对教师的反馈、学生对学生的反馈。通过教师对学生的反馈，学生能评价自己的学习得失；通过学生对教师的反馈，教师则能了解学生的学习情况；通过学生之间的反馈，学生能相互学习、协同发展。及时而充分地掌握完整的反馈信息，才能够对教师的“教”和学生的“学”进行有效的调控，从而保证教学的效果。但如今，“在中国的课堂中存在一种普遍的现象：积极发言的总是少数的几个优秀学生，发言在很多时候似乎成了部分学生的专利。从小学到中学，随着年级的逐渐升高，课堂氛围却越来越沉闷”，学生变得沉默寡言，教师则讲得口干舌燥。可想而知，这样的课堂从来不缺教师对学生的反馈，而学生对教师的反馈、学生对学生之间的反馈就似乎成了一种空白。语文的阅读教学当然也面临着同样的现实状况。于是，我们不得不思考：如何才能调动课堂气氛？如何才能让更多的学生大胆地展现自己？如何让教师掌握更多的反馈信息？

在支架式教学模式引领下的语文教学中，有一个教学环节不可缺少，那就是“成果展示，师生评价”环节。这个环节的目的，主要是从学生的言语表达（这也是写作的“排头兵”）中获得及时充分的反馈信息，从而纠正教学，调控教学行为，保证教学效果。它一般被安排在自主、合作学习之后，大体上是这样的实施过程：学生经过自主、合作的学习，必然得出很多结论和收获，此时，就把课堂交给学生，鼓励他们大胆表达，展示学习成果，展示的形式灵活多样，或是学生个人发言（《陈太丘与友期》的教学案例中的“开心一对一”活动环节，学生互问互答），或是学生代表小组发言（如《苏州园林》的教学案例），或是呈现研究报告等，在学生展示的同时，采取恰当的方式进行评价，

经过评价，教师调整教学，学生总结得失。从这一过程，我们可以看出，学生的言语表达、成果展示，显示的并不仅仅是个别学生的学习状况，而是所有学习参与者的总体学习表现，所以，教师可以从中获得丰富的学习反馈信息，从而调控教学，而学生也能反观自己的学习过程，管理学习行为。

专栏四　作文教学中的“支架问题”

——从育英老师的教学案例谈起

周子房

一、神奇的六个问题

首先我们来对比着读一读两篇学生的习作。

习作一：

监考老师

叮铃铃，考试的铃声响了。随着铃声，进来一位男老师，他的个子很高，四十多岁。上身穿一件灰色的夹克衫，下身穿一条蓝裤子。黑黑的头发，浓浓的眉毛，大眼睛，高鼻梁，大嘴巴。他走进教室咳嗽了两声，然后走上讲台。他先宣布了考场纪律，然后就开始发卷。发完试卷，他又给我们念了一遍题。开始我觉得他很凶，后来觉得他一点儿也不凶。

他一会儿坐在讲台上看着我们，一会儿到下面看同学答题。他走到我跟前，还跟我笑了一下。

叮铃铃，考试结束的铃声响了。他就开始收卷子，收完卷子，就拿着卷子走了。

习作二：

监考老师

我平时参加考试一点也不紧张，这次考试却有点紧张。因为这次不是我们的老师监考。在我的印象中，其他班老师监考都有点凶。

我坐在教室里，见一位女老师和一位男老师在我们教室门口说话，我心想，但愿监考老师是那位女老师，因为那位女老师看上去很和善，而那位男老师的样子有些凶。我想，要是那位男老师监考我们，他走到我身边，我会吓得连字都不会写。

铃声响了之后，是那位男老师走上我们教室的讲台。他一走上讲台就说：

"必须遵守考场纪律，不允许作弊，不允许交头接耳。谁违反了考场纪律，我就会请谁立即离开考场！"听他这么一说，我觉得他果然很凶。我的心就有些慌，尽管我没打算作弊。

他发完试卷，又走上讲台说："大家先不要急着答题，我发现卷子有些题目印得不清楚，我给大家把不清楚的题目念一遍。"他念完题目又说："大家开始答题吧，不要紧张，越放松越能发挥得好。别看错题，也别漏掉题。"这时候又觉得他一点也不凶。他对我们就像对自己的学生一样。

考试进行到一半的时候，他走下来看同学们答卷，走到我身边时，他停住了。我抬头看着他，他朝我笑了笑，还点了点头，大概是见我答得不错。考试快要结束时，还笑得出了点声。他肯定见我做不出那道题，急得一个劲地挠头，看我的样子有点好笑。

这位监考老师给我的印象越来越好，我甚至希望他当我的班主任。

读完后有什么感觉？是不是感觉到习作二的作者的写作水平明显比习作一的作者高出一大截？事实上这两篇文章是同一位学生相隔时间不长先后写出来的。而且在写第二篇之前并没有经过专门的写作技能训练，只是老师给他写了六个问题，这位学生用笔进行了回答。他回答的内容连在一起就成了习作二。

为了让大家了解得更清楚，我还是先来简单地叙述一下事情的来龙去脉。

有一年某小学五年级期末考试的作文题是《监考老师》，要求写上一节监考数学的老师。多数学生说这题目出得"太损"。因为这次监考的老师都不是本班的老师，在这之前，他们对这些老师半点都不了解。有位同学的母亲曾和育英老师一起工作过，她带着孩子，拿着语文试卷找到育英老师了。她说，40 分的作文题，她的孩子只得了 27 分。老师要求写 400 字以上，她的孩子写了不到 300 字。那个孩子说，他把监考老师咳嗽的声音都写上了，再也找不到可写的内容了。育英老师把他的作文看了一遍，发现他只是写了监考老师的外貌和监考过程，有许多应该写的内容没有写进去。育英老师就拿出稿纸对他说："现在我写几个问题，你来答。"学生答完后，育英老师问他："假如现在让你写监考老师，你觉得有困难吗？"他想了想说："我还是觉得写不了多少字。"育英老师笑了一下说："你已经写出来了，有 600 字左右。你把你答的这些话从头至尾读一遍，看看是不是一篇文章？"

由于下文要对这六个问题进行分析，我就顾不得啰嗦，如同孔乙己"排钱"

一般，将它们逐一排出。大家也可以将这六个问题与第二篇习作的每一段对应起来读一读，看看它们是不是存在着这种问与答的关系。

1. 你平时考试紧张不紧张？这一次呢？如紧张，说明为什么？

2. 你坐进教室，在等监考老师来时，想了些什么？

3. 监考老师走上讲台说了些什么？你的感觉是什么？

4. 监考老师发完试卷，又说了些什么？你的感觉是什么？

5. 在考试过程中，监考老师在你身边停留过没有？如果停留了，把他停留在你身边时的情景写出来。

6. 他给你的最后印象是什么？

二、“六个问题”的作文教学价值辨析

下面就这六个问题展开讨论。

从事情的经过来看，学生正是在这六个问题的支持下，完成了第二篇习作。根据学习支架理论，这些在学习过程中根据需要为学生提供帮助的问题称为“支架问题”。学习支架有多种表现形式，如范例、问题、建议、向导、图表等，问题是其中最为常见的支架之一。从这个案例来看，这些“支架问题”对学生高质量地完成习作的支持力度很大，那它们到底从哪些方面对这位学生的写作进行了支持和帮助呢？下面从三个维度进行具体分析。

（一）对“为谁写”的指引

我们首先跳开“问题”的内容，来讨论“回答问题”这一形式，思考它与“写作文”有什么不同？特别是学生对二者在感觉上有什么差别？前文提到，学生答完后，育英老师问他：“假如现在让你写监考老师，你觉得有困难吗?”学生想了想说：“我还是觉得写不了多少字。”从中我们可以看出，学生感觉他不是在写文章，而仅仅是在回答育英老师的问题。与一般口头问答不同的是，他是在用笔头回答老师的问题。在这位学生看来“回答问题”与“写文章”绝不是一码事。事实上学生已经将一篇质量不错的文章的内容完全写出来了，可是他还没有意识到这一点。这就意味着学生在回答问题时并没有感到“写作文”一样的困难，这主要是因为他清清楚楚地知道，这是在回答老师的问题，育英老师就坐在他的面前，老师关心什么，需要了解什么，在“问题”中写得清清楚楚。这种回答问题的方式与写作文最具实质意义的不同处就在于，回答问题时学生自然会有明确的目的意识和交流对象意识，

他知道他是在为谁答的，为谁写的。通过上述分析我们不难得出结论，育英老师的六个问题实际上是潜藏了交流对象意识或读者意识的作文教学支架。

反观我们的作文教学，我们很少从交流的角度来考虑，学生往往并不能真切地知道写作的目的是什么，作文的读者是谁，读者关心什么，希望从他们的文章中读到什么。因此，在内容的选择上，语言的表达上具有很大的盲目性。上面的考场作文，只是简单地写了监考老师的外貌和监考过程，因为这位学生只是知道这是考试作文，必须完成多少字数，至于达到什么交流目的，自然不去理会。因此，如果我们能在作文教学中，设计有效的支架来指引学生为自己的读者考虑，必然会有助于提高写作教学的有效性。

（二）对“写什么”的指引

我们再回过头去仔细体会这六个问题在指向性方面有何共同点？

问题 1 是平时考试紧张不紧张；问题 2 是在监考老师来时，想了些什么；问题 3 是针对学生对监考老师走上讲台说话时的感觉；问题 4 是针对学生在监考老师发完试卷后的感觉；问题 5 要求写出监考老师停留在身边时的情景；问题 6 要求写出学生对监考老师的最后印象。我们能清楚地意识到，这六个问题在指向性上的共同点就是指向学生最有感触的部分，换句话说，就是指向学生的最有体验的部分。这些“支架问题”中潜藏了写作内容指向学生体验的意图。

我们需要思考这样一个问题：在作文教学中我们应指导学生写什么。有人也许认为，这还不简单，写生活么。生活又是什么呢？学生每天吃饭睡觉，上学读书，与教师、同学相处，给父母干家务，假期外出旅游观光等都是生活。可是学生天天在生活，为什么就写不出作文呢？还有，是不是所有的生活细节都可以记录下来写成作文呢？孙绍振教授认为这种“贴近生活说”会产生负面的影响，会因褊狭的理解而导致主体感觉的钝化，并针锋相对地提出了“贴近自己说”。孙教授认为，光讲“贴近生活”，就可能产生一种误解：以为生活是客观的，跟人的心灵有无关系是无所谓的，作文就是像照相机的镜头一样去贴近它。这样做的结果，就算没有歪曲，大家写出来的都是一样的，而这恰恰是作文的大忌。作文是精神独创的结晶，没有自己的、不同于其他任何人的、独特的体验，就没有生命。当然也可以说，要真正贴近生活，必须贴近自我，贴近自己感受最深的一点。活中有许多东西是不可缺少的，但是在作文中，却是没有必要的，只有自己私有的、独享的、他人所没有的东西，才是值得你去写一写，去挖一挖的。从育英老师设计的六个问题来看，他与孙教授在这方面的理念是一致的，他精心地设计出这些“支架问题”来让学生写出自己独特的体验。这种设计理念和策略值得我们领悟与借鉴。

（三）对“怎么写”的指引

从六个问题的顺序看，按照考试前的等待、监考老师的登台、发完试卷、考试过程、考试结束的顺序一一安排，暗含了写作的时间顺序；学生回答后，抽离这些问题，把学生按这样的顺序写出的回答连在一起构成一篇文章，我们发现文章的开头、结尾和过渡也十分自然。在平时的写作教学中，这些都是让学生感到痛苦、教师感到为难的问题。仔细琢磨，我们还能发现文章的详与略也在这些问题的设计中考虑到了。问题3、问题4和问题5的两次设问及问题的指向，都显示育英老师希望学生在这几处进行详写，而其他几个问题，只要略写即可。从习作二来看，这些问题的设计也达到了预期的效果。最为难得的是，由于前面提到的这些“支架问题”明确指向学生的体验，因此，在学生完成的作文中，我们明显地能读出学生的心理和情感变化过程，这同时也成为了文章的一条隐形的线索。在这一点上“写什么”与“怎么写”有效地融合起来了。通过分析我们可以看出，这些“支架问题”中潜藏了写作策略的指引。

这样的支架设计在“怎么写”这个维度同样能带给我们多方面的启示。在这里只想着重讨论如何在作文教学中有效地进行知识教学的问题。按照我们一般的教法，在这里教师是需要教给学生许多知识才行，比如，如何开头，怎样结尾，怎样过渡自然，怎样安排详略，如何布置明线和暗线，等等。实在是学问很多。在实际教学中我们的教师往往也正是这样传授知识的。可是教学结果呢？较为普遍的情况是教师讲得头头是道，但学生却听得辛苦吃力，拿起笔来什么也不会。按照知识分类理论的观点，这些“怎样”表达的知识大多属于程序性知识和策略性知识，它们的关键是“怎么想”和“怎么做”。如果教师按陈述性知识来处理这些知识，即使学生理解了，记住了，那也未必“会用”，但学生作文时“会用”恰恰是我们的教学目标。我们的作文教学之所以低效，与我们的教师普遍缺乏这方面的素养有很大的关系。在上面的案例中，育英老师仅仅设计了六个问题，没有讲授任何概念和方法，而这位学生的语言表达水平似乎明显高了起来，开头、结尾、过渡、详略等十八般武艺，似乎一下子精通了不少。我们需要思考：在教学中应该如何去处理这些知识？如何将知识变成学生的经验和能力？如果我们真想让学生学到一些有用的概念和方法的话，是不是也得先提供支架支持他们写出文章后，再去帮助他们将这些概念和方法通过反思和总结而提炼出来？这样做是不是更合适一些，更有效一些？

三、作文教学中“支架问题”的设计与运用策略

上述案例表明，如果教师能在作文教学中适时地提供精心设计的支架，将对学生的写作质量的提高起着显著的促进作用。现代认知理论认为，写作是以书面语言表达观念的过程，是一种复杂的信息加工过程。作文困难的根本原因在于各种不同水平的信息加工的同时进行。为学生提供支架，就可以避免不同水平的信息加工同时进行，以降低作文的难度，让学习者经历一些更有写作经验的学生或教师所经历的思维过程，有助于学生对于写作中隐性知识地体悟与理解。通过学习支架，学生可以“模仿”“体验”“实践”的方式内化支架所蕴含的写作思维策略与问题解决方法，获得写作能力上的增长。

当下我们的老师最缺乏的是支架设计的意识和方法。在作文教学的课堂中，想帮助学生却不知从哪里使劲。支架的类型较多，“支架问题”最为常见。设计一些很有针对性的支架问题，就可以真正帮上学生一把。

上述案例中的六个问题的设计融合了读者意识（为谁写）、写作内容（写什么）、写作策略（怎么写）三个维度，对教师具有很高的专业素养要求，广大的一线老师要达到这样的水准，一定有不少的困难。倪文锦教授曾与笔者谈到作文教学的“支架问题”设计时，提出一种“变范文为问题”的思路。倪教授认为文章和文章的每一段都是在试图回答某一个问题，关键是我们要审辨出这些问题，并以这些问题作为那些写作有困难的学生的支架。我认为这是一个十分独特而又高明的思路，因为这样设计出的支架也一定是融合了上述三个维度的支架。对写作有困难的学生来说，当他们面对一篇又一篇的范文时，往往如同老虎吃刺猬，无处下口，实在不知去模仿和借鉴什么，但是，如果有具体问题的指引，状况一定会大大改观。这种“范文变支架问题”的支架设计策略的确值得我们进一步去探索与实践。

在教学实践中我们还可以换一个角度，结合不同的写作阶段来进行“支架问题”的设计。这里特别以美国六年级教材《语言的艺术》中的一个写作

单元的实例来进行说明。这是一个有关个人故事的写作单元，在预写、草稿、修改、校订和出版各个阶段都设计了由问题组成的支架系统。美国的写作教学无论是小学、初中还是高中都强调全过程指导，这些“支架问题”旨在每一阶段提醒学生注意相关事项，或每一阶段完成后让学生对照进行自查和反思，支持学生顺利有效地完成写作任务。

个人故事写作单元——“问题”清单

预写阶段

1. 你思考过你的写作目的和读者吗？
2. 你做了一份经历清单吗？
3. 你选好了题目并冥思苦想了吗？
4. 你用图表去组织你的想法了吗？
5. 你有没有用重要的细节去支撑你的主题思想？
6. 你需要调研吗？

草稿阶段

1. 你的故事适合你的写作目的和读者吗？
2. 你用了时间顺序的词语去呈现事件的顺序吗？
3. 你用了你的思想和情感去使你的写作具有个性吗？
4. 你用了能感觉到的细节去让你的读者脑海中浮现一幅想象的画面吗？
5. 你的中心思想清晰吗？你的细节能让读者感到自己就在故事里吗？

修改阶段

1. 你的故事适合你的写作目的和读者吗？
2. 你描述了一次个人经历吗？
3. 你故事的任何一部分都需要详写吗？
4. 你用了多彩的、精确的词语去描述你的经验和感受吗？
5. 你使用了时间顺序的词语讲述事件发生的时间吗？
6. 当你大声朗读时，句子通顺吗？
7. 你添加了有趣的标题吗？

校订阶段

1. 每个段落你空格了吗？
2. 你有没有把表达同样意思的句子组在一个段落里？
3. 你检查了难单词的拼写吗？

4. 你每句开头使用了大写字母以及每句最后使用了正确的标点符号吗?

5. 你的句子能连贯起来吗?该分段的地方分段了吗?

发表阶段

1. 我写作的目的是什么?我描述了一次个人的经历吗?

2. 我选择了一个能够引起读者兴趣的话题吗?

3. 我用了好的标题吗?

4. 我的句式有变化吗?我的句子通顺吗?

5. 每个句子结尾的标点符号正确吗?

6. 我正确地使用了复句吗?

7. 我用了时间顺序的词语去呈现事件的顺序吗?

8. 我用了特别的细节去让读者容易想象我的经历吗?

9. 我校对和改正了所有的错误吗?

尽管上文所列"问题"与育英老师的"六个问题"的设计思路并不相同,它们的主要作用是在写作各阶段提醒学生和便于学生对照自查和反思,但它们也正是围绕读者意识(为谁写)、写作内容(写什么)、写作策略(怎么写)三个维度展开的。这些"支架问题"与写作教学的每一阶段的任务紧密配合,操作性极强,值得我们学习和借鉴。我们可以将特定的写作内容和文体要求,转化为不同阶段的"支架问题",切实为学生提供必要的支持和帮助。

当然,在提供"支架问题"时,我们同样需要遵循与支架学习相关的一些原则。一是引导性原则:支架在于引导学生完成写作任务而不是替代学生完成写作任务。二是个性化原则:不同的学生需要不同的学习支架。三是适时性原则:支架提供的时机要恰当。四是渐退性原则:当学生能够完成写作任务时,支架就要逐渐移走,给学生更多的思考与表达的空间。

——摘自《语文教学通讯》,2012 年第 9 期

第七章 《阅读》《写作》课本教学课堂实录

一、从读到写的几点做法

根据《阅读》《写作》课本的编排体系和单元教学的目的要求，针对初一学生作文中存在的内容空洞、立意肤浅、语言贫乏的现象，采取一些具体做法，进行严格地写作训练，收到了一定的效果。

第一，充分发挥阅读课文的示范作用，从读学写，集中力量解决内容空洞的问题。

“从培养学生听、说、读、写四种能力的总的要求来看，只有切实、认真、有效地抓好学生阅读能力的培养，才可能达到全面推动听、说、写能力的提高。”在教学实践中，对这一点笔者深有体会，要上好写作课，首先必须上好阅读课，充分发挥阅读课文的示范作用，从读学写，是可以解决内容空洞的问题的。

在学习了《从百草园到三味书屋》后，老师问学生：“鲁迅笔下的百草园为什么那样有趣?”学生思考后回答说：“是由于作者写了他亲身经历过的事情。”接着教师指导学生阅读《写作》课本训练一的范文，然后让他们写自己的趣事。出了《夏天趣事》《童年趣事》《春节趣事》等练习作文题。有学生在《夏天趣事》中写道：“这里的蝴蝶可真多，也很好看。我们拿着衣服，我在左，他在右，同时向一只蝴蝶扑去，可是蝴蝶飞了，我俩却碰在了一起，我们都捂着额头大笑起来。”由于发挥了教材的示范作用，在这篇文章中，百草园的情趣洋溢其里，内容比较充实，语言也比较生动。

在学习了《小麻雀》《小桔灯》《驿路梨花》等课文时，老师随堂出了一些学生时时可见的现象为训练的题目。如《弟弟起床》《妈妈做饭》《爷爷吸烟》等，要求十分钟内完成，当堂读，当堂评。下面抄录一个学生写的《妹妹起床》：

“妹妹平时起得最早，今天是星期天，九点了她还不起床。我走到床边，只见她睡得正香呢。我折了一根扫帚穗儿，轻轻地扎了一下她的鼻孔，她嗯了一声，用手背揉了揉鼻子又睡着了。我不耐烦了，掀开被子拍她一巴掌，她才睁开了眼，仍旧懒洋洋地躺着。我刚想说她一顿，一看她那样子，不由笑了起来，你看她，泪痕还没干，好像做梦时哭过的样子，头发乱糟糟的，眼屎还糊在眼角上。”由于写了自己熟悉的事情，所以这段文章内容充实，遣词造句准确生动，妹妹起床时的形象跃然纸上。

在学习说明文单元时，笔者就让学生写《我的家》《我的学校》《我的笔盒》《我的课本封面》等题目。学习了景物描写单元，就让学生写雪；刮风，就写风；有雾，就写雾。总之，充分发挥阅读教材的示范作用，写自己熟悉的，常见的事物，就可以克服内容空洞的现象。

第二，认真阅读课文，领会作者写作意图，指导学生解决作文中立意肤浅的问题。

要解决好这个问题，关键仍然是上好阅读课，让学生了解“作者为什么而写作，针对性在哪里，表达了作者怎样的立场、观点和感情等”。然后从读学写，明确自己为什么而写作，要表达自己怎样的观点和感情等。这样进行写作训练，是解决学生作文中立意肤浅的一种方法。学习《荔枝蜜》一文后，老师提出这样的问题：作者在文章中表露了对蜜蜂的赞美，他的目的仅仅是为了赞美蜜蜂吗？并且重点讲解课文后面三段话对表达文章中心思想的作用，讲解以物喻人的表现手法，随堂出了《小树》《小鸟》《小溪》等练习作文题。下面抄录的一个学生写的《小鸡》：

“笃笃笃，迫不及待的小鸡使劲啄破了蛋壳，探出了尖尖的嘴巴，圆圆的脑袋，接着又从蛋壳里挣脱出了身体。一个小小的生命诞生了。它一身茸茸的黄毛，真是好看极了。它来到了一个向往已久的新世界，小鸡开始了自己的新生活。它感到这个世界是这样光明，这样美好，便抬起头，伸伸腿，想走一走，看一看，可是刚迈出第一步，就摔倒了。它并没有气馁，又站了起来，蹒跚地向前走去。我也要像小鸡一样，做一个顽强的人，绝不能向困难低头。”

这篇习作，以鸡喻人，语言活泼，立意新颖。这种练习说明，只要学生真正理解了课文中心及其表现手法，教师再有意识地进行引导，立意肤浅的问题是可以解决的。

在学习议论文单元时，学生感到比学习记叙文困难多一些。老师在讲了如何提出论点，运用论据，进行论证的知识后，重点讲《谈骨气》这篇文章，让学生比较清楚地了解作者是如何围绕论点来罗列论据的，并且结合阅读《写作》课本中的范文，出了《谈勤奋》《谈义气》《为科学献身》《赞坚持不懈》等练习作文题，要求学生当堂提出论点，在课外搜集论据。结果学生第一次写议论文就比较成功。一些学生写的作文《谈勤奋》，不但论点正确，而且文章层次清晰、论据充实。所举事例真是生动，有我国古代、现代以及国外的有关勤奋的名人轶事，谈古论今、纵横中外，文章很有气势。

在教学实践中，认真阅读课文，领会作者写作意图，进而从读学写，是解决学生作文立意肤浅的一种有效的方法。同时，这一种训练又起到了以写促读的作用，使学生更能准确、深刻地把握文章的中心思想。

第三，学习课文的表现方法，状物、记事、写人要抓住特征，解决语言贫乏的问题。

语言贫乏的原因是多方面的，解决的方法也很多，除了向生活学习，注意听，注意记，扩大课外阅读量等外，重要的方法还是在课堂上学。有意识地记一些词，背一些片段是必要的，但是领悟课文的表现方法，状物、记事、写人要抓住特征，也是解决学生语言贫乏、丰富学生词汇的一条途径。

学习《老山界》时，课文中有一段描写寂静的旷野夜景的话十分精彩，老师便引导学生从读学写，随堂出了《夜半雷声》《深夜蛙鸣》《清晨鸟啼》《小院夜景》《山村暮色》等练习作文题。有个学生在《夜半雷声》中写道："半夜，我被轰隆隆的一阵巨响惊醒，原来打雷啦！这声音像大海的波涛汹涌澎湃，像草原上万马驰骋飞奔，像神话中的天兵天将脚踩乌云，呐喊而来，像森林中的雄狮、猛虎乘着松涛，呼啸而出，像大山忽然崩裂，像高楼突然倒塌。后来听见下雨啦！雷声像鼓点阵阵，像鞭炮声声，不久渐渐远去了。"这篇短文学习《老山界》的表现手法，抓住夜半雷声的特征，连用八个比喻，逼真贴切，想象丰富。当堂朗读后，同学们一致认为写得好。

鲁迅在《从百草园到三味书屋》一文中描写景物时，抓住事物的特征，选词准确生动，使读者对百草园有如临其境的感觉。老师便引导学生向鲁迅学习，抓住特征，选词造句。首先进行夏天景物摹写练习，学生都争着回答：金黄色的麦田，绿油油的菜地，清凌凌的河水。到回答杏树时，发生了争议，有说黄色的，有说绿色，争来争去，有个学生说绿中透黄的杏树，老师立即给予表扬，学生的兴趣更浓了。接着又让学生用比喻进行状物描写，学生说：像大海一样波浪起伏的麦田，像地毯一样碧绿整齐的菜地，像飘飞的带子一样弯弯的小河。到杏树时又发生了争议，有个学生说穿着花衣裳的杏树，我又给予表扬。下课铃响了，大家举着手都不愿放下来。

在学习了小说单元之后，老师要求同学们写人时不但要形似，而且要传神，抓住人物的性格特点来刻画人物。我出了一个练习题，要求写本班的一个同学，但不准点名是谁，写完后读给大家听，让大家猜是谁。有个同学写道："我有个同学，个子矮矮的，他好像无时无刻不在动，即使坐在那儿，也没有半分钟的安静。他笑起来时，眼睛眯成一条缝，挤在鼻子两旁，一副滑稽样儿。他说起话来指手画脚，身子来回晃着，做错了事，脑袋就低低地垂了下来，可眼睛还不住地往上瞟着。"他还没有读完，学生就异口同声地喊"某某"。这段描写基本上做到了形神兼备，说明这位同学平时观察仔细，并能抓住特征，几笔勾勒出一个人物的形象来。

这种抓特征描写的训练，只要抓准了，学生作文时遣词造句就比较准确、形象、生动，这是解决语言贫乏的一个好办法。

写作教学的任务是培养学生的写作能力。要提高学生的写作能力，"不能只靠责任感，在很大程度上要靠兴趣"。如何培养学生的写作兴趣呢？主要还是教好《阅读》《写作》两本书。因为这套很有特色的教材，从单元编排、练习设计到写说训练、例文选择都始终注意培养学生听、说、读、写的兴趣和良好的学习习惯，指点学习的方法和自学的门路。只要我们抓好课堂教学，恰当地注意两本书的联系配合，学生的兴趣一定会从淡到浓。我们再适当加以引导，从课内引向课外，从两本书引向更多的书，从书本引向生活，学生的写作能力便会逐步得到提高。

二、《听潮》教读一得

现代著名作家王鲁彦的《听潮》，以潮前、初潮、涨潮、高潮、落潮为顺序，运用听觉、视觉、味觉、嗅觉、触觉等感官来捕捉描绘海潮涨落的情景，讴歌了大海的雄浑壮阔与无比威力。读后荡人心胸，促人上进。

这篇散文在写作上的一个突出特点，就是采取"五觉并用"的描写方法。学习掌握这种方法，是这篇文章的教学重点。下面边欣赏边分析，以便仔细体会这种方法的妙处。

"每天潮来的时候，听见海浪冲击岩石的音响，看见空际细雨似的，朝雾似的，暮烟似的飞沫升落；有时它带着腥气，带着咸味，一直冲进我们的窗棂，黏在我们的身上，润湿着房中的一切。"

这一段描写，五觉并用，妙笔生花。本来处于屋内，似乎除了远远的海浪声外，再无物可写，但作者将五觉同时起动，使得听有声，看有景，品嗅有味，触摸有感，状难写之景于目前，引万里之人于海边，细腻地描绘了"潮来"时的情景。

"海在我们脚下沉吟着，诗人一般。那声音仿佛是朦胧的月光和玫瑰的晨雾那样温柔；又像是情人的蜜语那样芳醇；低低地，轻轻地，像微风拂过琴弦；像落花飘零在水上。"

这是写潮前。有拟人，有比喻，有通感。海的"沉吟"，也许只能听得见，但作者的感受却是看得见的"朦胧的月光和玫瑰的晨雾"，是触得着的"温柔"，是品得到"芳醇"，至于"像微风拂过琴弦，像落花飘零在水上"，则将视听融在了一起。这是写潮前大海的静谧与温柔吗？是的，但更多的是写作者对大海的恋情，写作者的一种幻觉，一种"五觉化一"的美的幻觉。

作者写初潮，以听为主，以视为辅。"远寺的钟声"，波浪"汩汩的声音"，"岩石上就像铃子、铙钹、钟鼓在奏鸣着"，作者运用拟人、摹声、比喻等手法，把潮声由远到近，由小到大的变化惟妙惟肖地刻画了出来。

作者写涨潮，主要用视觉，拟物手法更是妙不可言。海"醒"了，喘气、转侧、打呵欠、伸懒腰、抹眼睛、用脚踢、用牙咬、用手推，并发出嗥叫，这不是一头顽皮的雄狮吗？

作者写高潮，首先是视觉描写。"海终于愤怒了"，一个拟物句，大海强悍的形象已跃然纸上。"它咆哮着，猛烈地冲向岸边袭击过来，冲进了岩石的罅隙里，又拨刺着岩石的壁垒。"连珠炮般地进攻，多么刚健，多么遒劲哟！正是这排山倒海之势，迸发出雷霆万钧之力。这就是海的气魄！这就是力的象征！

接着是听觉描写。"音响就越大了。战鼓声，金锣声，呐喊声，叫号声，啼哭声，马蹄声，车轮声，机翼声，掺杂在一起，像千军万马混战了起来。"作者"精骛八级，心游万仞"，"笼天地于形内，挫万物于笔端"（《文赋》），谱就了世界上最雄壮的战争交响乐。这里有远古战场上的"战鼓声""金锣声""呐喊声""马蹄声"，有士兵、百姓的"叫号声""啼哭声"，又有现代战场上的"车轮声""机翼声"，这简直是整个人类历史拼搏的乐章！只有大海，才有这样宽阔的胸襟，聚古今中外"风流人物"于一怀；只有大海，才有这样激昂的旋律，奏五洲四海奋斗精神于一曲。

下来是多觉描写。“银光消失了。海水疯狂地汹涌着，吞没了远近大小的岛屿。它从我们的脚下扑了过来”，这是视觉描写。那汹涌澎湃的狂涛，那吞没一切的狂涛，那气势磅礴的狂涛，是“阳刚之美”形象的体现，是“力量之神”愤怒的铁拳。“响雷般地怒吼着”，是听觉描写。能响彻宇宙的是雷声，能摄人魂魄的是雷声，“响雷般地怒吼”是大海在唱振聋发聩的战歌。“一阵阵将满含着血腥的浪花泼溅在我们身上”，则视觉、嗅觉、触觉并用。浪花为什么要“满含着血腥”，浪花为什么要“泼溅在我们身上”，莫非是让我们接受一次战斗的洗礼？我们还是来听听作者的赞语吧，“这是伟大的乐章，海的美就在这里”。

这篇文章写得这样美，这样感染人，无疑“五觉并用”的描写方法发挥了神力。要使学生学有所得，学以致用，就必须通过一定的训练，使他们掌握这种方法。下面抄录一位初二学生写的作文《风》中的一段，以引起好学者的兴趣。

“沙沙，沙沙（听觉），噢，起风了。微风徐来，像一块透明的纱巾，在人脸上拂来拂去，怪舒服的（触觉）。迎着风深深一吸，然后仔细辨别，这风夹着泥土淡淡的芬芳，小草的气息（嗅觉），这味儿还有点甜呢（味觉）。啊！风渐渐地大了，顺着“呼呼”的响声寻去（听觉），这山脚下一层白色的海涛涌过来了（视觉）。”

第八章 结　语

通过对“支架式教学模式引导下语文写作教学实践研究”这一课题的研究，笔者对写作教学的难度有了进一步的认识，对支架式教学模式也有了更深入的了解。支架式教学模式强调以学生为主体，这也顺应了教育更多关注学生的发展潮流，二者的结合是非常有建设性的和现实意义的。

本书首先从文献入手，提出问题、分析问题、最后解决问题，系统地论述了语文写作教学的内涵、支架式教学模式的基本理论与理论基础，以及二者相互结合的实践研究，本文的核心正在于此。理论需要实践的检验，对于语文写作教学来说，实践检验的有力证据就是同学们的接受程度与课上课下的效果。写作不同于其他，这是一项在潜移默化中逐渐发展的语文能力，是一个不能快速收效的整体素养，本文所做的研究仅仅是冰山一角，是不成熟的尝试与设想，希望今后能更进一步地在真实的课堂上尝试、检验这一研究，以期真正促进语文写作教学研究的进一步深入。

限于笔者能力不足，视角也不够全面，掌握和运用的理论知识也不够充分，尤其是在实践方面严重欠缺，了解到的一手的教学资源有限，理论的探讨和实践的分析不免以偏概全。这些问题相信会在笔者以后的理论研究和实践探索中逐步解决。

附录 1

语文写作学习情况调查

同学们：请你根据自己的学习实际情况及真实想法填写问卷，你提供的所有信息都会对我的教学改进工作产生影响，同时问卷以不记名的方式填写。对于所提的问题，请你把“√”画在你选定的代码上，衷心感谢你的支持！

1. 你对语文写作有兴趣吗？

A. 有　B. 一般　C. 没有

2. 你花在语文写作上的时间多吗？

A. 很多　B. 一般　C. 很少

3. 你认为语文写作。______

A. 不难　B. 难　C. 非常难

4. 你在课余时间写作。______

A. 每天　B. 每周 2～3 次　C. 从不

5. 你对语文教师的写作教学方法满意吗？

A. 很满意　B. 一般满意　C. 不满意

6. 你参与写作课堂活动次数______

A. 较多　B. 一般　C. 较少

7. 你______参与课堂学习活动。

A. 乐意　B. 不太乐意　C. 讨厌

8. 你满意你作文的成绩吗？

A. 满意　B. 一般　C. 不满意

9. 你对提高写作水平有信心吗？

A. 很有信心　B. 有一点　C. 没有

10. 你在写作训练过程中。______

A. 经常与同学探讨　B. 偶尔与同学探讨

C. 从不与同学探讨

11. 在语文学习中，我____接受同学的帮助

A. 乐意　B. 不太乐意　C. 讨厌

12. 在语文学习中，我能够与别人交流。____

A. 完全同意　B. 同意

C. 不同意　D. 完全不同意

13. 在语文学习中，我能够信赖别人。______

A. 完全同意　B. 同意

C. 不同意　D. 完全不同意

14. 在语文学习中，我能够与别人一起分享。______

A. 完全同意　B. 同意

C. 不同意　D. 完全不同意

15. 在语文学习中，我认为合作是有帮助的。______

A. 完全同意　B. 同意

C. 不同意　D. 完全不同意

附录 2

义务教育语文课程标准

（2011 年版）

第一部分　前　言

语言文字是人类最重要的交际工具和信息载体，是人类文化的重要组成部分。语言文字的运用，包括生活、工作和学习中的听说读写活动以及文学活动，存在于人类生活的各个领域。当今世界，经济全球化趋势日渐增强，现代科学和信息技术迅猛发展，新的交流媒介不断出现，给社会语言生活带来巨大变化，对中华民族优秀传统文化的继承，对语言文字运用的规范带来新的挑战。时代的进步要求人们具有开阔的视野、开放的心态、创新的思维，对人们的语言文字运用能力和文化选择能力提出了更高的要求，也给语文教育的发展提出了新的课题。

语文课程致力于培养学生的语言文字运用能力，提升学生的综合素养，为学好其他课程打下基础；为学生形成正确的世界观、人生观、价值观，形成良好个性和健全人格打下基础；为学生的全面发展和终身发展打下基础。语文课程对继承和弘扬中华民族优秀文化传统和革命传统，增强民族文化认同感，增强民族凝聚力和创造力，具有不可替代的优势。语文课程的多重功能和奠基作用，决定了它在九年义务教育中的重要地位。

一、课程性质

语文课程是一门学习语言文字运用的综合性、实践性课程。义务教育阶段的语文课程，应使学生初步学会运用祖国语言文字进行交流沟通，吸收古今中外优秀文化，提高思想文化修养，促进自身精神成长。工具性与人文性的统一，是语文课程的基本特点。

二、课程基本理念

（一）全面提高学生的语文素养

九年义务教育阶段的语文课程，必须面向全体学生，使学生获得基本的语文素养。

语文课程应激发和培育学生热爱祖国语文的思想感情，引导学生丰富语言积累，培养语感，发展思维，初步掌握学习语文的基本方法，养成良好的学习习惯，具有适应实际生活需要的识字写字能力、阅读能力、写作能力、口语交际能力，正确运用祖国语言文字。语文课程还应通过优秀文化的熏陶感染，促进学生和谐发展，使他们提高思想道德修养和审美情趣，逐步形成良好的个性和健全的人格。

（二）正确把握语文教育的特点

语文课程丰富的人文内涵对学生精神世界的影响是广泛而深刻的，学生对语文材料的感受和理解又往往是多元的。因此，应该重视语文课程对学生思想情感所起的熏陶感染作用，注意课程内容的价值取向，要继承和发扬中华优秀文化传统和革命传统，体现社会主义核心价值体系的引领作用，突出中国特色社会主义共同理想，弘扬以爱国主义为核心的民族精神和以改革创新为核心的时代精神，树立社会主义荣辱观，培养良好思想道德风尚，同时也要尊重学生在语文学习过程中的独特体验。

语文课程是实践性课程，应着重培养学生的语文实践能力，而培养这种能力的主要途径也应是语文实践。语文课程是学生学习运用祖国语言文字的课程，学习资源和实践机会无处不在，无时不有。因而，应该让学生多读多写，日积月累，在大量的语文实践中体会、把握运用语文的规律。

语文课程应特别关注汉语言文字的特点对学生识字写字、阅读、写作、口语交际和思维发展等方面的影响，在教学中尤其要重视培养良好的语感和整体把握的能力。

（三）积极倡导自主、合作、探究的学习方式

学生是学习的主体。语文课程必须根据学生身心发展和语文学习的特点，爱护学生的好奇心、求知欲，鼓励自主阅读、自由表达，充分激发他们的问题

意识和进取精神，关注个体差异和不同的学习需求，积极倡导自主、合作、探究的学习方式。教学内容的确定，教学方法的选择，评价方式的设计，都应有助于这种学习方式的形成。

语文学习应注重听说读写的相互联系，注重语文与生活的结合，注重知识与能力、过程与方法、情感态度与价值观的整体发展。综合性学习既符合语文教育的传统，又具有现代社会的学习特征，有利于学生在感兴趣的自主活动中全面提高语文素养，有利于培养学生主动探究、团结合作、勇于创新的精神，应该积极提倡。

（四）努力建设开放而有活力的语文课程

语文课程的建设应继承我国语文教育的优良传统，注重读书、积累和感悟，注重整体把握和熏陶感染；同时应密切关注现代社会发展的需要。拓宽语文学习和运用的领域，注重跨学科的学习和现代科技手段的运用，使学生在不同内容和方法的相互交叉、渗透和整合中开阔视野，提高学习效率，初步养成现代社会所需要的语文素养。

语文课程应该是开放而富有创新活力的。要尽可能满足不同地区、不同学校、不同学生的需求，确立适应时代需要的课程目标，开发与之相适应的课程资源，形成相对稳定而又灵活的实施机制，不断地自我调节、更新发展。

三、课程设计思路

1. 九年义务教育语文课程，应以邓小平理论和“三个代表”重要思想为指导，深入贯彻落实科学发展观，坚持以人为本，继承我国语文教育的优良传统，汲取当代语文教育科学理论的精髓，借鉴国外母语教育改革的经验，遵循语文教育的规律，努力提高学生的语文素养，为弘扬民族精神、增强民族创造力和凝聚力、培养德智体美全面发展的社会主义建设者和接班人，发挥积极的作用，为学生的终身发展奠定基础。

2. 语文课程应注重引导学生多读书、多积累，重视语言文字运用的实践，在实践中领悟文化内涵和语文应用规律。

3. 课程目标九年一贯整体设计。课程标准在“总目标”之下，按 1～2 年级、3～4 年级、5～6 年级、7～9 年级四个学段，分别提出“学段目标与内容”，体现语文课程的整体性和阶段性。各个学段相互联系，螺旋上升，最终全面达成总目标。

4. 学段目标与内容从“识字与写字”“阅读”“写作”（第一学段为“写话”，第二、第三学段为“习作”）“口语交际”四个方面提出要求。课程标准还提出了“综合性学习”的要求，以加强语文课程内部诸多方面的联系，加强与其他课程以及与生活的联系，促进学生语文素养全面协调地发展。

5. 课程标准的“实施建议”部分，对教学、评价、教材编写，以及课程资源的开发与利用等提出了实施的原则、方法和策略，也为具体实施留有创造的空间。

第二部分　课程目标与内容

一、总体目标与内容

课程目标从知识与能力、过程与方法、情感态度与价值观三个方面设计。三者相互渗透，融为一体。目标的设计着眼于语文素养的整体提高。

1. 在语文学习过程中，培养爱国主义、集体主义、社会主义思想道德和健康的审美情趣，发展个性，培养创新精神和合作精神，逐步形成积极的人生态度和正确的世界观、价值观。

2. 认识中华文化的丰厚博大，汲取民族文化智慧。关心当代文化生活，尊重多样文化，吸收人类优秀文化的营养，提高文化品位。

3. 培育热爱祖国语言文字的情感，增强学习语文的自信心，养成良好的语文学习习惯，初步掌握学习语文的基本方法。

4. 在发展语言能力的同时，发展思维能力，学习科学的思想方法，逐步养成实事求是、崇尚真知的科学态度。

5. 能主动进行探究性学习，激发想象力和创造潜能，在实践中学习和运用语文。

6. 学会汉语拼音。能说普通话。认识3500个左右常用汉字。能正确工整地书写汉字，并有一定的速度。

7. 具有独立阅读的能力，学会运用多种阅读方法。有较为丰富的积累和良好的语感，注重情感体验，发展感受和理解的能力。能阅读日常的书报杂志，能初步鉴赏文学作品，丰富自己的精神世界。能借助工具书阅读浅易文言文。背诵优秀诗文240篇（段）。九年课外阅读总量应在400万字以上。

8. 能具体明确、文从字顺地表达自己的见闻、体验和想法。能根据需要，运用常见的表达方式写作，发展书面语言运用能力。

9. 具有日常口语交际的基本能力，学会倾听、表达与交流，初步学会运用口头语言文明地进行人际沟通和社会交往。

10. 学会使用常用的语文工具书。初步具备搜集和处理信息的能力，积极尝试运用新技术和多种媒体学习语文。

二、学段目标与内容

第一学段（1～2 年级）

（一）识字与写字

1. 喜欢学习汉字，有主动识字、写字的愿望。

2. 认识常用汉字 1600 个左右，其中 800 个左右会写。

3. 掌握汉字的基本笔画和常用的偏旁部首，能按笔顺规则用硬笔写字，注意间架结构。初步感受汉字的形体美。

4. 努力养成良好的写字习惯，写字姿势正确，书写规范、端正、整洁。

5. 学会汉语拼音。能读准声母、韵母、声调和整体认读音节。能准确地拼读音节，正确书写声母、韵母和音节。认识大写字母，熟记《汉语拼音字母表》。

6. 学习独立识字。能借助汉语拼音认读汉字，学会用音序检字法和部首检字法查字典。

（二）阅读

1. 喜欢阅读，感受阅读的乐趣。养成爱护图书的习惯。

2. 学习用普通话正确、流利、有感情地朗读课文。学习默读。

3. 结合上下文和生活实际了解课文中词句的意思，在阅读中积累词语。借助读物中的图画阅读。

4. 阅读浅近的童话、寓言、故事，向往美好的情境，关心自然和生命，对感兴趣的人物和事件有自己的感受和想法，并乐于与人交流。

5. 诵读儿歌、儿童诗和浅近的古诗，展开想象，获得初步的情感体验，感受语言的优美。

6. 认识课文中出现的常用标点符号。在阅读中体会句号、问号、感叹号所表达的不同语气。

7. 积累自己喜欢的成语和格言警句。背诵优秀诗文 50 篇（段）。课外阅读总量不少于5万字。

（三）写话

1. 对写话有兴趣，留心周围事物，写自己想说的话，写想象中的事物。

2. 在写话中乐于运用阅读和生活中学到的词语。

3. 根据表达的需要，学习使用逗号、句号、问号、感叹号。

（四）口语交际

1. 学说普通话，逐步养成讲普通话的习惯。

2. 能认真听别人讲话，努力了解讲话的主要内容。

3. 听故事、看音像作品，能复述大意和自己感兴趣的情节。

4. 能较完整地讲述小故事，能简要讲述自己感兴趣的见闻。

5. 与别人交谈，态度自然大方，有礼貌。

6. 有表达的自信心。积极参加讨论，敢于发表自己的意见。

（五）综合性学习

1. 对周围事物有好奇心，能就感兴趣的内容提出问题，结合课内外阅读共同讨论。

2. 结合语文学习，观察大自然，用口头或图文等方式表达自己的观察所得。

3. 热心参加校园、社区活动。结合活动，用口头或图文等方式表达自己的见闻和想法。

第二学段（3～4年级）

（一）识字与写字

1. 对学习汉字有浓厚的兴趣，养成主动识字的习惯。

2. 累计认识常用汉字2500个左右，其中1600个左右会写。

3. 有初步的独立识字能力。会运用音序检字法和部首检字法查字典、词典。

4. 能使用硬笔熟练地书写正楷字，做到规范、端正、整洁。用毛笔临摹正楷字帖。

5. 写字姿势正确，有良好的书写习惯。

（二）阅读

1. 用普通话正确、流利、有感情地朗读课文。

2. 初步学会默读，做到不出声，不指读。学习略读，粗知文章大意。

3. 能联系上下文，理解词句的意思，体会课文中关键词句表达情意的作用。能借助字典、词典和生活积累，理解生词的意义。

4. 能初步把握文章的主要内容，体会文章表达的思想感情。能对课文中不理解的地方提出疑问。

5. 能复述叙事性作品的大意，初步感受作品中生动的形象和优美的语言，关心作品中人物的命运和喜怒哀乐，与他人交流自己的阅读感受。

6. 诵读优秀诗文，注意在诵读过程中体验情感，展开想象，领悟诗文大意。

7. 在理解语句的过程中，体会句号与逗号的不同用法，了解冒号、引号的一般用法。

8. 积累课文中的优美词语、精彩句段，以及在课外阅读和生活中获得的语言材料。背诵优秀诗文 50 篇（段）。

9. 养成读书看报的习惯，收藏图书资料，乐于与同学交流。课外阅读总量不少于 40 万字。

（三）习作

1. 乐于书面表达，增强习作的自信心。愿意与他人分享习作的快乐。

2. 观察周围世界，能不拘形式地写下自己的见闻、感受和想象，注意把自己觉得新奇有趣或印象最深、最受感动的内容写清楚。

3. 能用简短的书信、便条进行交流。

4. 尝试在习作中运用自己平时积累的语言材料，特别是有新鲜感的词句。

5. 学习修改习作中有明显错误的词句。根据表达的需要，正确使用冒号、引号等标点符号。

6. 课内习作每学年 16 次左右。

（四）口语交际

1. 能用普通话交谈。学会认真倾听，能就不理解的地方向人请教，就不同的意见与人商讨。

2. 听人说话能把握主要内容，并能简要转述。

3. 能清楚明白地讲述见闻，说出自己的感受和想法。讲述故事力求具体生动。

（五）综合性学习

1. 能提出学习和生活中的问题，有目的地搜集资料，共同讨论。

2. 结合语文学习，观察大自然，观察社会，用书面或口头方式表达自己的观察所得。

3. 能在教师的指导下组织有趣味的语文活动，在活动中学习语文，学会合作。

4. 在家庭生活、学校生活中，尝试运用语文知识和能力解决简单问题。

第三学段（5～6 年级）

（一）识字与写字

1. 有较强的独立识字能力。累计认识常用汉字 3000 个左右，其中 2500 个左右会写。

2. 硬笔书写楷书，行款整齐，力求美观，有一定的速度。

3. 能用毛笔书写楷书，在书写中体会汉字的优美。

4. 写字姿势正确，有良好的书写习惯。

（二）阅读

1. 能用普通话正确、流利、有感情地朗读课文。

2. 默读有一定的速度，默读一般读物每分钟不少于 300 字。学习浏览，扩大知识面，根据需要搜集信息。

3. 能联系上下文和自己的积累，推想课文中有关词句的意思，辨别词语的感情色彩，体会其表达效果。

4. 在阅读中了解文章的表达顺序，体会作者的思想感情，初步领悟文章的基本表达方法。在交流和讨论中，敢于提出看法，做出自己的判断。

5. 阅读叙事性作品，了解事件梗概，能简单描述自己印象最深的场景、人物、细节，说出自己的喜爱、憎恶、崇敬、向往、同情等感受。阅读诗歌，大体把握诗意，想象诗歌描述的情境，体会作品的情感。受到优秀作品的感染和激励，向往和追求美好的理想。阅读说明性文章，能抓住要点，了解文章的基本说明方法。阅读简单的非连续性文本，能从图文等组合材料中找出有价值的信息。

6. 在理解课文的过程中，体会顿号与逗号、分号与句号的不同用法。

7. 诵读优秀诗文，注意通过语调、韵律、节奏等体味作品的内容和情感。

背诵优秀诗文 60 篇（段）。

8. 扩展阅读面。课外阅读总量不少于 100 万字。

（三）习作

1. 懂得写作是为了自我表达和与人交流。

2. 养成留心观察周围事物的习惯，有意识地丰富自己的见闻，珍视个人的独特感受，积累习作素材。

3. 能写简单的记实作文和想象作文，内容具体，感情真实。能根据内容表达的需要，分段表述。学写读书笔记，学写常见应用文。

4. 修改自己的习作，并主动与他人交换修改，做到语句通顺，行款正确，书写规范、整洁。根据表达需要，正确使用常用的标点符号。

5. 习作要有一定速度。课内习作每学年 16 次左右。

（四）口语交际

1. 与人交流能尊重和理解对方。

2. 乐于参与讨论，敢于发表自己的意见。

3. 听人说话认真、耐心，能抓住要点，并能简要转述。

4. 表达有条理，语气、语调适当。

5. 能根据对象和场合，稍作准备，作简单的发言。

6. 注意语言美，抵制不文明的语言。

（五）综合性学习

1. 为解决与学习和生活相关的问题，利用图书馆、网络等信息渠道获取资料，尝试写简单的研究报告。

2. 策划简单的校园活动和社会活动，对所策划的主题进行讨论和分析，学写活动计划和活动总结。

3. 对自己身边的、大家共同关注的问题，或电视、电影中的故事和形象，组织讨论、专题演讲，学习辨别是非、善恶、美丑。

4. 初步了解查找资料、运用资料的基本方法。

第四学段（7～9 年级）

（一）识字与写字

1. 能熟练地使用字典、词典独立识字，会用多种检字方法。累计认识常用汉字 3500 个左右。

2. 在使用硬笔熟练地书写正楷字的基础上，学写规范、通行的行楷字，提高书写的速度。

3. 临摹名家书法，体会书法的审美价值。

4. 写字姿势正确，有良好的书写习惯。

（二）阅读

1. 能用普通话正确、流利、有感情地朗读。

2. 养成默读习惯，有一定的速度，阅读一般的现代文，每分钟不少于500字。能较熟练地运用略读和浏览的方法，扩大阅读范围。

3. 在通读课文的基础上，理清思路，理解、分析主要内容，体味和推敲重要词句在语言环境中的意义和作用。

4. 对课文的内容和表达有自己的心得，能提出自己的看法，并能运用合作的方式，共同探讨、分析、解决疑难问题。

5. 在阅读中了解叙述、描写、说明、议论、抒情等表达方式。

6. 能够区分写实作品与虚构作品，了解诗歌、散文、小说、戏剧等文学样式。

7. 欣赏文学作品，有自己的情感体验，初步领悟作品的内涵，从中获得对自然、社会、人生的有益启示。对作品中感人的情境和形象，能说出自己的体验；品味作品中富于表现力的语言。

8. 阅读简单的议论文，区分观点与材料（道理、事实、数据、图表等），发现观点与材料之间的联系，并通过自己的思考，作出判断。阅读新闻和说明性文章，能把握文章的基本观点，获取主要信息。阅读科技作品，还应注意领会作品中所体现的科学精神和科学思想方法。阅读由多种材料组合、较为复杂的非连续性文本，能领会文本的意思，得出有意义的结论。

9. 诵读古代诗词，阅读浅易文言文，能借助注释和工具书理解基本内容。注重积累、感悟和运用，提高自己的欣赏品位。

10. 随文学习基本的词汇、语法知识，用来帮助理解课文中的语言难点；了解常用的修辞方法，体会它们在课文中的表达效果。了解课文涉及的重要作家作品知识和文化常识。

11. 能利用图书馆、网络搜集自己需要的信息和资料，帮助阅读。

12. 学会制订自己的阅读计划，广泛阅读各种类型的读物，课外阅读总量不少于260万字，每学年阅读两三部名著。背诵优秀诗文80篇（段）。

（三）写作

1. 写作要有真情实感，力求表达自己对自然、社会、人生的感受、体验和思考。

2. 多角度观察生活，发现生活的丰富多彩，能抓住事物的特征，有自己的感受和认识，表达力求有创意。

3. 注重写作过程中搜集素材、构思立意、列纲起草、修改加工等环节，提高独立写作的能力。

4. 写作时考虑不同的目的和对象。根据表达的需要，围绕表达中心，选择恰当的表达方式。合理安排内容的先后和详略，条理清楚地表达自己的意思。运用联想和想象，丰富表达的内容。正确使用常用的标点符号。

5. 写记叙性文章，表达意图明确，内容具体充实；写简单的说明性文章，做到明白清楚；写简单的议论性文章，做到观点明确，有理有据；根据生活需要，写常见应用文。

6. 能从文章中提取主要信息，进行缩写；能根据文章的基本内容和自己的合理想象，进行扩写；能变换文章的文体或表达方式等，进行改写。

7. 根据表达的需要，借助语感和语文常识，修改自己的作文，做到文从字顺。能与他人交流写作心得，互相评改作文，以分享感受，沟通见解。

8. 作文每学年一般不少于 14 次，其他练笔不少于 1 万字，45 分钟能完成不少于 500 字的习作。

（四）口语交际

1. 注意对象和场合，学习文明得体地交流。

2. 耐心专注地倾听，能根据对方的话语、表情、手势等，理解对方的观点和意图。

3. 自信、负责地表达自己的观点，做到清楚、连贯、不偏离话题。

4. 注意表情和语气，根据需要调整自己的表达内容和方式，不断提高应对能力，增强感染力和说服力。

5. 讲述见闻，内容具体、语言生动。复述转述，完整准确、突出要点。能就适当的话题作即席讲话和有准备的主题演讲，有自己的观点，有一定说服力。

6. 讨论问题，能积极发表自己的看法，有中心、有根据、有条理。能听出讨论的焦点，并能有针对性地发表意见。

（五）综合性学习

1. 自主组织文学活动，在办刊、演出、讨论等活动过程中，体验合作与成功的喜悦。

2. 能提出学习和生活中感兴趣的问题，共同讨论，选出研究主题，制订简单的研究计划。能从书刊或其他媒体中获取有关资料，讨论分析问题，独立或合作写出简单的研究报告。

3. 关心学校、本地区和国内外大事，就共同关注的热点问题，搜集资料，调查访问，相互讨论，能用文字、图表、图画、照片等展示学习成果。

4. 掌握查找资料、引用资料的基本方法，分清原始资料与间接资料的主要差别，学会注明所援引资料的出处。

第三部分　实施建议

一、教学建议

（一）充分发挥师生双方在教学中的主动性和创造性

学生是语文学习的主体，教师是学习活动的组织者和引导者。语文教学应在师生平等对话的过程中进行。

语文教学应激发学生的学习兴趣，培养学生自主学习的意识和习惯，引导学生掌握语文学习的方法，为学生创设有利于自主、合作、探究学习的环境。应尊重学生的个体差异，鼓励学生选择适合自己的学习方式。

教师应确立适应社会发展和学生需求的语文教育观念，注重吸收新知识，不断提高自身的综合素养。应认真钻研教材，正确理解、把握教材内容，创造性地使用教材；积极开发、合理利用课程资源，灵活运用多种教学策略和现代教育技术，努力探索网络环境下新的教学方式；精心设计和组织教学活动，重视启发式、讨论式教学，启迪学生智慧，提高语文教学质量。

（二）教学中努力体现语文课程的实践性和综合性

教师应努力改进课堂教学，整体考虑知识与能力、过程与方法、情感态度与价值观的综合，注重听说读写之间的有机联系，加强教学内容的整合，统筹安排教学活动，促进学生语文素养的整体提高。

重视学生读书、写作、口语交际、搜集处理信息等语文实践，提倡多读多写，改变机械、粗糙、繁琐的作业方式，让学生在语文实践中学习语文，学会学习。善于通过专题学习等方式，沟通课堂内外，沟通听说读写，增加学生语文实践的机会。充分利用学校、家庭和社区等教育资源，开展综合性学习活动，拓宽学生的学习空间。

（三）重视情感、态度、价值观的正确导向

培养学生正确的思想观念、科学的思维方式、高尚的道德情操、健康的审美情趣和积极的人生态度，是与帮助他们掌握学习方法、提高语文能力的过程融为一体的，不应该当作外在的附加任务。应该根据语文学科的特点，注重熏陶感染，潜移默化，把这些内容渗透于日常的教学过程之中。

（四）重视培养学生的创新精神和实践能力

语文教学要注重语言的积累、感悟和运用，注重基本技能训练，让学生打好扎实的语文基础。尤其要注重激发学生的好奇心、求知欲，发展学生的思维，培养想象力，开发创造潜能，提高学生发现、分析和解决问题的能力，提高语文综合应用能力。

（五）具体建议

学生生理、心理以及语言能力的发展具有阶段性特征，不同内容的教学也有各自的规律，应该根据不同学段学生的特点和不同的教学内容，采取合适的教学策略。

1. 关于识字、写字与汉语拼音教学

识字、写字是阅读和写作的基础，是第一学段的教学重点，也是贯串整个义务教育阶段的重要教学内容。

低年级阶段学生“会认”与“会写”的字量要求有所不同。在教学过程中要“多认少写”，要求学生会认的字不一定同时要求会写。本标准附有“识字、写字教学基本字表”，建议先认先写“字表”中的300个字，逐步发展识字写字能力。

识字教学要注意儿童特点，将学生熟识的语言因素作为主要材料，结合学生的生活经验，引导他们利用各种机会主动识字，力求识用结合。

要运用多种识字教学方法和形象直观的教学手段，创设丰富多彩的教学情境，提高识字教学效率。

按照规范要求认真写好汉字是教学的基本要求，练字的过程也是学生性情、态度、审美趣味养成的过程。每个学段都要指导学生写好汉字。要求学生写字姿势正确，指导学生掌握基本的书写技能，养成良好的书写习惯，提高书写质量。第一、第二、第三学段，要在每天的语文课中安排10分钟，在教师指导下随堂练习，做到天天练。要在日常书写中增强练字意识，讲究练字效果。

汉语拼音教学要尽可能有趣味性，宜多采用活动和游戏的形式，应与学说普通话、识字教学相结合，注意汉语拼音在现实语言生活中的运用。

2. 关于阅读教学

阅读是运用语言文字获取信息、认识世界、发展思维、获得审美体验的重要途径。阅读教学是学生、教师、教科书编者、文本之间对话的过程。

阅读是学生的个性化行为。阅读教学应引导学生钻研文本，在主动积极的思维和情感活动中，加深理解和体验，有所感悟和思考，受到情感熏陶，获得思想启迪，享受审美乐趣。要珍视学生独特的感受、体验和理解。教师应加强对学生阅读的指导、引领和点拨，但不应以教师的分析来代替学生的阅读实践，不应以模式化的解读来代替学生的体验和思考；要善于通过合作学习解决阅读中的问题，但也要防止用集体讨论来代替个人阅读。

阅读教学应注重培养学生感受、理解、欣赏和评价的能力。这种综合能力的培养，各学段可以有所侧重，但不应把它们机械地割裂开来。

在理解课文的基础上，提倡多角度、有创意的阅读，利用阅读期待、阅读反思和批判等环节，拓展思维空间，提高阅读质量。但要防止逐字逐句的过深分析和远离文本的过度发挥。

各个学段的阅读教学都要重视朗读和默读。各学段关于朗读的目标中都要求“有感情地朗读”，这是指，要让学生在朗读中通过品味语言，体会作者及作品中的情感态度，学习用恰当的语气语调朗读，表现自己对作者及其作品情感态度的理解。朗读要提倡自然，要摒弃矫情做作的腔调。

应加强对阅读方法的指导，让学生逐步学会精读、略读和浏览。有些诗文应要求学生诵读，以利于丰富积累，增强体验，培养语感。

在阅读教学中，为了帮助理解课文，可以引导学生随文学习必要的语文知识，但不能脱离语文运用的实际去进行“系统”的讲授和操练，更不应要求学生死记硬背概念、定义。

要重视培养学生广泛的阅读兴趣，扩大阅读面，增加阅读量，提高阅读品位。提倡少做题，多读书，好读书，读好书，读整本的书。关注学生通过多种媒介的阅读，鼓励学生自主选择优秀的阅读材料。加强对课外阅读的指导，开展各种课外阅读活动，创造展示与交流的机会，营造人人爱读书的良好氛围。

3. 关于写作教学

写作是运用语言文字进行表达和交流的重要方式，是认识世界、认识自我、创造性表述的过程。写作能力是语文素养的综合体现。写作教学应贴近学生实际，让学生易于动笔，乐于表达，应引导学生关注现实，热爱生活，积极向上，表达真情实感。

关于“写作”的目标，第一学段定位于“写话”，第二学段开始“习作”，这是为了降低学生写作起始阶段的难度，重在培养学生的写作兴趣和自信心。

在写作教学中，应注重培养学生观察、思考、表达和创造的能力。要求学生说真话、实话、心里话，不说假话、空话、套话，并且抵制抄袭行为。

为学生的自主写作提供有利条件和广阔空间，减少对学生写作的束缚，鼓励自由表达和有创意的表达。鼓励写想象中的事物，加强平时练笔指导，改进作文命题方式，提倡学生自主选题。

写作教学应抓住取材、构思、起草、加工等环节，指导学生在写作实践中学会写作。重视引导学生在自我修改和相互修改的过程中提高写作能力。

要重视写作教学与阅读教学、口语交际教学之间的联系，善于将读与写、说与写有机结合，相互促进。要关注作文的书写质量，要使学生把作文的书写也当作练字的过程。

积极合理利用信息技术与网络的优势，丰富写作形式，激发写作兴趣，增加学生创造性表达、展示交流与互相评改的机会。

4. 关于口语交际教学

口语交际能力是现代公民的必备能力。应培养学生倾听、表达和应对的能力，使学生具有文明和谐地进行人际交流的素养。

口语交际是听与说双方的互动过程。教学活动主要应在具体的交际情境中进行，不宜采用大量讲授口语交际原则、要领的方式。应努力选择贴近生活的话题，采用灵活的形式组织教学。

重视在语文课堂教学中培养口语交际的能力，鼓励学生在各科教学活动以及日常生活中锻炼口语交际能力。

5. 关于综合性学习

综合性学习主要体现为语文知识的综合运用、听说读写能力的整体发展、语文课程与其他课程的沟通、书本学习与生活实践的紧密结合。

综合性学习应贴近现实生活。联系生活中的实际问题开展学习活动，在实现语文学习目标的同时，提高对自然、社会现象与问题的认识，追求积极、健康、和谐的生活方式，增强抵御风险和侵害的意识，增强在与自然、社会和他人互动中的应对能力。

综合性学习应突出学生的自主性，重视学生主动积极的参与精神，主要由学生自行设计和组织活动，特别注重探索和研究的过程，要加强教师在各环节中的指导作用。

综合性学习应强调合作精神，注意培养学生策划、组织、协调和实施的能力。

综合性学习的设计应开放、多元，提倡与其他课程相结合，开展跨领域学习。跨学科学习，也应以提高学生语文素养为目的。

积极构建网络环境下的学习平台，拓展学生学习和创造的空间，支持和丰富语文综合性学习。

6. 关于语法修辞知识

本标准“学段目标与内容”中涉及语音、文字、词汇、语法、修辞、文体、文学等丰富的知识内容。在教学中应根据语文运用的实际需要，从所遇到的具体语言实例出发进行指导和点拨。指导与点拨的目的是为了帮助学生更好地识字、写字、阅读与表达，形成一定的语言应用能力和良好的语感，而不在于对知识系统的记忆。因此，要避免脱离实际运用，围绕相关知识的概念、定义进行“系统、完整”的讲授与操练。

本标准通过所附的“语法修辞知识要点”对相关内容略加展开，大致规定教学中点拨的范围和难度；这一部分提到有关的名称，则便于教师在引导学生认识语言现象和问题时称说。关于语言结构和运用的规律，须让学生在具有比较丰富的语言积累和良好语感的基础上，在实际运用中逐步体味把握。

二、评价建议

语文课程评价的根本目的是为了促进学生学习，改善教师教学。语文课程评价应准确反映学生的学习水平和学习状况，全面落实语文课程目标。应充分发挥语文课程评价的多重功能，恰当运用多种评价方式，注重评价主体的多元与互动，突出语文课程评价的整体性和综合性。要根据不同年龄学生的学习特点，按照不同学段的课程目标，抓住关键，突出重点，采用合适方式，提高评价效率。语文课程评价应该改变过于重视甄别和选拔的状况，突出评价的诊断和发展功能。

（一）充分发挥语文课程评价的多种功能

语文课程评价具有检查、诊断、反馈、激励、甄别和选拔等多种功能，其目的是为了考察学生实现课程目标的程度，检验和改进学生的学习和教师的教学，改善课程设计，完善教学过程。应发挥语文课程评价的多种功能，尤其应注意发挥其诊断、反馈和激励的功能，有效地促进学生的发展。

（二）恰当运用多种评价方式

形成性评价关注学习过程，有利于及时揭示问题、及时反馈、及时改进教与学活动。终结性评价关注学习结果，有利于对教学活动作出总结性的结论。形成性评价和终结性评价都是必要的。应加强形成性评价，注意收集、积累能够反映学生语文学习与发展的资料，可采用成长记录袋等各种方式，记录学生的成长过程。对学生语文学习的日常表现，应以表扬、鼓励等积极的评价为主，采用激励性的评语，从正面加以引导。

要坚持定性评价和定量评价相结合，全面反映学生语文学习的状态及水平。评价方法除了纸笔测试以外，还有平时的行为观察与记录、问卷调查、面谈讨论等各种方法。语文学习具有重情感体验和感悟的特点，更应重视定性评价。学校和教师要对学生的成长记录和考试结果进行分析，评价结果的呈现方式除了等级或分数以外，还可用代表性的事实客观描述学生语文学习的进步，并提出建议。

各种评价方法都有其一定的适应性，在评价的客观性和深刻性上也各有差别，因此，评价设计要注重可行性和有效性，力戒繁琐，防止片面追求形式。

（三）注重评价主体的多元与互动

应注意将教师的评价、学生的自我评价及学生之间的相互评价相结合，加强学生的自我评价和相互评价，促进学生主动学习，自我反思。评价要理解和尊重学生的自我评价与相互评价。要尊重学生的个体差异，有利于每个学生的健康发展。

根据需要，可让学生家长、社区、专业人员等适当参与评价活动，争取社会对学生语文学习的更多关注和支持。

（四）突出语文课程评价的整体性和综合性

语文课程评价要体现语文课程目标的整体性和综合性，全面考察学生的语文素养。应注意识字与写字、阅读、写作、口语交际和综合性学习五个方面的有机联系，注意知识与能力、过程与方法、情感态度与价值观的交融、整合，避免只从知识、技能方面进行评价。

（五）具体建议

1. 关于识字与写字的评价

汉语拼音学习的评价，重在考察学生认读和拼读的能力，以及借助汉语拼音认读汉字、讲普通话、纠正地方音的情况。

识字的评价，要考察学生认清字形、读准字音、掌握汉字基本意义的情况，以及在具体语言环境中运用汉字的能力，借助字典、词典等工具书查检字词的能力。第一、第二学段应多关注学生主动识字的兴趣，第三、第四学段要重视考察学生独立识字的能力。

写字的评价，要考察学生对于要求“会写”的字的掌握情况，重视书写的正确、端正、整洁，在此基础上，逐步要求书写流利。第一学段要关注学生写好基本笔画、基本结构和基本字，第二、第三学段还要关注学生的毛笔书写，第四学段还要关注学生基本行楷字的书写和对名家书法作品的临摹。义务教育的各个学段的写字评价都要关注学生写字的姿势与习惯，引导学生提高书写质量。第三学段要求学生会写 2500 个字。对学生写字学习情况的评价，当以本标准附录 5“义务教育语文课程常用字表·字表一”为依据。

评价要有利于激发学生识字、写字的兴趣，帮助学生养成写规范字的习惯，减少错别字。

2. 关于阅读的评价

阅读的评价，要综合考察学生阅读过程中的感受、体验和理解，要关注其阅读兴趣与价值取向、阅读方法与习惯，也要关注其阅读面和阅读量，以及选择阅读材料的能力。重视对学生多角度、有创意阅读的评价。语文知识的学习重在运用，其概念不作为考试内容。

能用普通话正确、流利、有感情地朗读课文，是朗读评价的总要求。根据阶段目标，各学段的要求可以有所侧重。评价学生的朗读，可从语音、语调和语气等方面进行综合考察，评价“有感情地朗读”，要以对内容的理解与把握为基础，要防止矫情做作。

诵读的评价，重在提高学生的诵读兴趣，增加积累，发展语感，加深体验和领悟。在不同学段，可在诵读材料的内容、范围、数量、篇幅、类型等方面逐渐增加难度。

默读的评价，应从学生默读的方法、速度、效果和习惯等方面进行综合考察。

精读的评价，重点评价学生对阅读材料的综合理解能力，要重视评价学生的情感体验和创造性的理解。第一学段可侧重考察对文章内容的初步感知和文中重要词句的理解、积累；第二学段侧重考察通过重要词句帮助理解文章，体会其表情达意的作用，以及对文章大意的把握；第三学段侧重考察对文章表达顺序和基本表达方法的了解领悟；第四学段侧重考察理清思路、概括要点、探究内容等方面的情况，以及读懂不同文体文章的能力。

略读的评价，重在考察学生能否把握阅读材料的大意。浏览的评价，重在考察学生能否从阅读材料中捕捉有用信息。

文学作品阅读的评价，着重考察学生感受形象、体验情感、品味语言的水平，对学生独特的感受和体验应加以鼓励。第一学段侧重考察学生能通过朗读和想象等手段，大体感受作品的情境、节奏和韵味；第二学段侧重考察在阅读全文基础上对重要段落和语句的细致阅读，具体感受作品的形象和语言；第三、第四学段，可通过考察学生对形象、情感、语言的领悟程度，以及自己的体验，来评价学生初步鉴赏文学作品的水平。

评价学生阅读古代诗词和浅易文言文，重点考察学生的记诵积累，考察他们能否凭借注释和工具书理解诗文大意。词法、句法等方面的概念不作为考试内容。

要重视学生课外阅读的评价。应根据各学段的要求，通过小组和班级交流、学习成果展示等方式，了解学生的阅读量和阅读面，进而考察其阅读的兴趣、习惯、品位、方法和能力。

3. 关于写作的评价

写作的评价，应按照不同学段的目标要求，综合考察学生写作水平的发展状况。第一学段主要评价学生的写话兴趣；第二学段是习作的起始阶段，要鼓励学生大胆习作；第三、第四学段要通过多种评价，促进学生具体明确、文从字顺地表达自己的见闻、体验和想法。对于作文的评价还须关注学生汉字书写的情况。

写作的评价，要重视学生的写作兴趣和习惯，鼓励表达真情实感，鼓励有创意的表达，引导学生热爱生活，亲近自然，关注社会。

写作材料准备过程的评价，不仅要具体考察学生占有材料的丰富性、真实性，也要考察他们获取材料的方法。要引导学生通过观察、调查、访谈、阅读等途径，运用多种方法搜集材料。

重视对作文修改的评价。要考察学生对作文内容、文字表达的修改，也要关注学生修改作文的态度、过程和方法。要引导学生通过自改和互改，取长补短，促进相互了解和合作，共同提高写作水平。

评价结果的呈现方式，根据实际需要，可以是书面的，可以是口头的；可以用等级表示，也可以用评语表示；还可以采用展示、交流等多种方式。

提倡学生在成长记录中收存有代表性的课内外作文和有价值的典型案例分析，以反映写作的实际情况和发展过程。

4. 关于口语交际的评价

口语交际的评价，须注重提高学生对口语交际的认识和表达沟通的水平。考察口语交际水平的基本项目可以有讲述、应对、复述、转述、即席讲话、主题演讲、问题讨论等。

口语交际的评价，应按照不同学段的要求，综合考察学生的参与意识、情意态度和表达能力。第一学段主要评价学生口语交际的态度与习惯，重在鼓励学生自信地表达；第二、第三学段主要评价学生日常口语交际的基本能力，学会倾听、表达与交流；第四学段要通过多种评价方式，促进学生根据不同的对象和内容，文明地进行人际沟通和社会交往。评价宜在具体的交际情境中进行，让学生承担有实际意义的交际任务，并结合学生在日常生活和学习活动中的表现，综合考察学生真实的口语交际水平。

5. 关于综合性学习的评价

综合性学习的评价，应着重考察学生的语文综合运用能力、探究精神与合作态度。主要着眼于学生在综合性学习过程中的表现，如是否能积极参与活动，是否能主动提出问题，还有搜集整理材料、综合运用语文知识探究问题、展示与交流学习成果等方面的情况。第一、第二学段要较多地关注学生参与语文学习活动的兴趣与态度。第三、第四学段要多关注学生在语文活动中提出问题、探究问题以及展示学习活动成果的能力。各个学段综合性学习的评价都要着眼于促进学生提高语文水平的效率，并有助于他们扩大视野，更好地掌握学习语文的方法。

评价要尊重和保护学生学习的自主性和积极性，鼓励学生运用多种方法，从不同的角度进行探究。要充分注意学生解决问题的思路和方法。对有新意的思路和表达以及有特点的展示方式，尤其要给予足够的重视。除了教师的评价之外，要多让学生开展自我评价和相互评价。

三、教材编写建议

1. 教材编写应依据课程标准，全面有序地安排教学内容，设计教学活动，并注意体现基础性和阶段性，关注各学段之间的衔接。

2. 教材应体现时代特点和现代意识，关注现实，关注人类，关注自然，理解和尊重多样文化，有助于学生树立正确的世界观、人生观、价值观。

3. 教材要注重继承与弘扬中华民族优秀文化和革命传统，有助于增强学生的民族自尊心和爱国主义感情。

4. 教材应符合学生的身心发展特点，适应学生的认知水平，密切联系学生的经验世界和想象世界，有助于激发学生的学习兴趣和创新精神。

5. 教材选文要文质兼美，具有典范性，富有文化内涵和时代气息，题材、体裁、风格丰富多样，各种类别配置适当，难易适度，适合学生学习。要重视开发高质量的新课文。

6. 教材应注意引导学生掌握语文学习的方法，养成良好的学习习惯。课文注释和练习等应少而精，具有启发性，有利于学生在探究中学会学习。

7. 教材内容的安排要避免繁琐，简化头绪，突出重点，加强整合，注重情感态度、知识能力之间的联系，致力于学生语文素养的整体提高。

8. 教材的体例和呈现方式应灵活多样，避免模式化。设计的体验性活动和研究性专题要体现语文特点，内容适量，便于实施。

9. 教材要有开放性和弹性。在合理安排基本课程内容的基础上，给地方、学校和教师留有开发、选择的空间，也为学生留出选择和拓展的空间，以满足不同学生学习和发展的需要。

10. 教材编写应努力追求设计的创新和编写的特色。要重视现代教育技术在语文课程中的运用。编写语言应准确、规范。

四、课程资源开发与利用的建议

1. 语文课程资源包括课堂教学资源和课外学习资源，例如：教科书、相关配套阅读材料、其他图书、报刊、工具书、教学挂图，电影、电视、广播、网络，报告会、演讲会、辩论会、研讨会、戏剧表演，生产劳动与社会实践场所，图书馆、博物馆、纪念馆、展览馆，布告栏、报廊、各种标牌广告，等等。

自然风光、文化遗产、风俗民情、方言土语，国内外的重要事件，日常生活的话题等也都可以成为语文课程的资源。

2. 各地都蕴藏着多种语文课程资源。学校要有强烈的资源意识，认真分析本地和本校的特点，充分利用已有的资源，积极开发潜在的资源，特别是人的资源因素和在课程实施过程中生成的资源因素。

3. 学校应积极创造条件，努力为语文教学配置相应的设备；还应当争取社会各方面的支持，与社区建立稳定的联系，给学生创设语文实践的环境，开展多种形式的语文学习活动。

4. 语文教师应高度重视课程资源的开发与利用，创造性地开展各类活动，增强学生在各种场合学语文、用语文的意识，通过多种途径提高学生的语文素养。

附件1　优秀诗文背诵推荐篇目

《全日制义务教育语文课程标准》要求学生背诵古今优秀诗文，包括中国古代、现当代和外国优秀诗文，具体篇目可由教科书编者和任课教师推荐，这里仅推荐古诗文136篇（段）。其中1～6年级75篇，7～9年级61篇。1～6年级的背诵篇目都是诗歌；7～9年级的篇目，除诗歌外，也选入了一些短篇散文。这些诗文主要供学生读读背背，增加积累，在教科书中可作不同的安排，不必都编成课文。

1～6年级（75篇）

1　江南（江南可采莲）　汉乐府

2　长歌行（青青园中葵）　汉乐府

3　敕勒歌（敕勒川）　北朝民歌

4　咏鹅（鹅鹅鹅）　骆宾王

5　风（解落三秋叶）　李峤

6　咏柳（碧玉妆成一树高）　贺知章

7　回乡偶书（少小离家老大回）　贺知章

8 凉州词（黄河远上白云间） 王之涣
9 登鹳雀楼（白日依山尽） 王之涣
10 春晓（春眠不觉晓） 孟浩然
11 凉州词（葡萄美酒夜光杯） 王翰
12 出塞（秦时明月汉时关） 王昌龄
13 芙蓉楼送辛渐（寒雨连江夜入吴） 王昌龄
14 鹿柴（空山不见人） 王维
15 送元二使安西（渭城朝雨浥轻尘） 王维
16 九月九日忆山东兄弟（独在异乡为异客） 王维
17 静夜思（床前明月光） 李白
18 古朗月行（小时不识月） 李白
19 望庐山瀑布（日照香炉生紫烟） 李白
20 赠汪伦（李白乘舟将欲行） 李白
21 黄鹤楼送孟浩然之广陵（故人西辞黄鹤楼） 李白
22 早发白帝城（朝辞白帝彩云间） 李白
23 望天门山（天门中断楚江开） 李白
24 别董大（千里黄云白日曛） 高适
25 绝句（两个黄鹂鸣翠柳） 杜甫
26 春夜喜雨（好雨知时节） 杜甫
27 绝句（迟日江山丽） 杜甫
28 江畔独步寻花（黄师塔前江水东） 杜甫
29 枫桥夜泊（月落乌啼霜满天） 张继
30 滁州西涧（独怜幽草涧边生） 韦应物
31 游子吟（慈母手中线） 孟郊
32 早春呈水部张十八员外（天街小雨润如酥） 韩愈
33 渔歌子（西塞山前白鹭飞） 张志和
34 塞下曲（月黑雁飞高） 卢纶
35 望洞庭（湖光秋月两相和） 刘禹锡
36 浪淘沙（九曲黄河万里沙） 刘禹锡
37 赋得古原草送别（离离原上草） 白居易
38 池上（小娃撑小艇） 白居易

39 忆江南（江南好） 白居易
40 小儿垂钓（蓬头稚子学垂纶） 胡令能
41 悯农（锄禾日当午） 李绅
42 悯农（春种一粒粟） 李绅
43 江雪（千山鸟飞绝） 柳宗元
44 寻隐者不遇（松下问童子） 贾岛
45 山行（远上寒山石径斜） 杜牧
46 清明（清明时节雨纷纷） 杜牧
47 江南春（千里莺啼绿映红） 杜牧
48 蜂（不论平地与山尖） 罗隐
49 江上渔者（江上往来人） 范仲淹
51 元日（爆竹声中一岁除） 王安石
51 泊船瓜洲（京口瓜洲一水间） 王安石
52 书湖阴先生壁（茅檐长扫净无苔） 王安石
53 六月二十七日望湖楼醉书（黑云翻墨未遮山） 苏轼
54 饮湖上初晴后雨（水光潋滟晴方好） 苏轼
55 惠崇春江晓景（竹外桃花三两枝） 苏轼
56 题西林壁（横看成岭侧成峰） 苏轼
57 夏日绝句（生当作人杰） 李清照
58 三衢道中（梅子黄时日日晴） 曾几
59 示儿（死去元知万事空） 陆游
60 秋夜将晓出篱门迎凉有感（三万里河东入海） 陆游
61 四时田园杂兴（昼出耘田夜绩麻） 范成大
62 四时田园杂兴（梅子金黄杏子肥） 范成大
63 小池（泉眼无声惜细流） 杨万里
64 晓出净慈寺送林子方（毕竟西湖六月中） 杨万里
65 春日（胜日寻芳泗水滨） 朱熹
66 观书有感（半亩方塘一鉴开） 朱熹
67 题临安邸（山外青山楼外楼） 林升
68 游园不值（应怜屐齿印苍苔） 叶绍翁
69 乡村四月（绿遍山原白满川） 翁卷

70 墨梅（我家洗砚池头树） 王冕

71 石灰吟（千锤万凿出深山） 于谦

72 竹石（咬定青山不放松） 郑燮

73 所见（牧童骑黄牛） 袁枚

74 村居（草长莺飞二月天） 高鼎

75 已亥杂诗（九州生气恃风雷） 龚自珍

7～9 年级（61 篇）

1 关雎（关关雎鸠） 《诗经》

2 蒹葭（蒹葭苍苍） 《诗经》

3 十五从军征（十五从军征） 汉乐府

4 观沧海（东临碣石） 曹操

5 饮酒（结庐在人境） 陶潜

6 木兰辞（唧唧复唧唧） 北朝民歌

7 送杜少府之任蜀州（城阙辅三秦） 王勃

8 登幽州台歌（前不见古人） 陈子昂

9 次北固山下（客路青山外） 王湾

10 使至塞上（单车欲问边） 王维

11 闻王昌龄左迁龙标遥有此寄（杨花落尽子规啼） 李白

12 行路难（金樽清酒斗十千） 李白

13 黄鹤楼（昔人已乘黄鹤去） 崔颢

14 望岳（岱宗夫如何） 杜甫

15 春望（国破山河在） 杜甫

16 茅屋为秋风所破歌（八月秋高风怒号） 杜甫

17 白雪歌送武判官归京（北风卷地白草折） 岑参

18 酬乐天扬州初逢席上见赠（巴山楚水凄凉地） 刘禹锡

19 卖炭翁（卖炭翁） 白居易

20 钱塘湖春行（孤山寺北贾亭西） 白居易

21 雁门太守行（黑云压城城欲摧） 李贺

22 赤壁（折戟沉沙铁未销） 杜牧

23 泊秦淮（烟笼寒水月笼沙） 杜牧

24 夜雨寄北（君问归期未有期） 李商隐

25 无题（相见时难别亦难） 李商隐

26 相见欢（无言独上西楼） 李煜

27 渔家傲（塞下秋来风景异） 范仲淹

28 浣溪沙（一曲新词酒一杯） 晏殊

29 登飞来峰（飞来峰上千寻塔） 王安石

30 江城子（老夫聊发少年狂） 苏轼

31 水调歌头（明月几时有） 苏轼

32 渔家傲（天接云涛连晓雾） 李清照

33 游山西村（莫笑农家腊酒浑） 陆游

34 南乡子（何处望神州） 辛弃疾

35 破阵子（醉里挑灯看剑） 辛弃疾

36 过零丁洋（辛苦遭逢起一经） 文天祥

37 天净沙·秋思（枯藤老树昏鸦） 马致远

38 山坡羊·潼关怀古（峰峦如聚） 张养浩

39 己亥杂诗（浩荡离愁白日斜） 龚自珍

40 满江红（小住京华） 秋瑾

41 《论语》12 章（学而时习之；吾日三省吾身；吾十有五而志于学；温故而知新；学而不思则罔；贤哉回也；知之者不如好之者；不义而富且贵；三人行；子在川上曰；三军可夺帅也；博学而笃志）

42 曹刿论战 《左传》

43 《孟子》三则（鱼我所欲也；富贵不能淫；天将降大任于是人也）

44 《庄子》一则（北冥有鱼……亦若是则已矣。）

45 《礼记》一则（虽有佳肴）

46 《列子》一则（伯牙善鼓琴……吾于何逃声哉？）

47 邹忌讽齐王纳谏 《战国策》

48 出师表 诸葛亮

49 桃花源记 陶潜

50 与谢中书书 陶弘景

51 三峡 郦道元

52 杂说（四） 韩愈

53 陋室铭 刘禹锡

54 小石潭记 柳宗元

55 岳阳楼记 范仲淹

56 醉翁亭记 欧阳修

57 爱莲说 周敦颐

58 记承天寺夜游 苏轼

59 送东阳马生序（余幼时即嗜学……况才之过于余者乎?） 宋濂

60 湖心亭看雪 张岱

61 河中石兽 纪昀

附件 2 关于课外读物的建议

《义务教育语文课程标准》要求学生 9 年课外阅读总量达到 400 万字以上，阅读材料包括适合学生阅读的各类图书和报刊。对此提出如下建议：

童话，如安徒生童话、格林童话、叶圣陶《稻草人》、张天翼《宝葫芦的秘密》等。

寓言，如中国古今寓言、《伊索寓言》等。

故事，如成语故事、神话故事、中外历史故事、各民族民间故事等。

诗歌散文作品，如鲁迅《朝花夕拾》、冰心《繁星·春水》《艾青诗选》《革命烈士诗抄》、中外童谣、儿童诗歌等。

长篇文学名著，如吴承恩《西游记》、施耐庵《水浒传》、老舍《骆驼祥子》、罗广斌、杨益言《红岩》、笛福《鲁滨逊漂流记》、斯威夫特《格列佛游记》、夏绿蒂·勃朗特《简·爱》、高尔基《童年》、奥斯特洛夫斯基《钢铁是怎样炼成的》等。

教师可根据需要，从中外各类优秀文学作品中选择合适的读物，向学生补充推荐。

科普科幻作品，如儒勒·凡尔纳的系列科幻小说，各类历史、文化读物及传记，以及介绍自然科学与社会科学常识的普及性读物等，可由语文教师和各有关学科教师商议推荐。

附件 3 语法修辞知识要点

1. 词的分类：名词、动词、形容词、数词、量词、代词、副词、介词、连词、助词、语气词、叹词。

2. 短语的结构：并列式、偏正式、主谓式、动宾式、补充式。

3. 单句的成分：主语、谓语、宾语、定语、状语、补语。

4. 复句的类型：并列、递进、选择、转折、因果、假设、条件。

5. 常见修辞格：比喻、拟人、夸张、排比、对偶、反复、设问、反问。

附件4　识字、写字教学基本字表

本表是识字、写字教学的基本字表。这些字构形简单，重现率高，其中的大多数能成为其他字的结构成分。先学这些字，有利于打好识字、写字的基础，有利于发展识字、写字能力，提高学习效率。这些字应作为第一学段教科书中识字、写字教学的重要内容。

殘字表中的17字附带部首变体：人（亻）、刀（刂）、心（忄）、水（氵）、手（扌）、爪（爫）、犬（犭）、火（灬）、玉（𤣩）、示（礻）、衣（衤）、竹（⺮）、肉（月）、足（𧾷）、言（讠）、金（钅）、食（饣）。

（共300字，按音序排列）

B

八　把　爸　白　百　班　办　半　包　饱　北　贝　被　本　比　边　别　不

C

才　草　册　长　厂　吵　车　成　吃　尺　虫　出　穿　船　窗　床　春　次　从

D

打　大　但　当　刀　到　道　的　灯　地　点　电　东　冬　动　都　豆　对　多

E

儿　耳　二

F

发　反　饭　方　放　飞　分　风

G

干　高　哥　个　给　更　工　公　共　狗　瓜　关　光　广　国　果　过

H

孩　海　好　合　和　河　很　红　后　花　画　话　还　回　会　火

J

机 几 己 加 家 见 江 交 叫 姐 巾 今 金 进 京 经 九 就 军

K

开 看 可 课 口 哭 快

L

来 老 乐 里 力 立 脸 两 亮 了 林 六

M

妈 马 猫 毛 没 每 美 妹 门 们 米 面 民 明 木 目

N

那 奶 你 年 鸟 牛 农 女

P

胖 跑 朋 皮 片 票 平

Q

七 奇 起 气 千 前 青 秋 去 全

R

然 让 人 日

S

三 山 上 少 舌 身 生 声 师 十 什 石 时 市 是 手 书 树 双 谁 水 说 四 岁

T

他 她 台 太 天 田 条 跳 听 同 头 土

W

外 玩 晚 万 王 网 为 卫 文 问 我 五 午

X

西 习 洗 下 先 现 向 小 校 笑 些 心 兴 星 行 学 雪

Y

牙 羊 阳 样 要 爷 也 业 叶 页 一 衣 医 以 因 阴 音 用 有 又 鱼 羽 雨 语 元 月 云

Z

再 在 早 站 找 这 真 正 知 直 只 中 竹 主 住 桌 着 子 字 自 走 作 坐 做

附件5　义务教育语文课程常用字表

本字表共收常用汉字3500个，根据它们在当代各类汉语阅读材料中的出现频率和汉字教学的需要，又分成两个字表。提供这样的字表，便于在教材编写中安排汉字教学的设计，也便于开展对汉字教学的评估。下面“字表一”可作为第三学段识字、写字教学评价的依据。

字表一（2500字）

A

1 阿　2 啊　3 哎　4 哀　5 唉　6 埃　7 挨　8 癌　9 矮　10 艾
11 爱　12 碍　13 安　14 氨　15 俺　16 岸　17 按　18 案
19 暗　20 昂　21 凹　22 熬　23 傲　24 奥　25 澳

B

26 八　27 巴　28 叭　29 吧　30 拔　31 把　32 坝　33 爸
34 罢　35 霸　36 白　37 百　38 柏　39 摆　40 败　41 拜
42 班　43 般　44 颁　45 斑　46 搬　47 板　48 版　49 办
50 半　51 伴　52 扮　53 瓣　54 邦　55 帮　56 膀　57 傍
58 棒　59 包　60 胞　61 宝　62 饱　63 保　64 堡　65 报
66 抱　67 豹　68 暴　69 爆　70 卑　71 杯　72 悲　73 碑
74 北　75 贝　76 备　77 背　78 倍　79 被　80 辈　81 奔
82 本　83 崩　84 逼　85 鼻　86 比　87 彼　88 笔　89 币
90 必　91 毕　92 闭　93 辟　94 碧　95 蔽　96 壁　97 避
98 臂　99 边　100 编　101 蝙　102 鞭　103 扁　104 便　105 变
106 遍　107 辨　108 辩　109 标　110 表　111 别　112 宾　113 滨
114 冰　115 兵　116 丙　117 柄　118 饼　119 并　120 病　121 拨
122 波　123 玻　124 剥　125 播　126 脖　127 伯　128 驳　129 泊
130 勃　131 博　132 搏　133 膊　134 薄　135 卜　136 补　137 捕
138 不　139 布　140 步　141 部

C

142 擦　143 猜　144 才　145 材　146 财　147 裁　148 采　149 彩
150 踩　151 菜　152 蔡　153 参　154 餐　155 残　156 蚕　157 惨

158 灿 159 仓 160 苍 161 舱 162 藏 163 操 164 曹 165 槽
166 草 167 册 168 侧 169 测 170 策 171 层 172 叉 173 插
174 查 175 茶 176 察 177 差 178 拆 179 柴 180 缠 181 产
182 阐 183 颤 184 昌 185 长 186 肠 187 尝 188 偿 189 常
190 厂 191 场 192 畅 193 倡 194 唱 195 抄 196 超 197 巢
198 朝 199 潮 200 吵 201 炒 202 车 203 扯 204 彻 205 撤
206 尘 207 臣 208 沉 209 陈 210 闯 211 衬 212 称 213 趁
214 撑 215 成 216 呈 217 承 218 诚 219 城 220 乘 221 惩
222 程 223 橙 224 吃 225 池 226 驰 227 迟 228 持 229 匙
230 尺 231 齿 232 斥 233 赤 234 翅 235 充 236 冲 237 虫
238 崇 239 抽 240 仇 241 绸 242 愁 243 筹 244 酬 245 丑
246 瞅 247 臭 248 出 249 初 250 除 251 厨 252 础 253 储
254 楚 255 处 256 触 257 川 258 穿 259 传 260 船 261 喘
262 串 263 窗 264 床 265 晨 266 创 267 吹 268 垂 269 锤
270 春 271 纯 272 唇 273 醇 274 词 275 瓷 276 慈 277 辞
278 磁 279 雌 280 此 281 次 282 刺 283 从 284 匆 285 葱
286 聪 287 丛 288 凑 289 粗 290 促 291 催 292 脆 293 翠
294 村 295 存 296 寸 297 措 298 错

D

299 搭 300 达 301 答 302 打 303 大 304 呆 305 代 306 带
307 待 308 袋 309 逮 310 戴 311 丹 312 单 313 担 314 胆
315 旦 316 但 317 诞 318 弹 319 淡 320 蛋 321 氮 322 当
323 挡 324 党 325 荡 326 刀 327 导 328 岛 329 倒 330 蹈
331 到 332 盗 333 道 334 稻 335 得 336 德 337 的 338 灯
339 登 340 等 341 邓 342 凳 343 瞪 344 低 345 堤 346 滴
347 迪 348 敌 349 笛 350 底 351 抵 352 地 353 弟 354 帝
355 递 356 第 357 颠 358 典 359 点 360 电 361 店 362 垫
363 淀 364 殿 365 雕 366 吊 367 钓 368 调 369 掉 370 爹
371 跌 372 叠 373 蝶 374 丁 375 叮 376 盯 377 钉 378 顶
379 订 380 定 381 丢 382 东 383 冬 384 懂 385 动 386 冻
387 洞 388 都 389 斗 390 抖 391 陡 392 豆 393 督 394 毒

395 读　396 独　397 堵　398 赌　399 杜　400 肚　401 度　402 渡
403 端　404 短　405 段　406 断　407 锻　408 堆　409 队　410 对
411 吨　412 敦　413 蹲　414 盾　415 顿　416 多　417 夺　418 朵
419 躲

E

420 俄　421 鹅　422 额　423 恶　424 饿　425 鳄　426 恩　427 儿
428 而　429 尔　430 耳　431 二

F

432 发　433 乏　434 伐　435 罚　436 阀　437 法　438 帆　439 番
440 翻　441 凡　442 烦　443 繁　444 反　445 返　446 犯　447 泛
448 饭　449 范　450 贩　451 方　452 坊　453 芳　454 防　455 妨
456 房　457 肪　458 仿　459 访　460 纺　461 放　462 飞　463 非
464 啡　465 菲　466 肥　467 废　468 沸　469 肺　470 费　471 分
472 纷　473 芬　474 坟　475 粉　476 份　477 奋　478 愤　479 粪
480 丰　481 风　482 枫　483 封　484 疯　485 峰　486 锋　487 蜂
488 冯　489 逢　490 缝　491 凤　492 奉　493 佛　494 否　495 夫
496 肤　497 孵　498 弗　499 伏　500 扶　501 服　502 浮　503 符
504 幅　505 福　506 辐　507 蝠　508 抚　509 府　510 辅　511 腐
512 父　513 付　514 妇　515 负　516 附　517 复　518 赴　519 副
520 傅　521 富　522 赋　523 腹　524 覆

G

525 该　526 改　527 钙　528 盖　529 溉　530 概　531 干　532 甘
533 杆　534 肝　535 赶　536 敢　537 感　538 刚　539 岗　540 纲
541 缸　542 钢　543 港　544 高　545 搞　546 稿　547 告　548 戈
549 哥　550 胳　551 鸽　552 割　553 歌　554 阁　555 革　556 格
557 葛　558 隔　559 个　560 各　561 给　562 根　563 跟　564 更
565 耕　566 工　567 弓　568 公　569 功　570 攻　571 供　572 宫
573 恭　574 巩　575 拱　576 共　577 贡　578 勾　579 沟　580 钩
581 狗　582 构　583 购　584 够　585 估　586 咕　587 姑　588 孤
589 菇　590 古　591 谷　592 股　593 骨　594 鼓　595 固　596 故
597 顾　598 瓜　599 刮　600 挂　601 拐　602 怪　603 关　604 观

605 官 606 冠 607 馆 608 管 609 贯 610 惯 611 灌 612 罐

613 光 614 广 615 归 616 龟 617 规 618 硅 619 轨 620 鬼

621 柜 622 贵 623 桂 624 滚 625 棍 626 郭 627 锅 628 国

629 果 630 裹 631 过

H

632 哈 633 孩 634 海 635 害 636 含 637 函 638 寒 639 韩

640 罕 641 喊 642 汉 643 汗 644 旱 645 杭 646 航 647 毫

648 豪 649 好 650 号 651 浩 652 耗 653 呵 654 喝 655 合

656 何 657 和 658 河 659 核 660 荷 661 盒 662 贺 663 褐

664 赫 665 鹤 666 黑 667 嘿 668 痕 669 很 670 狠 671 恨

672 哼 673 恒 674 横 675 衡 676 轰 677 哄 678 红 679 宏

680 洪 681 虹 682 鸿 683 侯 684 喉 685 猴 686 吼 687 后

688 厚 689 候 690 乎 691 呼 692 忽 693 狐 694 胡 695 壶

696 湖 697 葫 698 糊 699 蝴 700 虎 701 互 702 户 703 护

704 花 705 华 706 哗 707 滑 708 化 709 划 710 画 711 话

712 桦 713 怀 714 淮 715 坏 716 欢 717 还 718 环 719 缓

720 幻 721 唤 722 换 723 患 724 荒 725 慌 726 皇 727 黄

728 煌 729 晃 730 灰 731 恢 732 挥 733 辉 734 徽 735 回

736 毁 737 悔 738 汇 739 会 740 绘 741 惠 742 慧 743 昏

744 婚 745 浑 746 魂 747 混 748 活 749 火 750 伙 751 或

752 货 753 获 754 祸 755 惑 756 霍

J

757 击 758 饥 759 圾 760 机 761 肌 762 鸡 763 积 764 基

765 迹 766 绩 767 激 768 及 769 吉 770 级 771 即 772 极

773 急 774 疾 775 集 776 辑 777 籍 778 几 779 己 780 挤

781 脊 782 计 783 记 784 纪 785 忌 786 技 787 际 788 剂

789 季 790 既 791 济 792 继 793 寂 794 寄 795 加 796 夹

797 佳 798 家 799 嘉 800 甲 801 贾 802 钾 803 价 804 驾

805 架 806 假 807 嫁 808 稼 809 尖 810 坚 811 间 812 肩

813 艰 814 兼 815 监 816 减 817 剪 818 检 819 简 820 碱

821 见 822 件 823 建 824 剑 825 健 826 舰 827 渐 828 践

829 鉴 830 键 831 箭 832 江 833 姜 834 将 835 浆 836 僵
837 疆 838 讲 839 奖 840 蒋 841 匠 842 降 843 交 844 郊
845 娇 846 浇 847 骄 848 胶 849 焦 850 礁 851 角 852 脚
853 搅 854 叫 855 轿 856 较 857 教 858 阶 859 皆 860 接
861 揭 862 街 863 节 864 劫 865 杰 866 洁 867 结 868 捷
869 截 870 竭 871 姐 872 解 873 介 874 戒 875 届 876 界
877 借 878 巾 879 今 880 斤 881 金 882 津 883 筋 884 仅
885 紧 886 锦 887 尽 888 劲 889 近 890 进 891 晋 892 浸
893 禁 894 京 895 经 896 茎 897 惊 898 晶 899 睛 900 精
901 鲸 902 井 903 颈 904 景 905 警 906 净 907 径 908 竞
909 竟 910 敬 911 境 912 静 913 镜 914 纠 915 究 916 九
917 久 918 酒 919 旧 920 救 921 就 922 舅 923 居 924 局
925 菊 926 橘 927 举 928 矩 929 句 930 巨 931 拒 932 具
933 俱 934 剧 935 惧 936 据 937 距 938 聚 939 卷 940 倦
941 决 942 绝 943 觉 944 掘 945 嚼 946 军 947 君 948 均
949 菌 950 俊 951 峻

K

952 卡 953 开 954 凯 955 慨 956 刊 957 堪 958 砍 959 看
960 康 961 抗 962 炕 963 考 964 烤 965 靠 966 科 967 棵
968 颗 969 壳 970 咳 971 可 972 渴 973 克 974 刻 975 客
976 课 977 肯 978 坑 979 空 980 孔 981 恐 982 控 983 口
984 扣 985 枯 986 哭 987 苦 988 库 989 裤 990 酷 991 夸
992 跨 993 块 994 快 995 宽 996 款 997 狂 998 况 999 矿
1000 亏 1001 葵 1002 愧 1003 溃 1004 昆 1005 困 1006 扩
1007 括 1008 阔

L

1009 垃 1010 拉 1011 啦 1012 喇 1013 腊 1014 蜡 1015 辣
1016 来 1017 莱 1018 赖 1019 兰 1020 拦 1021 栏 1022 蓝
1023 篮 1024 览 1025 懒 1026 烂 1027 滥 1028 郎 1029 狼
1030 廊 1031 朗 1032 浪 1033 捞 1034 劳 1035 牢 1036 老
1037 乐 1038 勒 1039 雷 1040 蕾 1041 泪 1042 类 1043 累

1044 冷 1045 愣 1046 厘 1047 梨 1048 离 1049 莉 1050 犁
1051 璃 1052 黎 1053 礼 1054 李 1055 里 1056 哩 1057 理
1058 鲤 1059 力 1060 历 1061 厉 1062 立 1063 丽 1064 利
1065 励 1066 例 1067 隶 1068 粒 1069 俩 1070 连 1071 帘
1072 怜 1073 莲 1074 联 1075 廉 1076 脸 1077 练 1078 炼
1079 恋 1080 链 1081 良 1082 凉 1083 梁 1084 粮 1085 两
1086 亮 1087 辆 1088 量 1089 辽 1090 疗 1091 聊 1092 僚
1093 了 1094 料 1095 列 1096 劣 1097 烈 1098 猎 1099 裂
1100 邻 1101 林 1102 临 1103 淋 1104 磷 1105 灵 1106 玲
1107 凌 1108 铃 1109 陵 1110 羚 1111 零 1112 龄 1113 领
1114 岭 1115 令 1116 另 1117 溜 1118 刘 1119 流 1120 留
1121 硫 1122 瘤 1123 柳 1124 六 1125 龙 1126 笼 1127 隆
1128 垄 1129 拢 1130 楼 1131 漏 1132 露 1133 卢 1134 芦
1135 炉 1136 鲁 1137 陆 1138 录 1139 鹿 1140 碌 1141 路
1142 驴 1143 旅 1144 铝 1145 履 1146 律 1147 虑 1148 率
1149 绿 1150 氯 1151 滤 1152 卵 1153 乱 1154 掠 1155 略
1156 伦 1157 轮 1158 论 1159 罗 1160 萝 1161 逻 1162 螺
1163 裸 1164 洛 1165 络 1166 骆 1167 落

M

1168 妈 1169 麻 1170 马 1171 玛 1172 码 1173 蚂 1174 骂
1175 吗 1176 嘛 1177 埋 1178 买 1179 迈 1180 麦 1181 卖
1182 脉 1183 蛮 1184 满 1185 曼 1186 慢 1187 漫 1188 忙
1189 芒 1190 盲 1191 茫 1192 猫 1193 毛 1194 矛 1195 茅
1196 茂 1197 冒 1198 贸 1199 帽 1200 貌 1201 么 1202 没
1203 枚 1204 玫 1205 眉 1206 梅 1207 媒 1208 煤 1209 霉
1210 每 1211 美 1212 妹 1213 门 1214 闷 1215 们 1216 萌
1217 盟 1218 猛 1219 蒙 1220 孟 1221 梦 1222 弥 1223 迷
1224 谜 1225 米 1226 泌 1227 秘 1228 密 1229 蜜 1230 眠
1231 绵 1232 棉 1233 免 1234 勉 1235 面 1236 苗 1237 描
1238 秒 1239 妙 1240 庙 1241 灭 1242 民 1243 敏 1244 名
1245 明 1246 鸣 1247 命 1248 摸 1249 模 1250 膜 1251 摩

1252 磨	1253 蘑	1254 魔	1255 抹	1256 末	1257 沫	1258 陌
1259 莫	1260 漠	1261 墨	1262 默	1263 谋	1264 某	1265 母
1266 亩	1267 牡	1268 姆	1269 拇	1270 木	1271 目	1272 牧
1273 墓	1274 幕	1275 慕	1276 穆			

N

1277 拿	1278 哪	1279 内	1280 那	1281 纳	1282 娜	1283 钠
1284 乃	1285 奶	1286 奈	1287 耐	1288 男	1289 南	1290 难
1291 囊	1292 恼	1293 脑	1294 闹	1295 呢	1296 嫩	1297 能
1298 尼	1299 泥	1300 你	1301 拟	1302 逆	1303 年	1304 念
1305 娘	1306 酿	1307 鸟	1308 尿	1309 捏	1310 您	1311 宁
1312 凝	1313 牛	1314 扭	1315 纽	1316 农	1317 浓	1318 弄
1319 奴	1320 努	1321 怒	1322 女	1323 暖	1324 挪	1325 诺

O

1326 哦	1327 欧	1328 偶

P

1329 爬	1330 帕	1331 怕	1332 拍	1333 排	1334 牌	1335 派
1336 攀	1337 盘	1338 判	1339 叛	1340 盼	1341 庞	1342 旁
1343 胖	1344 抛	1345 炮	1346 跑	1347 泡	1348 胚	1349 陪
1350 培	1351 赔	1352 佩	1353 配	1354 喷	1355 盆	1356 朋
1357 棚	1358 蓬	1359 鹏	1360 膨	1361 捧	1362 碰	1363 批
1364 披	1365 皮	1366 疲	1367 脾	1368 匹	1369 屁	1370 譬
1371 片	1372 偏	1373 篇	1374 骗	1375 漂	1376 飘	1377 瓢
1378 票	1379 拼	1380 贫	1381 频	1382 品	1383 平	1384 评
1385 凭	1386 苹	1387 屏	1388 瓶	1389 萍	1390 坡	1391 泼
1392 颇	1393 婆	1394 迫	1395 破	1396 剖	1397 扑	1398 铺
1399 葡	1400 蒲	1401 朴	1402 浦	1403 普	1404 谱	

Q

1405 七	1406 妻	1407 栖	1408 戚	1409 期	1410 欺	1411 漆
1412 齐	1413 其	1414 奇	1415 歧	1416 骑	1417 棋	1418 旗
1419 企	1420 岂	1421 启	1422 起	1423 气	1424 弃	1425 汽
1426 契	1427 砌	1428 器	1429 恰	1430 千	1431 迁	1432 牵

1433 铅 1434 谦 1435 签 1436 前 1437 钱 1438 潜 1439 浅
1440 遣 1441 欠 1442 枪 1443 腔 1444 强 1445 墙 1446 抢
1447 悄 1448 敲 1449 乔 1450 桥 1451 瞧 1452 巧 1453 切
1454 茄 1455 且 1456 窃 1457 亲 1458 侵 1459 秦 1460 琴
1461 禽 1462 勤 1463 青 1464 氢 1465 轻 1466 倾 1467 清
1468 情 1469 晴 1470 顷 1471 请 1472 庆 1473 穷 1474 丘
1475 秋 1476 蚯 1477 求 1478 球 1479 区 1480 曲 1481 驱
1482 屈 1483 躯 1484 趋 1485 取 1486 娶 1487 去 1488 趣
1489 圈 1490 全 1491 权 1492 泉 1493 拳 1494 犬 1495 劝
1496 券 1497 缺 1498 却 1499 雀 1500 确 1501 鹊 1502 裙
1503 群

R

1504 然 1505 燃 1506 染 1507 嚷 1508 壤 1509 让 1510 饶
1511 扰 1512 绕 1513 惹 1514 热 1515 人 1516 仁 1517 忍
1518 认 1519 任 1520 扔 1521 仍 1522 日 1523 绒 1524 荣
1525 容 1526 溶 1527 熔 1528 融 1529 柔 1530 肉 1531 如
1532 儒 1533 乳 1534 辱 1535 入 1536 软 1537 锐 1538 瑞
1539 润 1540 若 1541 弱

S

1542 撒 1543 洒 1544 萨 1545 塞 1546 赛 1547 三 1548 伞
1549 散 1550 桑 1551 嗓 1552 丧 1553 扫 1554 嫂 1555 色
1556 森 1557 僧 1558 杀 1559 沙 1560 纱 1561 刹 1562 砂
1563 傻 1564 啥 1565 晒 1566 山 1567 杉 1568 衫 1569 珊
1570 闪 1571 陕 1572 扇 1573 善 1574 伤 1575 商 1576 赏
1577 上 1578 尚 1579 梢 1580 烧 1581 稍 1582 少 1583 绍
1584 哨 1585 舌 1586 蛇 1587 舍 1588 设 1589 社 1590 射
1591 涉 1592 摄 1593 申 1594 伸 1595 身 1596 深 1597 神
1598 审 1599 婶 1600 肾 1601 甚 1602 渗 1603 慎 1604 升
1605 生 1606 声 1607 牲 1608 胜 1609 绳 1610 省 1611 圣
1612 盛 1613 剩 1614 尸 1615 失 1616 师 1617 诗 1618 施
1619 狮 1620 湿 1621 十 1622 什 1623 石 1624 时 1625 识

1626 实　1627 拾　1628 蚀　1629 食　1630 史　1631 使　1632 始

1633 驶　1634 士　1635 氏　1636 世　1637 市　1638 示　1639 式

1640 事　1641 侍　1642 势　1643 视　1644 试　1645 饰　1646 室

1647 是　1648 适　1649 逝　1650 释　1651 收　1652 手　1653 守

1654 首　1655 寿　1656 受　1657 兽　1658 售　1659 授　1660 瘦

1661 书　1662 抒　1663 叔　1664 枢　1665 殊　1666 疏　1667 舒

1668 输　1669 蔬　1670 熟　1671 暑　1672 署　1673 鼠　1674 薯

1675 术　1676 束　1677 述　1678 树　1679 竖　1680 数　1681 刷

1682 耍　1683 衰　1684 摔　1685 甩　1686 帅　1687 双　1688 霜

1689 爽　1690 谁　1691 水　1692 税　1693 睡　1694 顺　1695 瞬

1696 说　1697 丝　1698 司　1699 私　1700 思　1701 斯　1702 撕

1703 死　1704 四　1705 寺　1706 似　1707 饲　1708 松　1709 耸

1710 宋　1711 送　1712 颂　1713 搜　1714 艘　1715 苏　1716 俗

1717 诉　1718 肃　1719 素　1720 速　1721 宿　1722 塑　1723 酸

1724 蒜　1725 算　1726 虽　1727 随　1728 髓　1729 岁　1730 遂

1731 碎　1732 穗　1733 孙　1734 损　1735 笋　1736 缩　1737 所

1738 索　1739 锁

T

1740 他　1741 她　1742 它　1743 塌　1744 塔　1745 踏　1746 胎

1747 台　1748 抬　1749 太　1750 态　1751 泰　1752 贪　1753 摊

1754 滩　1755 坛　1756 谈　1757 潭　1758 坦　1759 叹　1760 炭

1761 探　1762 碳　1763 汤　1764 唐　1765 堂　1766 塘　1767 糖

1768 躺　1769 趟　1770 涛　1771 掏　1772 逃　1773 桃　1774 陶

1775 淘　1776 萄　1777 讨　1778 套　1779 特　1780 疼　1781 腾

1782 藤　1783 梯　1784 踢　1785 啼　1786 提　1787 题　1788 蹄

1789 体　1790 替　1791 天　1792 添　1793 田　1794 甜　1795 填

1796 挑　1797 条　1798 跳　1799 贴　1800 铁　1801 厅　1802 听

1803 廷　1804 亭　1805 庭　1806 停　1807 蜓　1808 挺　1809 艇

1810 通　1811 同　1812 桐　1813 铜　1814 童　1815 统　1816 桶

1817 筒　1818 痛　1819 偷　1820 头　1821 投　1822 透　1823 突

1824 图　1825 徒　1826 涂　1827 途　1828 屠　1829 土　1830 吐

1831 兔 1832 团 1833 推 1834 腿 1835 退 1836 吞 1837 托
1838 拖 1839 脱 1840 驼 1841 妥 1842 拓 1843 唾

W

1844 哇 1845 娃 1846 挖 1847 蛙 1848 瓦 1849 歪 1850 外
1851 弯 1852 湾 1853 丸 1854 完 1855 玩 1856 顽 1857 挽
1858 晚 1859 碗 1860 万 1861 汪 1862 亡 1863 王 1864 网
1865 往 1866 忘 1867 旺 1868 望 1869 危 1870 威 1871 微
1872 为 1873 围 1874 违 1875 唯 1876 惟 1877 维 1878 伟
1879 伪 1880 尾 1881 纬 1882 委 1883 萎 1884 卫 1885 未
1886 位 1887 味 1888 胃 1889 谓 1890 喂 1891 慰 1892 魏
1893 温 1894 文 1895 纹 1896 闻 1897 蚊 1898 吻 1899 稳
1900 问 1901 翁 1902 窝 1903 我 1904 沃 1905 卧 1906 握
1907 乌 1908 污 1909 屋 1910 无 1911 吴 1912 吾 1913 五
1914 午 1915 伍 1916 武 1917 舞 1918 务 1919 物 1920 误
1921 悟 1922 雾

X

1923 夕 1924 西 1925 吸 1926 希 1927 析 1928 息 1929 牺
1930 悉 1931 惜 1932 晰 1933 稀 1934 溪 1935 锡 1936 熙
1937 嘻 1938 膝 1939 习 1940 席 1941 袭 1942 媳 1943 洗
1944 喜 1945 戏 1946 系 1947 细 1948 隙 1949 虾 1950 瞎
1951 峡 1952 狭 1953 辖 1954 霞 1955 下 1956 吓 1957 夏
1958 厦 1959 仙 1960 先 1961 纤 1962 掀 1963 鲜 1964 闲
1965 弦 1966 贤 1967 咸 1968 衔 1969 嫌 1970 显 1971 险
1972 县 1973 现 1974 线 1975 限 1976 宪 1977 陷 1978 献
1979 腺 1980 乡 1981 相 1982 香 1983 厢 1984 湘 1985 箱
1986 详 1987 祥 1988 翔 1989 享 1990 响 1991 想 1992 向
1993 巷 1994 项 1995 象 1996 像 1997 橡 1998 削 1999 消
2000 萧 2001 硝 2002 销 2003 小 2004 晓 2005 孝 2006 效
2007 校 2008 笑 2009 些 2010 歇 2011 协 2012 胁 2013 斜
2014 谐 2015 携 2016 鞋 2017 写 2018 泄 2019 泻 2020 卸
2021 屑 2022 械 2023 谢 2024 蟹 2025 心 2026 辛 2027 欣

2028 新 2029 信 2030 兴 2031 星 2032 猩 2033 刑 2034 行
2035 形 2036 型 2037 醒 2038 杏 2039 姓 2040 幸 2041 性
2042 凶 2043 兄 2044 匈 2045 胸 2046 雄 2047 熊 2048 休
2049 修 2050 羞 2051 朽 2052 秀 2053 绣 2054 袖 2055 须
2056 虚 2057 需 2058 徐 2059 许 2060 序 2061 叙 2062 畜
2063 绪 2064 续 2065 嗅 2066 蓄 2067 宣 2068 玄 2069 悬
2070 旋 2071 选 2072 穴 2073 学 2074 雪 2075 血 2076 寻
2077 巡 2078 询 2079 循 2080 训 2081 讯 2082 迅

Y

2083 压 2084 呀 2085 鸦 2086 鸭 2087 牙 2088 芽 2089 崖
2090 哑 2091 雅 2092 亚 2093 咽 2094 烟 2095 淹 2096 延
2097 严 2098 言 2099 岩 2100 沿 2101 炎 2102 研 2103 盐
2104 颜 2105 衍 2106 掩 2107 眼 2108 演 2109 厌 2110 宴
2111 艳 2112 验 2113 焰 2114 雁 2115 燕 2116 央 2117 扬
2118 羊 2119 阳 2120 杨 2121 洋 2122 仰 2123 养 2124 氧
2125 痒 2126 样 2127 腰 2128 邀 2129 摇 2130 遥 2131 咬
2132 药 2133 要 2134 耀 2135 爷 2136 也 2137 冶 2138 野
2139 业 2140 叶 2141 页 2142 夜 2143 液 2144 一 2145 伊
2146 衣 2147 医 2148 依 2149 仪 2150 夷 2151 宜 2152 姨
2153 移 2154 遗 2155 疑 2156 乙 2157 已 2158 以 2159 矣
2160 蚁 2161 椅 2162 义 2163 亿 2164 忆 2165 艺 2166 议
2167 亦 2168 异 2169 役 2170 抑 2171 译 2172 易 2173 疫
2174 益 2175 谊 2176 逸 2177 意 2178 溢 2179 毅 2180 翼
2181 因 2182 阴 2183 音 2184 吟 2185 银 2186 引 2187 饮
2188 蚓 2189 隐 2190 印 2191 应 2192 英 2193 婴 2194 鹰
2195 迎 2196 盈 2197 营 2198 蝇 2199 赢 2200 影 2201 映
2202 硬 2203 哟 2204 拥 2205 永 2206 泳 2207 勇 2208 涌
2209 用 2210 优 2211 忧 2212 幽 2213 悠 2214 尤 2215 由
2216 犹 2217 邮 2218 油 2219 游 2220 友 2221 有 2222 又
2223 右 2224 幼 2225 诱 2226 于 2227 予 2228 余 2229 鱼
2230 娱 2231 渔 2232 愉 2233 愚 2234 与 2235 宇 2236 羽

2237 雨 2238 语 2239 玉 2240 吁 2241 育 2242 郁 2243 狱
2244 浴 2245 预 2246 域 2247 欲 2248 喻 2249 寓 2250 御
2251 裕 2252 遇 2253 愈 2254 誉 2255 豫 2256 元 2257 员
2258 园 2259 原 2260 圆 2261 袁 2262 援 2263 缘 2264 源
2265 远 2266 怨 2267 院 2268 愿 2269 曰 2270 约 2271 月
2272 岳 2273 钥 2274 悦 2275 阅 2276 跃 2277 越 2278 云
2279 匀 2280 允 2281 孕 2282 运 2283 晕 2284 韵 2285 蕴

Z

2286 杂 2287 砸 2288 灾 2289 栽 2290 宰 2291 载 2292 再
2293 在 2294 咱 2295 暂 2296 赞 2297 脏 2298 葬 2299 遭
2300 糟 2301 早 2302 枣 2303 藻 2304 灶 2305 皂 2306 造
2307 噪 2308 燥 2309 躁 2310 则 2311 择 2312 泽 2313 责
2314 贼 2315 怎 2316 曾 2317 增 2318 赠 2319 渣 2320 扎
2321 眨 2322 炸 2323 摘 2324 宅 2325 窄 2326 债 2327 沾
2328 粘 2329 展 2330 占 2331 战 2332 站 2333 张 2334 章
2335 涨 2336 掌 2337 丈 2338 仗 2339 帐 2340 胀 2341 账
2342 障 2343 招 2344 找 2345 召 2346 兆 2347 赵 2348 照
2349 罩 2350 遮 2351 折 2352 哲 2353 者 2354 这 2355 浙
2356 针 2357 侦 2358 珍 2359 真 2360 诊 2361 枕 2362 阵
2363 振 2364 镇 2365 震 2366 争 2367 征 2368 挣 2369 睁
2370 蒸 2371 整 2372 正 2373 证 2374 郑 2375 政 2376 症
2377 之 2378 支 2379 汁 2380 芝 2381 枝 2382 知 2383 织
2384 肢 2385 脂 2386 蜘 2387 执 2388 直 2389 值 2390 职
2391 植 2392 殖 2393 止 2394 只 2395 旨 2396 址 2397 纸
2398 指 2399 趾 2400 至 2401 志 2402 制 2403 治 2404 质
2405 致 2406 智 2407 置 2408 中 2409 忠 2410 终 2411 钟
2412 肿 2413 种 2414 仲 2415 众 2416 重 2417 州 2418 舟
2419 周 2420 洲 2421 轴 2422 宙 2423 皱 2424 骤 2425 朱
2426 株 2427 珠 2428 诸 2429 猪 2430 蛛 2431 竹 2432 烛
2433 逐 2434 主 2435 属 2436 煮 2437 嘱 2438 住 2439 助
2440 注 2441 贮 2442 驻 2443 柱 2444 祝 2445 著 2446 筑

2447 抓　2448 爪　2449 专　2450 砖　2451 转　2452 赚　2453 庄
2454 桩　2455 装　2456 壮　2457 状　2458 撞　2459 追　2460 准
2461 捉　2462 桌　2463 着　2464 仔　2465 兹　2466 姿　2467 资
2468 滋　2469 籽　2470 子　2471 紫　2472 字　2473 自　2474 宗
2475 综　2476 棕　2477 踪　2478 总　2479 纵　2480 走　2481 奏
2482 租　2483 足　2484 族　2485 阻　2486 组　2487 祖　2488 钻
2489 嘴　2490 最　2491 罪　2492 醉　2493 尊　2494 遵　2495 昨
2496 左　2497 作　2498 坐　2499 座　2500 做

字表二（1000 字）

A

1 蔼　2 隘　3 庵　4 鞍　5 黯　6 肮　7 拗　8 袄　9 懊

B

10 扒　11 芭　12 疤　13 捌　14 跋　15 靶　16 掰　17 扳　18 拌　19 绊
20 梆　21 绑　22 榜　23 蚌　24 谤　25 磅　26 镑　27 苞　28 褒　29 雹
30 鲍　31 狈　32 悖　33 惫　34 笨　35 绷　36 泵　37 蹦　38 匕　39 鄙
40 庇　41 毙　42 痹　43 弊　44 璧　45 贬　46 匾　47 辫　48 彪　49 憋
50 鳖　51 瘪　52 彬　53 斌　54 缤　55 濒　56 鬓　57 秉　58 禀　59 菠
60 舶　61 渤　62 跛　63 簸　64 哺　65 怖　66 埠　67 簿

C

68 睬　69 惭　70 沧　71 糙　72 厕　73 蹭　74 茬　75 岔　76 豺　77 掺
78 搀　79 禅　80 馋　81 蝉　82 铲　83 猖　84 敞　85 钞　86 嘲　87 澈
88 忱　89 辰　90 铛　91 澄　92 逞　93 秤　94 痴　95 弛　96 侈　97 耻
98 宠　99 畴　100 稠　101 锄　102 雏　103 橱　104 矗　105 揣　106 囱
107 疮　108 炊　109 捶　110 椿　111 淳　112 蠢　113 戳　114 绰
115 祠　116 赐　117 醋　118 簇　119 窜　120 篡　121 崔　122 摧
123 悴　124 粹　125 搓　126 撮　127 挫

D

128 瘩　129 歹　130 怠　131 贷　132 耽　133 档　134 叨　135 捣
136 祷　137 悼　138 蹬　139 嘀　140 涤　141 缔　142 蒂　143 掂
144 滇　145 巅　146 碘　147 佃　148 甸　149 玷　150 惦　151 奠

152 刁　153 叼　154 迭　155 谍　156 碟　157 鼎　158 董　159 栋
160 兜　161 蚪　162 逗　163 痘　164 睹　165 妒　166 镀　167 缎
168 兑　169 墩　170 盹　171 囤　172 钝　173 咄　174 哆　175 踱
176 垛　177 堕　178 舵　179 惰　180 跺

E

181 讹　182 娥　183 峨　184 蛾　185 扼　186 鄂　187 愕　188 遏
189 噩　190 饵　191 贰

F

192 筏　193 矾　194 妃　195 匪　196 诽　197 吠　198 吩　199 氛
200 焚　201 忿　202 讽　203 敷　204 芙　205 拂　206 俘　207 袱
208 甫　209 斧　210 俯　211 脯　212 咐　213 缚

G

214 尬　215 丐　216 柑　217 竿　218 尴　219 秆　220 橄　221 赣
222 冈　223 肛　224 杠　225 羔　226 膏　227 糕　228 镐　229 疙
230 搁　231 蛤　232 庚　233 羹　234 埂　235 耿　236 梗　237 蚣
238 躬　239 汞　240 苟　241 垢　242 沽　243 辜　244 雇　245 寡
246 卦　247 褂　248 乖　249 棺　250 逛　251 闺　252 瑰　253 诡
254 癸　255 跪

H

256 亥　257 骇　258 酣　259 憨　260 涵　261 悍　262 捍　263 焊
264 憾　265 撼　266 翰　267 夯　268 嚎　269 皓　270 禾　271 烘
272 弘　273 弧　274 唬　275 沪　276 猾　277 徊　278 槐　279 宦
280 涣　281 焕　282 痪　283 凰　284 惶　285 蝗　286 簧　287 恍
288 谎　289 幌　290 卉　291 讳　292 诲　293 贿　294 晦　295 秽
296 荤　297 豁

J

298 讥　299 叽　300 唧　301 缉　302 畸　303 箕　304 稽　305 棘
306 嫉　307 妓　308 祭　309 鲫　310 冀　311 颊　312 奸　313 歼
314 煎　315 拣　316 俭　317 柬　318 茧　319 捡　320 荐　321 贱
322 涧　323 溅　324 槛　325 缰　326 桨　327 酱　328 椒　329 跤
330 蕉　331 侥　332 狡　333 绞　334 饺　335 矫　336 剿　337 缴

338 窖 339 酵 340 秸 341 睫 342 芥 343 诫 344 藉 345 襟
346 谨 347 荆 348 兢 349 靖 350 窘 351 揪 352 灸 353 玖
354 韭 355 臼 356 疚 357 拘 358 驹 359 鞠 360 桔 361 沮
362 炬 363 锯 364 娟 365 捐 366 鹃 367 绢 368 眷 369 诀
370 倔 371 崛 372 爵 373 钧 374 骏 375 竣

K

376 咖 377 揩 378 楷 379 勘 380 坎 381 慷 382 糠 383 扛
384 亢 385 拷 386 铐 387 坷 388 苛 389 磕 390 蝌 391 垦
392 恳 393 啃 394 吭 395 抠 396 叩 397 寇 398 窟 399 垮
400 挎 401 筷 402 筐 403 旷 404 框 405 眶 406 盔 407 窥
408 魁 409 馈 410 坤 411 捆 412 廓

L

413 睐 414 婪 415 澜 416 揽 417 缆 418 榄 419 琅 420 榔
421 唠 422 姥 423 涝 424 烙 425 酪 426 垒 427 磊 428 肋
429 擂 430 棱 431 狸 432 漓 433 篱 434 吏 435 沥 436 俐
437 荔 438 栗 439 砾 440 痢 441 雳 442 镰 443 敛 444 粱
445 谅 446 晾 447 寥 448 嘹 449 撩 450 缭 451 瞭 452 咧
453 琳 454 鳞 455 凛 456 吝 457 赁 458 躏 459 拎 460 伶
461 聆 462 菱 463 浏 464 琉 465 馏 466 榴 467 咙 468 胧
469 聋 470 窿 471 娄 472 搂 473 篓 474 陋 475 庐 476 颅
477 卤 478 虏 479 赂 480 禄 481 吕 482 侣 483 屡 484 缕
485 峦 486 抡 487 仑 488 沦 489 啰 490 锣 491 箩 492 骡

M

493 蟆 494 馒 495 瞒 496 蔓 497 莽 498 锚 499 卯 500 昧
501 媚 502 魅 503 氓 504 朦 505 檬 506 锰 507 咪 508 靡
509 眯 510 觅 511 缅 512 瞄 513 渺 514 藐 515 蔑 516 皿
517 闽 518 悯 519 冥 520 铭 521 谬 522 馍 523 摹 524 茉
525 寞 526 沐 527 募 528 睦 529 暮

N

530 捺 531 挠 532 瑙 533 呐 534 馁 535 妮 536 匿 537 溺
538 腻 539 捻 540 撵 541 碾 542 聂 543 孽 544 拧 545 狞

546 柠 547 泞 548 钮 549 脓 550 疟 551 虐 552 懦 553 糯

O

554 殴 555 鸥 556 呕 557 藕

P

558 趴 559 啪 560 耙 561 徘 562 湃 563 潘 564 畔 565 乓
566 螃 567 刨 568 袍 569 沛 570 砰 571 烹 572 彭 573 澎
574 篷 575 坯 576 劈 577 霹 578 啤 579 僻 580 翩 581 撇
582 聘 583 乒 584 坪 585 魄 586 仆 587 菩 588 圃 589 瀑
590 曝

Q

591 柒 592 凄 593 祈 594 脐 595 崎 596 鳍 597 乞 598 迄
599 泣 600 掐 601 洽 602 钳 603 乾 604 黔 605 谴 606 嵌
607 歉 608 呛 609 跷 610 锹 611 侨 612 憔 613 俏 614 峭
615 窍 616 翘 617 撬 618 怯 619 钦 620 芹 621 擒 622 寝
623 沁 624 卿 625 蜻 626 擎 627 琼 628 囚 629 岖 630 渠
631 痊 632 瘸

R

633 冉 634 瓤 635 壬 636 刃 637 纫 638 韧 639 戎 640 茸
641 蓉 642 榕 643 冗 644 揉 645 蹂 646 蠕 647 汝 648 褥
649 蕊 650 闰

S

651 腮 652 叁 653 搔 654 骚 655 臊 656 涩 657 瑟 658 鲨
659 煞 660 霎 661 筛 662 删 663 煽 664 擅 665 赡 666 裳
667 晌 668 捎 669 勺 670 奢 671 赦 672 呻 673 绅 674 沈
675 笙 676 甥 677 矢 678 屎 679 恃 680 拭 681 柿 682 嗜
683 誓 684 梳 685 淑 686 赎 687 蜀 688 曙 689 恕 690 庶
691 墅 692 漱 693 蟀 694 拴 695 栓 696 涮 697 吮 698 烁
699 硕 700 嗽 701 嘶 702 巳 703 伺 704 祀 705 肆 706 讼
707 诵 708 酥 709 粟 710 溯 711 隋 712 祟 713 隧 714 唆
715 梭 716 嗦 717 琐

T

718 踢　719 苔　720 汰　721 瘫　722 痰　723 谭　724 檀　725 毯
726 棠　727 膛　728 倘　729 淌　730 烫　731 滔　732 誊　733 剔
734 屉　735 剃　736 涕　737 惕　738 恬　739 舔　740 迢　741 帖
742 彤　743 瞳　744 捅　745 凸　746 秃　747 颓　748 蜕　749 褪
750 屯　751 豚　752 臀　753 驮　754 鸵　755 椭

W

756 洼　757 袜　758 豌　759 宛　760 婉　761 惋　762 皖　763 腕
764 枉　765 妄　766 偎　767 薇　768 巍　769 帷　770 苇　771 畏
772 尉　773 猬　774 蔚　775 瘟　776 紊　777 嗡　778 涡　779 蜗
780 呜　781 巫　782 诬　783 芜　784 梧　785 蜈　786 侮　787 捂
788 鹉　789 勿　790 戊

X

791 昔　792 犀　793 熄　794 蟋　795 徙　796 匣　797 侠　798 暇
799 馅　800 羡　801 镶　802 宵　803 潇　804 箫　805 霄　806 嚣
807 淆　808 肖　809 哮　810 啸　811 蝎　812 邪　813 挟　814 懈
815 芯　816 锌　817 薪　818 馨　819 衅　820 腥　821 汹　822 锈
823 戌　824 墟　825 旭　826 恤　827 酗　828 婿　829 絮　830 轩
831 喧　832 癣　833 炫　834 绚　835 渲　836 靴　837 薛　838 勋
839 熏　840 旬　841 驯　842 汛　843 逊　844 殉

Y

845 丫　846 押　847 涯　848 衙　849 讶　850 焉　851 阎　852 蜒
853 檐　854 砚　855 唁　856 谚　857 堰　858 殃　859 秧　860 鸯
861 漾　862 夭　863 吆　864 妖　865 尧　866 肴　867 姚　868 窑
869 谣　870 舀　871 椰　872 腋　873 壹　874 怡　875 贻　876 胰
877 倚　878 屹　879 邑　880 绎　881 姻　882 茵　883 荫　884 殷
885 寅　886 淫　887 瘾　888 莺　889 樱　890 鹦　891 荧　892 莹
893 萤　894 颖　895 佣　896 庸　897 咏　898 踊　899 酉　900 佑
901 迂　902 淤　903 渝　904 隅　905 逾　906 榆　907 舆　908 屿
909 禹　910 芋　911 冤　912 鸳　913 渊　914 猿　915 苑　916 粤
917 耘　918 陨　919 酝

Z

920 哉　921 赃　922 凿　923 蚤　924 澡　925 憎　926 咋　927 喳
928 轧　929 闸　930 乍　931 诈　932 栅　933 榨　934 斋　935 寨
936 毡　937 瞻　938 斩　939 盏　940 崭　941 辗　942 栈　943 绽
944 彰　945 樟　946 杖　947 昭　948 沼　949 肇　950 辙　951 蔗
952 贞　953 斟　954 疹　955 怔　956 狰　957 筝　958 拯　959 吱
960 侄　961 帜　962 挚　963 秩　964 掷　965 窒　966 滞　967 稚
968 衷　969 粥　970 肘　971 帚　972 咒　973 昼　974 拄　975 瞩
976 蛀　977 铸　978 拽　979 撰　980 妆　981 幢　982 椎　983 锥
984 坠　985 缀　986 赘　987 谆　988 卓　989 拙　990 灼　991 茁
992 浊　993 酌　994 啄　995 琢　996 咨　997 姊　998 揍　999 卒
1000 佐

参考文献

[1] 陈向明．质的研究方法与社会科学研究［M］．北京：教育科学出版社，2000.

[2] 陈英和．认知发展心理学［M］．杭州：浙江教育出版社，1996.

[3] 范琳，张其云．建构主义教学理论与英语教学改革的契合［J］．外语与外语教学，2003（3）．

[4] 风笑天．社会研究方法［M］．北京：高等教育出版社，2006.

[5] 顾剑锋．高中数学“导研型”课堂教学模式研究［D］．苏州大学硕士学位论文，2010.

[6] 何克抗．建构主义学习理论与建构主义学习环境［J］．教育与传播技术，1996.

[7] 何克抗．建构主义的教学模式、教学方法与教学设计［J］．北京师范大学学报（社会科学版），1997（5）．

[8] 洪树兰．数学“支架式教学”研究［D］．云南师范大学硕士学位论文，2006.

[9] 靳键．后现代文化视界的语文课程与教学论［M］．兰州：甘肃教育出版社，2006.

[10] 鲁迅．鲁迅全集［M］．北京：人民文学出版社，1980.

[11] 李秉德，檀仁梅．教育科学研究方法［M］．北京：人民教育出版社，2001.

[12] 刘炎．儿童游戏通论［M］．北京：北京师范大学出版社，2004.

[13] 施良方，崔允漷．教学原理：课堂教学的原理、策略与研究［M］．北京：华东师范大学出版社，1999.

[14] 吴文侃．当代国外教学论流派［M］．福州：福建教育出版社，1991.

[15] 王美．初中作文教学整体改革的实验研究［D］．内蒙古师范大学硕士学位论文，2004.

[16] 温忠麟．教育研究方法基础［M］．北京：高等教育出版社，2004.

[17] 许珺．支架式学习及其在小学数学教学中的运用［D］．上海师范大学硕士学位论文，2009.

[18] 叶圣陶．语文教育论集［M］．北京：教育科学出版社，1980.

[19] 叶浩生．西方心理学的历史与体系［M］．北京：人民教育出版社，1998.

[20] 俞毅．初中作文教学的困境及其出路探究［D］．湖南师范大学硕士学位论文，2012.

[21] 张建伟，陈琦．从认知主义到建构主义［J］．北京师范大学学报（社会科学版），1996（4）．

[22] 张奇．学习理论［M］．武汉：湖北教育出版社，1999.

[23] 钟启泉，崔允漷，张华．为了中华民族的复兴为了每一位学生的发展——《基础教育课程改革纲要（试行）》解读［M］．上海：华东师范大学出版社，2002.

[24] 中华人民共和国教育部．全日制义务教育科学课程标准（实验稿）［S］．北京：北京师范大学出版社，2001.

[25] 朱琳琳．关于支架式教学基本问题的探讨［J］．教育导刊，2004（10）．

[26] 钟启泉．课程与教学概论［M］．上海：华东师范大学出版社，2004.

[27] 张丽丽．建构主义与中国数学教学［D］．辽宁师范大学硕士学位论文，2011.

[28] 劳拉·E. 贝柯著．谷瑞勉译．鹰架儿童的学习——维果斯基和早期幼儿教育［M］．新北：心理出版社，1999.

[29] Oxford. English Dictionary［M］，OxforD. University Press，1989.

[30] Peregoy S. F & Boyle O. R. Reading，Writing & Learning in ESL. A resource book for K-12 Teachers［M］. Longman Publishers，1992.

[31] R. Gagnc & L. Brigas. Principles of Instruction Design［M］. Holt，Rinehart and Winston，1979.

[32] 让·皮亚杰．发生认识论［M］．北京：商务印书馆，1981.

[33] 维果茨基著．余震远译．维果茨基教育论著选［M］．北京：人民教育出版社，2005.

[34] 赞夫科．论教学的教学论原理［M］．太原：山西教育出版社，1994.